"十三五"江苏省高等学校重点教材(2020-2-238)

农产品营销

何 钢 主编

·南京·

内容提要

面对农产品销售中"滞销""溅卖"等丰产不丰收,消费者对一些农产品购买不放心,优质农产品难求等现象,本书从农产品经营者的视角,在营销技术层面,对农产品进行调研、环境分析,寻找机会,发掘销售途径;从策略层面,结合农产品特性,运用产品、价格、渠道、促销等策略打动消费者,开展营销活动。并基于产教融合,大力开展实践教学与个性化学习,重点突出基本知识、基本技能和创新创业能力培养。根据农产品营销职业岗位统筹相关章节内容,每章节都以情景案例导入——基础知识与技能——学习评估的逻辑思路进行组织,并配套测试题、拓展实训、自我总结等体验学习内容,以实现"学中做、做中学、学以致用"的效果,职业教育特色鲜明。

通过本书学习,能掌握农产品营销技术知识,有效开展农产品营销活动,具备不同环境下农产品营销市场分析、策略应用及营销活动推广等职业能力。

图书在版编目(CIP)数据

农产品营销 / 何钢主编. —南京:东南大学出版社,2021.11(2024.7 重印)

ISBN 978-7-5641-9894-7

Ⅰ. ①农… Ⅱ. ①何… Ⅲ. ①农产品-市场营销学 Ⅳ. ①F762

中国版本图书馆 CIP 数据核字(2021)第 254597 号

责任编辑:谢淑芳　责任校对:子雪莲　封面设计:顾晓阳　责任印制:周荣虎

农产品营销

主　　编	何　钢
出版发行	东南大学出版社
社　　址	南京四牌楼 2 号　邮编:210096　电话:025-83793330
网　　址	http://www.seupress.com
电子邮件	press@seupress.com
经　　销	全国各地新华书店
印　　刷	广东虎彩云印刷有限公司
开　　本	700mm×1 000mm　1/16
印　　张	17.75
字　　数	350 千字
版　　次	2021 年 11 月第 1 版
印　　次	2024 年 7 月第 3 次印刷
书　　号	ISBN 978-7-5641-9894-7
定　　价	48.00 元

本社图书若有印装质量问题,请直接与营销部联系。电话(传真):025-83791830。

目　　录

第一章　农产品营销初识 ·· 1

　第一节　农产品市场初识 ·· 2
　　一、市场 ··· 2
　　二、农产品市场特征 ·· 5
　　三、农产品市场准入 ·· 7
　　四、农产品市场分类 ·· 7

　第二节　农产品营销初识 ··· 10
　　一、市场营销概述 ··· 10
　　二、市场营销观念 ··· 12
　　三、市场营销组合理论 ··· 14
　　四、农产品营销 ··· 17

第二章　农产品营销环境分析 ··· 26

　第一节　农产品营销环境分析 ··· 27
　　一、农产品营销环境概述 ··· 27
　　二、农产品营销宏观环境 ··· 30
　　三、农产品营销微观环境 ··· 36
　　四、农产品营销环境分析法 ··· 40

　第二节　农产品消费者分析 ··· 43
　　一、农产品消费者市场 ··· 43
　　二、农产品购买行为分析 ··· 50
　　三、农产品购买决策过程 ··· 55

第三章　农产品营销市场调研 ··· 61

　第一节　农产品营销市场调研概述 ··· 62

  一、市场调研概念 ··· 62
  二、市场调研类型 ··· 63
  三、农产品市场调研的内容 ··· 66
  四、市场调研的方法 ··· 69
  五、抽样调研方式 ··· 75
  六、市场调研的步骤 ··· 76
 第二节 农产品营销市场调研问卷设计 ································· 77
  一、市场调研问卷的含义 ··· 77
  二、调研问卷设计的程序 ··· 77
  三、市场调研问卷设计 ··· 79

第四章 农产品目标市场营销 ··· 91
 第一节 农产品市场细分 ··· 92
  一、农产品市场细分的内涵 ··· 92
  二、农产品市场的细分因素 ··· 95
  三、农产品市场细分方法和步骤 ····································· 98
 第二节 确定目标市场 ··· 101
  一、目标市场的含义 ··· 101
  二、目标市场的选择 ··· 102
  三、目标市场营销策略 ··· 104
 第三节 市场定位 ··· 107
  一、市场定位的含义 ··· 107
  二、市场定位的方法 ··· 107
  三、市场定位的策略 ··· 110
  四、市场定位的程序 ··· 111

第五章 农产品的产品营销 ··· 117
 第一节 农产品整体概念营销 ··· 118
  一、农产品 ··· 118
  二、农产品整体概念营销 ··· 126
  三、农产品创新 ··· 128
 第二节 农产品的品牌营销 ··· 131

一、农产品品牌 ··· 131
　　二、农产品品牌塑造 ·· 136
　　三、农产品的品牌经营 ··· 138
  第三节　农产品的包装营销 ·· 140
　　一、农产品包装 ··· 140
　　二、农产品的包装设计 ··· 142
　　三、农产品包装策略 ·· 145
　　四、发展农产品包装对策 ·· 147

第六章　农产品价格策略 ··· 153
  第一节　农产品价格分析 ·· 154
　　一、农产品价格的含义 ··· 154
　　二、农产品价格的分类 ··· 155
　　三、农产品价格波动特点 ·· 156
　　四、影响农产品定价的因素 ··· 160
  第二节　农产品价格制订及调整 ··· 168
　　一、农产品定价方法 ·· 168
　　二、农产品定价程序 ·· 172
　　三、农产品价格策略 ·· 173
　　四、农产品价格调整 ·· 176

第七章　农产品营销渠道策略 ·· 186
  第一节　农产品营销渠道分析 ··· 187
　　一、农产品营销渠道概述 ·· 187
　　二、农产品营销渠道分析 ·· 189
　　三、农产品直接营销渠道 ·· 193
　　四、农产品间接营销渠道 ·· 195
　　五、农产品营销渠道管理 ·· 202
  第二节　农产品的物流管理 ·· 206
　　一、农产品物流概述 ·· 206
　　二、农产品物流管理 ·· 208
　　三、农产品配送 ··· 215

四、农产品供应链管理 ……………………………………………… 217

第八章　农产品促销策略 ……………………………………………… 223
　第一节　农产品促销概述 ………………………………………………… 224
　　一、农产品促销的含义 …………………………………………… 224
　　二、农产品促销的作用 …………………………………………… 224
　　三、农产品促销基本形式 ………………………………………… 225
　　四、促销组合及促销策略 ………………………………………… 226
　　五、影响促销组合选择的因素 …………………………………… 228
　第二节　农产品促销方式运用 …………………………………………… 229
　　一、广告 …………………………………………………………… 229
　　二、人员推销 ……………………………………………………… 236
　　三、营业推广 ……………………………………………………… 240
　　四、公共关系 ……………………………………………………… 245

第九章　农产品网络营销 ……………………………………………… 253
　第一节　农产品网络营销概述 …………………………………………… 254
　　一、农产品网络营销概念 ………………………………………… 254
　　二、农产品网络营销的特点 ……………………………………… 254
　　三、农产品网络营销的功能 ……………………………………… 257
　　四、网络营销与电子商务的关系 ………………………………… 259
　　五、网络营销与传统营销的联系 ………………………………… 261
　　六、网络营销的工作内容 ………………………………………… 264
　第二节　农产品网络营销方法 …………………………………………… 266
　　一、农产品网络营销的类型 ……………………………………… 266
　　二、农产品网络营销方法 ………………………………………… 268
　　三、农产品网络营销的步骤 ……………………………………… 272

第一章 农产品营销初识

【知识目标】

1. 掌握市场的内涵;
2. 熟悉农产品市场的组成要素;
3. 掌握农产品市场特征;
4. 了解农产品市场的分类;
5. 掌握市场营销的内涵;
6. 掌握市场营销的基本要素;
7. 熟悉农产品市场营销的特征;
8. 了解市场营销观念的演变;
9. 熟悉市场营销组合理论的发展。

【能力目标】

1. 能够运用所学知识,识别农产品市场的容量;
2. 能够运用所学知识,识别实际生活中的农产品的营销活动。

【情景案例】

有一个老太太去市场买菜,买完菜路过卖水果的摊位,看到有两个摊位上都有苹果在卖,就走到一个商贩面前问道:"苹果怎么样啊?"商贩回答说:"你看我的苹果不但个儿大而且还保证很甜,特别好吃。"老太太摇了摇头,向第二个摊位走去,又向这个商贩问道:"你的苹果怎么样?"

第二个商贩答:"我这里有两种苹果,请问您要什么样的苹果啊?""我要买酸一点儿的。"老太太说。"我这边的这些苹果又大又酸,咬一口就能酸得人流口水,请问您要多少斤?""来一斤吧。"老太太买完苹果又继续在市场中逛。这时她又看到一个商贩的摊上有苹果,又大又圆,非常抢眼,便问水果摊的商贩:"你的苹果怎么样?"这个商贩说:"我的苹果当然好了,请问您想要什么样的苹果啊?"老太太说:"我想要酸一点儿的。"商贩说:"一般人买苹果都想要又大又甜的,您为什么会想要酸的呢?"老太太说:"我儿媳妇怀孕了,想要吃酸苹果。"商贩说:"老太太,您对儿媳妇可是真体贴啊,您儿媳妇将来一定能给您生个大胖孙子。前几个月,这附近也有两家要生孩子,总来我这儿买苹果吃,你猜怎么着? 结果都生个儿子。您要多少?""我再来二斤吧。"老太太被商贩说得高兴得合不拢嘴了,便又买了二斤苹果。商贩一边称苹果,一边向老太太介绍其他水果:"橘子不但酸而且还有多种维生素,特别有营养,尤其适合孕妇。您要给您儿媳妇买点橘子,她一准儿很高兴。""是吗?好,那我就再来二斤橘子吧。""您人真好,您儿媳妇摊上了您这样的婆婆,真是有福气,"商贩开始给老太太称橘子,嘴里也不闲着,"我每天都在这摆摊,水果都是当天从水果批发市场批发回来的,保证新鲜,您儿媳妇要是吃好了,您再来!""行!"老太太被商贩夸得高兴,提了水果,一边付账一边应承着。

【案例讨论】

为何老太太对第三个商贩的苹果最满意?请从营销角度对这三个苹果商贩的销售行为进行分析。

第一节　农产品市场初识

一、市场

早在西周时我国就有对市场完整的记载描述,"日中为市,致天下之民,聚天下之货,交易而退,各得其所",这是我国古代对在一定时间和一定地点交易主体进行商品交易时的市场描述。后来,随着商业的不断发展,交换活动日益频繁,市场的内涵也随着不断延伸。不同历史时期,我国对市场有不同的称呼,如"墟有墟期,市无常日",是将定期市场称为"墟",不定期市场称为"市"或"市井";而"在城曰市,在乡曰圩"则是对在城市或农村的市场的称呼;"埠"则是指靠江河码头的市场。可见,自古以来,市场是人类商品交换活动的产物,是商品经济运行的载体或现实表现,正如经济史学家诺斯所言:市场是一种基本经济范畴,有着悠久的历史,是人类社会发展到一定阶段的产物。

(一)市场的含义

随着社会经济的发展,市场的外延及内涵都在不断地发展,不同的主体从各自的角度对市场的理解及阐述也是各不相同的。

一是从地理、空间和时间上,人们一般认为市场是买卖双方进行商品交换的场所。这是人们对市场的普遍理解,任何商品交换活动,即使与商品实体运动相脱离的期货交易、网上交易等,也都是在规定的交易时间内,在特定的交易场所进行。

如农贸市场、生鲜超市、农产品批发市场、网上商城等。

二是从具体交换活动及其规律的角度,管理学家认为市场是买卖双方或供求双方构成的相互联系、相互制约的统一体。在市场上有买有卖,买的要按标价付钱,卖的要物有所值,"货真价实,童叟无欺"就是其真实的写照。

三是从揭示经济本质的角度,经济学家认为市场是指商品交换关系的总和。市场把货物的买主和卖主正式组织在一起,完成了购买和出售商品的交易活动,即有交易就有市场。"各供所长、各取所需",这是社会分工和商品生产的结果,哪里有社会分工和商品生产,哪里就会有市场。

四是从营销的视角,生产经营者认为市场是某种商品的现实购买者和潜在购买者的需求之和。此时的市场专指买方和需求,不包括卖方和供给,卖方构成行业,买方组成市场。现代营销学之父菲利普·科特勒则认为:"市场由一切具有特定欲望和需求并且愿意和能够以交换来满足这些需要的潜在顾客所组成。"可见,市场规模大小是由具有需求并拥有所需的资源,且愿以这些资源进行交换满足其所需的人数所决定的。

然而在现实生活中,由于存在无数分工、无数需求、无数经营者及无数消费者,以及多种交换形式、交换空间、交换规模、交换资源等,使得现实的市场成为一个相互连接、复杂而庞大的系统。

综上所述,我们认为市场是经济社会中经营者与消费者之间实现产品或服务的价值交换关系、条件和过程的场所。

经营者的产品必须经过市场交易(交换)给消费者,才能实现产品价值,其过程如图1-1所示。

通过图1-1可知,经营者与消费者之间通过四个流程进行连接。生产经营者通过对消费者的调研,获得消费者的需求信息,通过与消费者沟通、促销等方式将商品或服务提供给消费者,消费者将货币支付给经营者,如此,即完成一个市场运行流程。

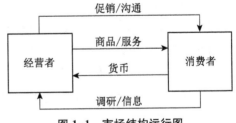

图1-1　市场结构运行图

在这个流程中,市场的建立和发展是由消费者需求决定、经营者推动的一个过程。消费者数量、购买力及购买欲望三个要素影响着市场的运行与发展,市场与三者间的关系可以用一个等式来描述,即市场=消费者数量+购买力+购买欲望。

市场的三个要素相互制约,缺一不可,三者共同构成了经营者的微观现实市场,决定了企业产品市场的规模和容量;如三要素缺一则构成了潜在的市场。农产品营销研究的正是这种微观市场的消费者需求。

【随堂测试1.1】
　　农村市场很大是指农村地域广,农贸市场数量多吗?

(二)农产品市场及组成

　　农产品市场是农业商品经济发展的客观产物,它有狭义和广义之分。狭义的农产品市场指的是进行农产品交换的场所,具体而言,就是生产经营者出售自己生产的农产品,消费者购买自己所需的农产品,并在某个交换场所进行农产品交换,这种交换农产品的场所就形成了农产品市场,典型的如农贸市场。

　　而广义的农产品市场指的是农产品在流通领域中交换关系的总和。它不仅包括具体的农产品市场,还包括农产品交换中的各种经济关系,如农产品交换的原则和交换方式,人们在交换中的地位、作用和相互联系,农产品流通渠道与流通环节,农产品供给与需求的宏观调控等。

　　具体而言,农产品市场一般由市场交易主体、市场交易客体及市场交易其他主体三大要素组成。

1. 市场交易主体

　　市场交易主体是构成市场供求力量的运营要素,主要是指市场的买方和卖方,以及农产品交易的中间人或中间商。农产品市场交易主体之间的商品交换带动了整个市场交易客体要素的合理流动,构成了市场运行的基础。市场的买方就是消费者或使用者,他们购买农产品用于满足自身的生活消费需求或生产加工的需要。消费者是市场的核心要素,哪里有人、有消费者群,哪里就有市场。一个国家或地区的消费者数量的多少是决定市场大小的基本前提。如我国农村人口众多,说明我国的农村市场较大,国家在扩大内需时,扩大市场的政策中就要重点研究农村消费者需求,来实现扩大农村市场。

　　卖方就是生产经营者,把自己生产的农产品用于销售、获得收入以补偿生产费用并获得利润。

　　农产品交易的中间人或中间商不是农产品的直接消费者或使用者,也不是农产品的直接生产者,他们是通过在生产者手中购买农产品,再卖给消费者,并在这一买卖过程中赚取差价,以补偿在买卖活动中的费用并实现利润。农产品交易的中间人或中间商利用他们独特的经营优势,善于发现农产品市场中的机会,能够促进买卖双方的交易,活跃农产品市场交易,是农产品市场交易的催化剂。

2. 市场交易客体

农产品市场交易客体是指农产品市场的交易对象,就是所谓的各类农产品。在现代农产品市场中,虽然农产品交易受市场交易主体的制约,但农产品本身的品质好坏对市场交易主体也将产生直接的影响。随着社会经济的发展,人们的生活水平不断提升,对农产品的消费观念也在向健康、绿色、优质、安全转变,对农产品的品质提出了更高的要求,只有健康、绿色、有机的高端农产品才能受到消费者的喜爱,并直接影响着消费者的购买行为。如现在的地理标识农产品、绿色农产品、有机农产品等就深受消费者的欢迎。

3. 市场其他主体

农产品市场组成的其他主体主要包括政府调控管理政策、市场交易条件及人们的购买能力等。由于农产品在国民经济中的基础经济地位,以及农产品独有的特点,使其往往处于整个社会层面的弱势地位,农产品市场运行情况将直接影响国民经济的发展,所以对农产品市场进行必要的调控是国家经济稳定运行必不可少的手段。政府作为调控主体,虽不直接参与市场的运行,但其管理机构、政策法规对市场的平稳、有序运行有着重要意义,在"无形的手"失灵时将发挥重要的弥补作用。

交易条件是指农产品交易的空间场所、交易的价格、交易时间、交易方式等对农产品交易产生直接影响的条件。农产品的交易空间场所不仅包括政府及市场主体修建的农贸市场、超市、仓库等交易所需的线下设施场所,也包括农产品电子商务的线上交易空间场所,如中国农产品信息网、农产品交易网等线上交易平台,现货交易还是期货交易等,所有这些都对农产品交易的实现发挥着重要的影响。

二、农产品市场特征

经过多年的发展,我国的农产品市场体系已经建成,根据第三次全国农业经济普查,截至2016年末,68.1%的乡镇有商品交易市场,39.4%的乡镇有以粮油、蔬菜、水果为主的专业市场,10.8%的乡镇有以畜禽为主的专业市场,4.3%的乡镇有以水产为主的专业市场。我国农产品的交易方式已由农贸集市扩大到生鲜超市、专业批发、网上商城等,截至2017年末,我国年交易额超亿元的农产品专业市场达937个,综合市场达661个,我国的农产品市场供求关系发生了重大的、历史性的变化,由长期的短缺转为总量基本平衡。截至2016年末,我国共有204万个农业经营单位,在工商部门注册的农民合作社179万个,并有20 743万农业经营户,其中,398万为规模农业经营户,规模经营农户占比1.92%,"小农户、大市场"特征显著。农产品的自然属性,使得农产品市场天然地与农业生产紧密相联,自然再生产与经济再生产相交织,相比其他产品市场,具有如下特征:

（一）产销矛盾突出,价格剧烈波动,市场调节滞后

农产品的生产有着较强的季节性与地域性,在产地生产旺季,农产品上市量非常大,时间也集中,此时产品供过于求,价格会很低;在淡季供应不足时,产品价格会非常高。农产品生产受自然条件,特别是水、旱、病虫害的影响很大,尤其是蔬菜,种类繁杂,品种多变,茬口复杂,技术性强,所以产量不稳定,变化大,生产周期较长,供应量的市场调节明显滞后,农户很难把握市场行情,承受的市场风险较大。如水果的收获旺季大多在每年的秋季,此时上市的果品特别多,导致价格下降。而柑橘在南方生产,苹果多在北方生产,所以北方市场的苹果价格低,而柑橘价格高,产销矛盾的存在使得农产品的价格波动剧烈。

（二）农产品市场受自然与市场的双重风险

农产品的生产受自然环境的影响较大,靠天吃饭,不可控的因素很多,相对于其他产业而言农业生产具有较大的自然风险,是典型的弱势产业。同时农业产品是具有生命的生物有机体,其在运输、储存、销售中容易发生腐烂、霉变、病虫害等,其生产销售过程中面临较大风险。当自然风险小时,农产品因丰收量大,价格相应走低,市场风险随之加大;反之,当受自然灾害时,农产品因欠收量少,价格上涨,此时市场风险相对就会变小。农产品市场承受着自然与市场的双重风险。

（三）现代化市场与传统小型分散市场并存

我国疆域辽阔,各地自然条件差异大,经济发展水平参差不齐,市场发育程度也不完全相同,农产品市场存在如大型批发市场、网上农产品交易市场等现代化农产品市场与农贸市场、路边市场等小型分散市场并存的现象。在东部沿海较发达地区及大中城市,农产品市场体系健全,市场规模较大,基础设施完备,交易条件优越,采取的交易方式也比较先进,市场的现代化程度较高。与此对应的中西部欠发达地区,农产品市场则采取了适应当地的自然环境和风俗习惯的马路市场、扁担市场等形式,市场规模狭小,交易条件和手段比较落后,传统的小型分散市场较多。

（四）接近完全竞争市场,市场门槛较低,安全问题严峻

农产品市场中,农产品供应种类繁多,数量巨大,平时每天都有大量的需求和消费,是人们日常生活中重要的营养必需品,尤其像蔬菜、水果,人人都需要。数量巨大的人口每日消费,但消费总量保持均衡,使得农产品的供给和需求都较

稳定,缺乏弹性,接近完全竞争市场。同时,农产品生产技术相对简单,只要有小面积的土地,就可以进行生产,进入门槛较低,生产经营以小农户居多,供应大众化产品多,特色产品少,生产成本低,容易一哄而上或一哄而下,使得农产品的价格低,利润薄。在农产品生产过程中,常发生滥用化肥、农药、激素等现象,使得农产品的品质存在隐患,安全问题严峻。

三、农产品市场准入

众所周知,农产品是人类生存不可缺少的。随着社会的进步和经济的发展,化学药品、生长激素的盲目使用,常引起农产品安全、卫生恶性事件的发生,使得农产品营养和安全卫生问题越来越突出。由于农产品与人类日常生活关系密切,受污染后对人类影响较大,人们强烈期望能够生产和供应无污染、富营养的优质农产品。

在现实的市场中,由于多数农产品具有搜寻品、经验品和信任品的特性,消费者对于产品质量的辨别能力与选择能力受到价格的影响较大,使得价高物美或价廉物优的商品无法在市场立足,优质农产品的生产者由于无法获取利润甚至赔本而逐渐减少了产品的生产,而次品占据的市场份额与日俱增,逐渐形成农产品的"柠檬市场",这不仅损害了农业生产者的经济利益,对消费者的健康也造成了损害。这就要求我国健全农产品市场准入法律制度,将质量安全作为准入的标准来严格把关,竭力抵制次品,促进市场的有序健康发展。我国的《农产品质量安全法》对农产品的市场准入作出了明确的规定:一是只有经检测符合农产品质量安全标准的农产品才可进入市场销售;二是特定农产品须包装和附加相应标识才可销售,且包装、标识等各方面必须符合国家或行业的有关农产品质量标识管理规定。如转基因标识、检疫合格标志、农产品地理标志、绿色食品标识、有机农产品标识等。

四、农产品市场分类

农产品市场有狭义与广义之分,狭义的农产品市场是指农产品交易的场所,如农贸市场、果品市场、花卉市场等;广义的农产品市场则是指农产品交换关系的总和。一般来说,我们可以按照交易场所的性质、销售方式、商品性质和交易形式的不同,将农产品市场划分为不同的类型。

(一)按市场交易场所性质划分

根据农产品市场交易的场所性质不同,可将农产品市场分为产地市场、销地市场、集散与中转市场、电子商务市场。

1. 产地市场

产地市场是指在各个农产品产地兴建或形成的定期或不定期的农产品市场，产地市场的主要功能是为分散生产的农户提供了解市场信息和集中销售农产品的场所，同时便于农产品的初步整理、分级、加工、包装、储藏和运输。产地市场的主要特点是接近生产者，以现货交易为主要交易方式，专业性强，主要从事某一种产品交易，以批发为主，如南京市八卦洲蔬菜交易市场以交易芦蒿为主。

2. 销地市场

销地市场是指设在大中城市和小镇上的农产品销售市场，根据实际情况，它还可进一步分为销地批发市场和销地零售市场。销地批发市场主要设在大中城市，购买对象一般是农产品零售商、饭店和企事业单位、机关食堂。销地零售市场主要分布在大中小城市和村镇，接近居民生活区。销地市场主要是把经过集中、初步加工和储运等环节的农产品销售给消费者。

3. 集散与中转市场

该类市场多设在交通便利的地方，如公路、铁路交会处，但也有自发形成的农产品集散与中转市场，有可能是在交通不便的地方，这类市场一般规模都比较大，配套有较大的交易场所、仓储设施和停车场等配套服务设施。集散与中转市场的主要功能是将来自各个产地市场的农产品进一步集中起来，经加工、储藏和包装，通过批发商分散销往各地市场。

4. 电子商务市场

农产品电子商务市场简称农产品电商，它是指在农产品销售过程中导入电子商务系统，通过网络平台，借助信息技术进行需求、价格等信息的发布与收集，依托农产品生产基地与物流配送系统，使农产品的交易与货币支付迅捷、安全地实现。如通过淘宝店或农产品信息网络平台进行农产品交易。

（二）按市场交易农产品的性质划分

按照农产品市场上交易的农产品性质，根据相应产品类别，我们可将农产品市场分为不同行业或类别的市场，如粮食市场、油料市场、果品市场、蔬菜市场、肉类市场、水产品市场、禽蛋市场、棉花市场、茶叶市场、中药材市场、林产品市场、花木市场、种子市场、农业科技市场等。

（三）按农产品交易规模和类型划分

按照农产品交易的规模和类型不同，农产品市场可分为农副产品综合交易市场、专业批发市场、零售市场、城乡集贸市场等。农产品批发市场是指每笔交易量都比较大，成批量地销售农产品的市场，不仅农产品产地和中转集散地设有批发市场,作为销地的大中城市也会设有农产品批发市场。农产品零售市场是指进行小量、单个交易的场所,农村的集市、城市的生鲜市场和农贸市场都属于零售市场。

（四）按农产品交易形式划分

按照农产品交易的形式不同,可将农产品市场划分为现货交易市场和期货交易市场。

1. 现货交易市场

现货交易市场是指市场内买卖双方根据商定的付款方式、付款金额和其他条件买卖商品,在一定时期内进行实物的交易,从而实现商品所有权转让的市场。在我国由于现代化的农产品交易方式发展滞后,现货交易仍然是我国农产品市场交易的主要方式。按照现货交易中实物交割的期限,现货交易又可分为即期交易和远期交易。我国为数众多的直接连接农产品消费者的农产品销地市场多为现货市场,而大宗农产品的出售则多采用远期现货交易形式。

2. 期货交易市场

期货交易市场是指交易双方不在买卖发生的初期就交收实货,而是共同约定在未来的某一时候交收农产品的标准化合约。期货交易的基本功能就是能够回避和转移价格风险,稳定产销关系,保护生产者的利益不受损失等。由于我国尚未形成健全的农产品市场价格调控机制,我国农产品市场上供求关系的微小变化就会引起农产品价格的大幅波动。如2010年起从"蒜你狠""豆你玩"到"姜你军""苹什么"接力不断,再到2012年初的"向钱葱"登场,当时北京、济南等地花10元钱仅能买两根大葱,杭州农贸市场大葱价格已升至6元/斤的高位,一根大葱的价钱都快赶上一斤鸡蛋了。这对农产品市场交易双方来讲,都面临着很大的市场风险。通过期货交易,对供给方来讲,是提前卖掉产品,锁住生产成本不受价格季节性、临时性波动的影响;对需求方来讲,能够有稳定的货源,能够提前安排运输、储存、销售和加工生产,锁住经营风险,从而回避一些价格波动风险。期货交易市场已经成为农产品规避市场未知风险的有效交易手段。

了解农产品市场特征及分类,结合市场交易的流程,我们可知农产品市场是由多方参与的,从农产品的产前农资供应开始,到给农产品生产者提供生产农产品的必需的基本原料,生产出的农产品经过加工、贮藏,经直接或间接渠道,到达市场的卖家、中间商,最终到达消费者手中,从而完成农产品的整体市场循环的场所。

【小思考1.1】

结合所学的市场内涵,我们如何去识别一个农产品市场?

第二节 农产品营销初识

一、市场营销概述

（一）市场营销内涵

美国著名的营销学者菲利浦·科特勒提出：市场营销是个人或集体通过创造，提供并同他人交换有价值的产品，以满足其需求和欲望的一种社会过程和管理的过程。

通过对上述科特勒的市场营销概念定义的分析可知，市场营销主要包含以下几方面内涵。

一是市场营销是产品创造和交换的系列活动和过程。其核心功能是交换，产品创造是指在营销过程中包含着产品的构思、设计、开发以及交易过程中的价值增加等活动。

二是市场营销的目的是为了满足人们的需求和欲望。

三是市场营销本身是一种创造性的行为，它能够激发和解决消费者的潜在需求，响应企业营销的行为。

四是市场营销是通过个人和组织来执行，对产品创造和交易活动进行系统化管理的过程，已经渗透并影响到企业生产经营的各个方面。

（二）市场营销要素

市场经济条件下，市场营销是一个很宽泛的概念，从产品到服务，从信息到渠道，从个人到组织，从政治到社会，不同的主体从不同的角度对市场营销的理解都是不同的，都有自己特定的含义。不管各个主体的理解是什么，市场营销活动的出发点都是为满足消费者需求；不管市场营销的环境发生怎样的变化，市场经济中的需要、欲望和需求，产品、效用、价值和成本，交换、交易和关系都是构成农产品市场营销的基本要素。

1. 需要、欲望和需求

需要是指个人感到没有得到某些满足的状态，主要指消费者生理和心理的需求。如现在人们比较注重饮食科学营养，在饭后吃水果等，这就是需要。这些需要是人类固有的，营销人员不能创造的，只能去适应。

欲望是能够满足上述需要的具体愿望，是受不同文化及社会环境因素影响而表现出来的对基本需求的特定追求。人的欲望会随着社会条件的变化而变化,会受到教育、职业、团体、家庭等因素的影响。营销无法创造需要,但可以影响欲望,通过开发及销售特定的产品和服务来满足欲望。如消费者对饭后水果的欲望也是不同的,有的喜欢高档水果,有的普通水果就行,有的想吃车厘子,有的想吃榴莲等,这就是欲望,这种欲望是无限的。

需求是人们有能力购买并愿意购买某种产品的欲望。在水果需要的基础上,在众多的水果欲望中,有能力成功选购某一水果,满足了需要,从而使得欲望变成了需求。营销者不仅要了解有多少消费者需要其产品,还要了解他们是否有能力购买。所以说营销管理的本质就是需求管理。

【随堂测试 1.2】
市场营销人员以及社会其他因素是不是只能影响消费者的需要?

2. 产品

产品是指在市场上能满足人类某种需要或欲望而进行交换的物品。产品包括有形的与无形的,有形产品是指为消费者提供的所有实物,如水果、蔬菜、粮食等;无形产品包括各种服务,如教育、旅游、娱乐、技术等。市场营销者的任务是满足消费者的需求,提供产品和服务。这里我们主要指农产品及与农产品相关的服务。

3. 效用、价值和成本

效用是农产品满足消费者欲望的能力,是衡量消费者满意度的指标。效用实际上是个人的自我心理感受,它来自消费者的主观评价。效用的最大化是消费者选择商品的首要原则。

消费者根据不同农产品满足其需要的能力来决定这些农产品的价值,价值是消费者通过对产品效用和费用进行比较而得到的一种主观心理评判。

成本是消费者用于购买农产品及使用该商品的支出费用。营销者应该研究如何能够提升农产品在消费者心目中的效用,如何让消费者愿意支付所需农产品的价格来实现农产品的价值。

4. 交换、交易和关系

交换是指从他人处取得所需之物,而以自己的某种物品作为回报的行为。人们对满足需求或欲望之物的取得可以有多种方式,如自产自用、强取豪夺、乞讨和交换等,然而,只有通过等价买卖双方彼此获得所需的商品或服务,才能产生市场营销活动。可见,交换是市场营销的核心。

交易是指买卖双方的价值交换,它是以货币为媒介;而交换不一定是以货币为媒介,它可以是物物交换。交换是一个过程,交易是交换的基本组成部分。在这个过程中双方达成的一致协议被称为发生了交易,一项交易涉及至少两件有价值的物品,确定双方同意交换的条件、时间、地点,以及维护和迫使交易双方执行承诺的法律制度。

关系是指在营销活动中,精明的市场营销者都会重视同消费者、中间商等建立长期、信任和互利的关系,而这些关系要靠不断承诺及为对方提供高质量产品、良好服务及公平价格来实现,靠双方加强经济、技术及社会联系来实现。这就是市场营销中的关系,这种关系可以减少交易费用和时间。在营销实践中,这种关系表现为牢固的业务关系,即市场营销网络。

【随堂测试1.3】
农产品生鲜超市每天收市前1小时的生鲜农产品降价销售属于市场营销活动吗?

二、市场营销观念

市场营销观念是指企业经营决策、组织管理营销活动的基本指导思想,也就是企业所信奉的价值观念。以价值观为基础的管理是管理者建立、推行和实践组织共享价值观的一种管理方式。市场营销是一种有意义的经营活动,是在一定的经营思想指导下进行的,这种经营思想就是我们所讲的市场营销观念,其核心就是如何正确处理企业、消费者和社会三者的利益。

(一)市场营销观念的演变

市场营销观念的正确与否直接关系企业的兴衰成败,它是随着社会经济和市场的发展而不断变化的,市场营销观念自产生以来,分别经历了生产观念、产品观念、推销观念、市场营销观念、社会市场营销观念五个阶段。

1. 生产观念

生产观念产生于19世纪末。该观念认为,消费者喜爱可以买得到和买得起的产品,企业的任务就是组织所有的资源,降低成本,增加产量。这是一种典型的重生产、轻市场营销的观念,一般是在卖方市场下产生的,此时的商品供不应求,企业生产的产品不愁没有销路,不管消费者的需求,生产什么就卖什么,实行以产定销。

2. 产品观念

产品观念产生于20世纪20年代以前。该观念认为,消费者喜欢那些质量好、价格合理、有特色的产品,企业的任务就是要提高质量,只要物美价廉,消费者就会购买。这种观念过分注重产品本身,忽视市场的真正需求,容易使营销者患上"市场营销近视症",这是在卖方市场出现竞争的条件下产生的,"酒香不怕巷子深"就是产品观念的最好体现。

3. 推销观念

推销观念产生于第二次世界大战之前,此时,资本主义国家的市场形势发生了重大变化,正由卖方市场向买方市场过渡,尤其是在1929年的经济大萧条期间,大量产品积压,销售困难,竞争加剧,迫使企业重视采用广告与推销去销售产品。此时的推销观念被许多企业采用,是生产观念的发展和延伸。

推销观念认为消费者一般不会购买非必需的东西,但企业如果加大推销力度,消费者就会购买,企业的任务就是加强推销工作,这种观念的实质是认为市场营销就是推销,是"卖我们所生产的产品",而不是"生产我们所能卖的产品"。常常用于人们日常不会去购买的产品或服务,如保险、房地产等。在产品过剩时,企业往往也会加强推销。

这种观念比前两种观念进步,开始重视广告及推销的应用,但其实质上仍然是以生产为中心,只是想方设法地把产品销售出去,至于销售出去以后顾客是否满意则不太关注。

4. 市场营销观念

市场营销观念产生于第二次世界大战之后。该观念是以满足消费者需求为出发点的,即"消费者需要什么,就生产什么",企业的任务是了解市场需求,满足消费者的需求,市场营销的观念是"发现需要并设法满足它们"。这是一种以消费者的需求为导向的营销观念,是在完全的买方市场下产生的。"消费者是上帝""消费者永远是正确的""消费者才是市场的主人"等口号成为许多企业的经营哲学。

5. 社会市场营销观念

社会市场营销观念产生于20世纪70年代后,是在西方资本主义出现能源短缺、通货膨胀、环境污染与消费者保护行为盛行时产生的。该观念认为:市场营销观念忽视了消费者需要与企业利益和社会长远利益之间的矛盾,从而造成资源浪费和环境污染。如汉堡包虽然能满足消费者的需求,但对老年人健康不利,且浪费大量纸张;又如农药能够防治虫害,但农药残留量高,会影响农产品的品质,污染环境,对社会不利。因此,企业的任务是不仅要满足消费者的需求和欲望,并由此获得利润,而且要符合消费者自身利益和整个社会的长远利益。该观念提出要兼顾消费者需要和企业利益与社会效益。

【随堂测试 1.4】

我国有些小生产者认为:只要死守"祖传秘方",就可以永远立于不败之地,这是传统的生产观念的反映吗?

(二)现代营销观念与传统营销观念的区别

以上五种营销观念可以分为两大类,传统营销观念和现代营销观念。传统营销观念包括了生产观念、产品观念和推销观念;现代营销观念则包括了市场营销观念和社会市场营销观念。现代营销观念与传统营销观念的区别主要有以下几点。

一是起点不同。在传统营销观念指导下,市场处于生产过程的终点,即产品生产出来之后才开始经营活动;现代营销观念则以市场为出发点来组织生产经营活动,市场处于生产过程的起点。

二是中心不同。传统营销观念都是以卖方需要为中心,着眼于卖出现有产品,以产定销;现代营销观念则强调以买方需要即顾客需要为中心,按需要组织生产,以销定产。

三是手段不同。传统营销观念,是以广告促销等手段千方百计推销现有的产品;现代营销观念则主张通过整体营销手段,充分满足顾客物质和精神上的需要,为顾客服务,为顾客着想。

四是终点不同。传统营销观念是以出售产品获得利润为终点;现代营销观念则强调满足顾客需求来获得利润。

三、市场营销组合理论

市场营销是一门艺术,也是一门科学,先进的营销理念将提高企业的市场业绩。从市场营销组合策略的角度分析,市场营销理念经历了 4P、4C、4R 理论等几个阶段。

(一)4P 营销组合理论

1964 年,美国营销专家鲍敦提出了市场营销组合概念,是指市场营销人员综合运用并优化组合多种可控因素,以实现其营销目标的活动的总称。这些可控因素被麦卡锡归为四类:产品、价格、渠道、促销,即 4P,从那以后在各种市场营销策划活动中,都从 4P 营销理论的角度出发考虑问题。

4P 营销理论是以单个企业作为分析单位,把对影响企业营销活动效果的因素分成两类,一类是企业不能影响与控制的因素,如政治、法律、经济、人文、地理等不可控的环境因素,我们也称之为企业的外部环境;一类是企业可以控制的因素,如生产产品、产品价格、销售渠道、促销等。具体的生产产品是指企业要根据自身的能力，确定提供给目标市场的商品和劳务的组合，包括产品的质量、特点、式样、品牌、包装、服务等，但产品的功能还是第一位的；产品的价格是指企业要根据不同市场定位和企业、行业的特点，制订不同的价格策略，包括产品的基本价格、折扣、付款时间、信贷条件等；销售渠道是指企业为了使其产品进入和到达目标市场所进行的各种活动，包括销售方式、储存措施、运输条件、库存控制等，通过对经销商的培育和销售网络的建立，加强企业与消费者的联系；促销是指企业宣传介绍其产品的各种活动，包括人员促销、广告、公共关系和营业推广等，以短期行为，如让利、赠送等销售行为的改变来刺激消费者，吸引潜在消费者来促进消费增长。

市场营销组合策略活动的本质是生产经营者利用内部可控因素对外部不可控因素发出积极的动态回应，以适应外部环境，促成交易实现和满足个人与组织的目标，所以，市场营销活动的核心就在于制订并实施有效的市场营销组合的过程。

（二）4C 营销理论

随着市场竞争日趋激烈，4P 营销理论受到越来越多的挑战。20 世纪 80 年代，以舒尔茨、劳特朋教授为首的营销学者从消费者需要的角度出发研究市场营销理论，针对 4P 营销理论存在的问题提出了 4C 营销理论，即消费者的需求和期望、消费者愿意付出的费用、消费者购买的便利、与消费者的沟通。

4C 营销理论是以消费者需求为中心，变单向诉求和灌输为双向沟通。一是由产品向消费者转变，要瞄准消费者需求，先了解、研究、分析消费者的需要与欲望，而不是先考虑企业能生产什么产品。二是从价格到成本的转变，要先了解消费者的需要与他们愿意付出多少钱的成本，而不是给产品定价，向消费者要多少钱。三是从渠道到便利的转变，考虑消费者怎样方便地进行购物交易，而不是先考虑销售渠道的选择和策略。四是从促销到沟通的转变，以消费者为中心实施营销沟通，通过互动、沟通等方式，将企业内外的营销资源进行整合，将消费者与企业双方的利益无形地整合在一起，树立产品品牌在消费者心目中的地位，建立长期关系，达到消费者和厂家的双赢。

4C 营销理论注重以消费者需求为导向，相比 4P 营销理论有了很大的进步和发展。但 4C 营销理论是以消费者需求为导向，而市场经济要求的是以竞争为导向，二者导向的本质区别在于：前者看到的是新的消费者需求，而后者不仅看到了需求，还更多地注意到了竞争对手，冷静分析自身在竞争中的优、劣势并采取相应的策略,在竞争中求发展。全面准确的市场分析和产品切入点是决定产品入市成败的先决条件。

（三）4R 营销理论

4C 营销理论被动地适应消费者需求的色彩较浓。根据市场的发展,需要从更高层次以更有效的方式在企业与消费者之间建立起有别于传统的新型的主动性关系,如互动关系、双赢关系、关联关系等。针对 4C 理论的缺陷,美国学者舒尔茨提出了 4R 营销新理论,4R 是指关联、反应、关系及回报四因素。

关联。在竞争性市场中,消费者的忠诚度是变化的,要提高消费者的忠诚度,赢得长期稳定的市场,要通过有效的方式在业务、需求等方面与消费者建立一种互助、互求、互需的关联关系。反应。在如今供求相互影响的市场中,如何倾听消费者的呼声,及时了解需求并迅速反应,满足消费者的需求。关系。在企业与客户的关系发生变化的市场环境中,与消费者建立长期稳固的关系成为抢占市场的关键,从交易变成责任,从消费者变成用户,从管理营销组合变成消费者的互动关系。回报。市场营销的价值在于其为企业带来收入和利润的能力,当然,客户的回报体现在短期收入及长期的、多方面的收益上。

4R 营销理论的优势主要有四个方面:一是以竞争为导向,着眼于企业与消费者互动与双赢;二是体现并落实了关系营销的思想,通过关联、关系和反应,提出建立关系、长期拥有客户、保证长期利益的具体方式;三是反应机制为互动双赢、建立关联提供了基础和保障;四是回报兼容了成本和双赢,追求回报,企业充分考虑消费者愿意付出的成本,实现成本最小化,以便获得更多的消费者份额,形成规模效益。这样企业为消费者提供价值和追求回报相辅相成,相互促进,客观上实现的是双赢效果。

（四）4P、4C 与 4R 营销理论三者之间关系

三者之间不是取代关系,而是完善和发展的关系。由于企业层次不同,情况千差万别,4P 营销理论是市场营销的基础与落脚点,4C 营销理论是以市场营销的核心,满足消费者需求为中心,符合市场的发展。4R 营销理论不是取代 4P 与 4C 理论,而是在 4P、4C 理论基础上的创新与发展。当然,以 4P 理论为基础的营销组合理论创新还有 4S(满意,Satisfaction;服务,Service;速度,Speed;诚意,Sincerity)理论及 4V(差异化,Variation;功能化,Versatility;附加价值,Value;共鸣,Vibration)理论,这两种营销理论分别从不同角度提出了营销活动过程中所侧重的因素,具有一定的实践指导意义。

【小思考 1.2】
结合所学的市场营销知识,应如何判断农产品市场活动是否为营销活动?

四、农产品营销

(一)农产品市场营销内涵

什么是农产品市场营销呢?实际上农产品市场营销已经存在于我们日常生活的方方面面,与市场营销密切相关,我们所用的各种农产品现都成为营销的对象,农业生产经营者甚至政府部门也都成为农产品营销的主体。我们每天看到农产品的广告、收到的有关农产品的传单、接触到的有关农产品的抽奖以及打折活动都是农产品营销活动的一部分,我们几乎每天都能接触到农产品营销的相关信息或活动。结合农产品特性及生产经营实际,我们认为农产品营销是指农产品的生产者或经营者,通过农产品创造和交换的过程,将农产品从田头流通到消费者餐桌或生产企业,满足消费者或企业生产的需求,获得相应利润的市场活动过程。可见,农产品营销的含义不但包括了科特勒的市场营销概念中的共性内涵,同时还具有农产品营销本身所独有的属性和特征。

(二)农产品营销特点

农产品营销遵循市场营销理念,对农产品市场进行开发与研究,在营销上与其他产品有许多的相似性,但因其生产特点、产品特性和消费特点的不同,又有与众不同的营销特点。

1. 营销的农产品生物性、鲜活性特征明显,品质受产地影响大

农产品大多是生物性产品,如大米、面粉、蔬菜、瓜果、蛋禽、牛奶、花卉等,生产、保存技术非常复杂,难度很大,生物典型的鲜活性、易腐性导致其很容易发生变质、腐烂,如花卉、蔬菜、牛奶等,存放时间很短,若失去鲜活性,那其价值就大打折扣。农产品在长期生长过程中形成了与当地自然环境相适应的生态习性,产品品质受产地自然环境因素影响较大,同一品种在不同地方栽培会有不同的品质。我国各地特色农产品就是产品与当地自然环境因素结合而产生的,如新疆哈密瓜比其他地方生产的哈密瓜质量好,阳山水蜜桃、阳澄湖螃蟹、盱眙龙虾等地方农产品名扬天下等,都是在特定的产地环境下形成的当地特色优质农产品。

2. 农产品流通环节多,运输、贮藏成本较高

农产品生产的地区性、消费的全国性、收获的季节性、消费的周年性,要求对农产品必须储存和运输。农产品的生物学特性使得其不耐贮存和运输,流通环节越多,流通时间越长,农产品损耗越大,流通效率降低,农产品的储备与保管问题越突出,货架期短,长途贩运有较大风险,所以贮藏和运输的要求远比其他产品要高。多数农产品必须有完整的冷链系统才能保证品质,结果就是提高了贮运成本。为了提高农业企业的盈利和避免农产品积压、加速资金周转、降低流通费用、保证市场供应,必须确定合理的农产品储存量和储存结构。

3. 农产品需求的大量性、连续性、普遍性、稳定性

农产品及其加工品一般是人们每日必不可少的,从满足生理需求到营销健康需求,农产品作为基础性的食品,决定了其在需求上具有普遍性,在满足人们生活基本需求、美化人们的生活等方面发挥着不可替代的作用。农产品的收入需求弹性和价格需求弹性较小,对消费者而言,对农产品有着每天的固定需求,少了不够,多了也消费不了,每天的连续性消费,使得农产品购买需求量大,且需求稳定均衡。如粮食、油料、蔬菜、蛋、奶、肉类都有一个基本的需要量,基本满足后,市场消费量就不会有太大的变化,市场需求及供应量相对稳定,市场变化平稳。

当然,各种农产品的弹性也不一样,满足生理基本生活需求的弹性小,如面粉与大米等,满足营养健康需求的弹性大,如水果与时令蔬菜等。小宗农产品的需求变化巨大,供应量相对变化也较大,两者变化重叠或反向,导致价格剧烈变化。市场上经常出现的果农、菜农的"丰产欠收"就是典型的例子。

4. 农产品营销主体的分散性与营销活动的不稳定并存

目前我国农业生产的水平较低,从生产者到消费者这一过程都是由分散的小农户聚集到大市场,又由大市场分散到千家万户消费,流通环节多,储运损失率高,对农产品的鲜活度要求还不低,经营过程中的生物性污染风险比较高,农产品的市场营销费用高,承担的市场风险也较大。

农产品是有生命的物质或有机质,生产受到水、肥、气候等多种因素影响较大,一般体积大、水分多,失去水分或死亡就会明显降低其价值。农产品的数量和质量具有较强的不稳定性,这一切势必造成农产品营销具有不稳定性。因此,营销人员应时刻注意农产品市场的变化趋势,及时调整营销策略,保证营销活动的正常进行,收到预想的效果。

5. 农产品品种繁多、可替代性强

生活中的农产品品种繁多,基本功能相似,所含的基本成分类似和基本用途相同,造成了农产品之间有很强的替代性,这些都增加了农产品营销的难度。如大白菜价格涨高了,人们会选择萝卜、青菜等来代替大白菜。

6. 政府宏观调控政策的特殊性

农业是国民经济的基础,农产品是关系国民生计的重要产业,特别是大宗农产品的生产与销售,其价格是国民经济价格的基础,具有较强的传导性。为了防止大宗农产品价格上涨引发通货膨胀,增加人们生活成本;同时也防止大宗农产品价格下降,使得农户的生产利润下降,农户抵御市场风险能力下降,影响农户种田的积极性,所以政府需要采取特殊的农业政策来扶持或调节农业生产和经营,以维持农业经济的稳定发展。

(三)农产品营销活动及管理

1. 农产品营销活动

营销活动是指企业围绕满足消费者需求,为获取最大利润开展的总体经营活动。农产品的营销活动范围很广,涵盖了企业生产经营的全过程,如图1-2所示:

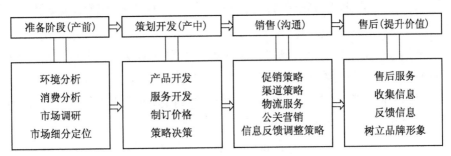

图1-2 农产品营销活动过程图

首先通过消费分析、环境分析后,掌握社会经济、产业、行业、市场等发展运行现状,寻找到市场的机会,对市场的需求进行产前的调研,进行市场的细分,寻找到目标市场,完成产品市场定位等活动;其次在策划开发产中阶段进行产品、服务的开发,制订价格,进行营销策略的决策,满足消费者的需求;再次在销售沟通阶段进行促销策略、渠道策略、物流服务、公关营销等策略的实施,加强与消费者的沟通交流,完成产品的市场营销活动;最后通过完善售后服务,进行信息收集与反馈调整,不断提升产品价值,树立产品的品牌形象,从而完成农产品的市场营销活动过程。这涵盖了农产品生产经营的全部过程。

2. 农产品营销工作内容

市场营销是农业企业生产经营管理工作领域的一个重要技术技能,要完成营销活动,就必须做好营销的基本工作。营销人员可以在不同的部门从事营销活动等工作,负责产品或服务销售市场的开拓和客户的开发,完成或超额完成公司规定的销售任务,策划、组织、执行产品和品牌市场推广方案,终端形象维护及终端人员的培训与管理。市场营销职能主要涉及销售、市场分析及售后服务三个层面。销售人员常常面对客户,做的是市场营销一线的工作;市场分析主要做市场研究、营销计划、制订考核制度、组织设计、营销监管等工作;售后服务主要负责售后的用户服务。

根据不同的工作职位需要,市场营销工作的内容具体有以下四个方面。

一是研究市场。为了更好地促进商品销售,企业必须对企业销售市场进行了解和分析,发现消费者是谁,从而制订营销计划、策划销售活动及确定销售目标,顺利地推进产品的销售。

二是进行销售。这是市场营销的一线工作,通过营销活动,进行日常具体的产品销售及服务活动,具体包括寻找和识别潜在顾客,接触与传递商品交换意向信息,谈判、签订合同、交货和收款,以及为实现销售目标实施的营销策略及促销活动等。

三是创造需求。企业既要满足已经在市场上出现的现实性顾客需求,让每一个愿意购买企业商品的顾客确实买到商品,也要争取那些潜在需求的顾客,提供他们所需要的商品和服务,创造一些可以让他们买得起、可放心购买的条件,解除他们的后顾之忧,让他们建立起购买划算、消费合理的信念,从而将潜在需求转变为现实需求,前来购买企业的产品。这就是"创造市场需求"。

四是协调公共关系。企业作为社会基本的经济细胞,维护与顾客和社会其他各个方面存在着的客观关系,针对企业的产品或服务进行销售及推广工作,改善和发展这些公共关系既可改善企业的社会形象,也能够给企业带来市场营销的机会。

3. 农产品营销管理

农产品营销管理是为实现营销目标而对整个营销活动采取的有效控制,包括对市场机会的把握,目标市场的选择,营销手段、分销渠道、产品价格的控制,以及营销方案的编制与执行等,是营销活动不可缺少的重要环节,如图1-3所示。

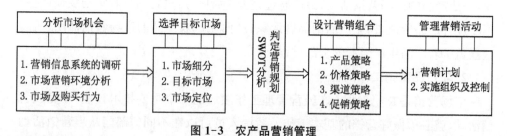

图1-3 农产品营销管理

它主要分五个阶段:一是分析市场机会,通过市场营销环境分析、营销信息系统的调研、市场及购买行为等进行分析;二是进行目标市场的选择,即通过市场细分、寻找目标市场、确定市场定位来确定最终的目标市场;三是在前面的市场分析及目标市场选择的基础上,进行营销规划的判定;四是以消费者的需求为中心,通过影响企业营销的产品、价格、渠道、促销四个因素的最优化的组合实现市场营销的目标;五是管理营销活动,即通过制订营销方案,实施组织与控制,保障营销能够按照预期的目标进行。

4. 营销人员的要求

市场营销人员每时每刻都在市场一线与客户接触,他们既代表了企业,又是客户的顾问与参谋,要具备语言表达能力、文案处理能力、人际沟通能力,能够胜任营销工作中的典型工作,如市场调查、营销推广、营销管理、渠道管理等工作,能够胜任企业经营中的计划、采购、销售、市场调查、预测等营销相关业务工作。因此,要做好营销工作,必须具备相应的素质要求。

(1) 营销人员的基本素养

① 良好的人文素养。人文素养涵盖的内容很宽泛,是指一个人所掌握的各方面的文化知识。如果一个营销人员能够给客户留下专业、干练的第一印象,由于首因效应的作用,营销工作就可以顺利进行。这就要求营销人员在市场调查、拜访客户的时候最好穿西装等职业装,要保持衣冠整洁、言行有度,给人以积极认真、踏实稳重的印象。

② 沟通能力。营销人员应能妥善处理营销活动中的人际关系,尤其是与客户的关系。一方面,全面掌握对方信息,把握对方真正意图,同时将自己的意图传达给对方,以恰当的交流方式,包括沟通语气、语调、表情、神态、说话方式等,力促双方达成共识。另一方面,营销人员需要有较强的心理控制与调整能力,能有效控制、调整自己的不良情绪和情感,审时度势,以企业整体利益为中心。

③ 吃苦耐劳,勇于创新的精神。市场营销工作具有较强的开拓性,尤其是对于营销工作的首要工作开发新客户来说,不但需要锲而不舍的吃苦精神,还需要创新工作方法,来完成工作。对于企业来说,看重的不是过程,看重的只是结果,所以要求市场营销人员勇于创新来达成销售目标。

(2) 营销人员的专业要求

营销特定能力是指营销人员在职场上从事营销活动、谋取营销成功所需要的最重要的专业技术能力。

① 市场调研能力。通过调查、分析市场信息,发现潜在市场。能够运用科学的方法,系统地、有目的地收集、记录、整理、分析研究与产品有关的信息、竞争对手的信息、同类产品的信息等,提出合理的建议,为企业制订营销决策提供

依据。

②营销策划能力。正确认识市场营销的本质,树立现代科学的市场营销观念,具有基本的营销策划能力。能够有效了解市场需求,即能分析市场营销环境、实施市场调研、确定目标市场以及对消费者进行购买行为分析。另外,能够运用市场营销组合策略满足市场需求,即能独立或协同他人运用营销"4PS"的原理和方法,完成产品策划、价格策划、渠道策划、促销策划等方案的撰写,并有效组织实施。

【项目小结】

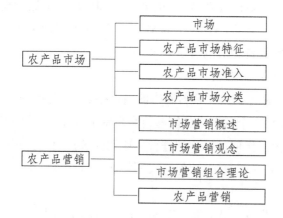

【重要概念】

农产品市场　农产品营销　营销观念　市场营销组合　需求　产品　效用

【测试题】

(一)单选题

1. 从市场营销的角度来看,市场是指(　　)。

　　A. 买卖双方进行商品交换的场所　　B. 买卖之间商品交换关系的总和

　　C. 以商品交换为内容的经济联系形式　　D. 某种商品需求的总和

2. 从营销的视角,市场是专指(　　),买方组成市场。

　　A. 买方和需求　　B. 卖方和供给

　　C. 潜在购买者　　D. 现实购买者

3. 市场的三要素是指(　　),它们相互制约,缺一不可,共同构成了经营者的微观现实市场。

　　A. 消费者数量、购买力及购买欲望　　B. 产品、价格及消费者

　　C. 收入、购买力及产品　　D. 人口、收入及产品

4. 农产品交易的客体是指(　　)。

　　A. 中间人或中间商　　B. 生产经营者

C. 消费者　　　　　　　　　　　　D. 各类农产品

5. 农产品交易的（　　）能够利用他们的经营优势，发现农产品市场机会，促进买卖双方交易，是农产品市场交易的催化剂。
   A. 中间人或中间商　　　　　　　B. 生产经营者
   C. 消费者　　　　　　　　　　　D. 各类农产品

6. 下列市场中属于集散与中转市场的有（　　）。
   A. 苏州南环桥农产品批发市场　　B. 乡镇的农贸市场
   C. 农产品专卖店　　　　　　　　D. 苏州东山枇杷市场

7. 下列市场中属于产地市场的有（　　）。
   A. 苏州南环桥农产品批发市场　　B. 南京市八卦洲蔬菜交易市场
   C. 现货交易市场　　　　　　　　D. 农产品专卖店

8. 在市场上有买有卖，买的要按标价付钱，卖的要物有所值，"货真价实，童叟无欺"就是（　　）认为的市场写照。
   A. 管理学家　　B. 经济学家　　C. 营销视角　　D. 人们一般

9. 市场营销管理的实质是（　　）。
   A. 刺激需求　　B. 需求管理　　C. 生产管理　　D. 销售管理

10. 企业最显著、最独特的首要核心职能是（　　）。
    A. 市场营销　　B. 生产功能　　C. 财务功能　　D. 推销职能

11. （　　）是指个人没有得到某种满足的感受状态，是人类与生俱来的本性。
    A. 需求　　　　B. 要求　　　　C. 欲望　　　　D. 需要

12. （　　）是指有购买能力的欲望。
    A. 需求　　　　B. 要求　　　　C. 欲望　　　　D. 需要

13. 市场营销的核心是（　　）。
    A. 生产　　　　B. 交换　　　　C. 分配　　　　D. 促销

14. 市场营销的出发点是（　　）。
    A. 企业利润　　B. 产品开发　　C. 推销产品　　D. 顾客需求

15. 产生于资本主义国家由"卖方市场"向"买方市场"过渡阶段的营销观念是（　　）。
    A. 生产观念　　B. 产品观念　　C. 推销观念　　D. 市场营销观念

16. （　　）认为，消费者喜欢高质量、多功能和具有某种特色的产品，企业应致力于生产高值产品，并不断加以改进。
    A. 生产观念　　B. 产品观念　　C. 推销观念　　D. 营销观念

17. 自古至今许多经营者奉行"酒香不怕巷子深"的经商之道，这是一种（　　）。
    A. 推销观念　　B. 产品观念　　C. 生产观念　　D. 市场营销观念

18. 为了适应社会对环境保护的要求，许多农业经营者遵循（　　），农产品的包装采用天然材料，以降低环境污染。

A. 社会营销观念 B. 销售观念
C. 市场观念 D. 生产观念

19. 导致"市场营销近视症"的观念是( )。
    A. 市场营销观念 B. 推销观念
    C. 产品观念 D. 生产观念

20. ( )要求经营者注重广告和推销技巧的应用。
    A. 生产观念 B. 产品观念 C. 推销观念 D. 市场营销观念

21. 推销观念是( )的发展和延伸。
    A. 产品观念 B. 营销观念 C. 生产观念 D. 市场观念

22. 企业提出诸如"绿色食品、回报社会、环保、健康"等口号,是贯彻( )。
    A. 推销观念 B. 社会营销观念 C. 产品观念 D. 生产观念

23. "顾客就是上帝"这句口号所体现的营销观念是( )。
    A. 推销观念 B. 市场营销观念 C. 产品观念 D. 生产观念

24. "哪里有需求,哪里就有市场"的经营理念体现了( )。
    A. 推销观念 B. 市场营销观念 C. 产品观念 D. 生产观念

25. 市场营销组合的因素对于企业来说是( )。
    A. 可控因素 B. 不可控因素 C. 静态组合 D. 单一结构

26. 从营销理论的角度而言,企业市场营销的最终目标是( )。
    A. 满足消费者的需求和欲望 B. 获取利润
    C. 求得生存和发展 D. 把商品推销给消费者

27. 现代市场营销观念的最大特色就是企业以( )为中心。
    A. 生产 B. 销售 C. 消费者 D. 服务

(二) 判断题

1. 市场一定要有具体的场所。 ( )
2. 市场营销就是推销和广告。 ( )
3. 传统营销观念与现代营销观念的本质区别之一就是市场由原来的终点变成从事经营活动的起点。 ( )
4. 当一个人具有购买能力且愿意购买他所期望的产品时,欲望就变成了需求。 ( )
5. 农产品生物性、鲜活性特征明显,受环境影响小,不同地方栽培的产品品质差异不大。 ( )
6. 农产品的生物学特性使得其货架生命周期短。 ( )
7. 农产品的"丰产欠收"是其收入需求弹性和价格需求弹性都较大的真实反映。 ( )
8. 农产品品种繁多、基本功能相似、可替代性强。 ( )
9. 生产观念注重的是生产规模,推销观念注重的是推销技巧及促销措施,两种经营思想有本质的区别。 ( )
10. 农产品的市场营销活动就是销售农产品的过程。 ( )

(三) 简答题
1. 简述农产品市场分类。
2. 简述农产品营销的特点。

【拓展实训】
项目名称:认识农产品营销工作
1. 实训目标:认识营销工作内容,感悟企业营销观念。
2. 实训要求:由老师与企业接洽,参观校企合作企业,通过以2~3人的小组为单位,分赴不同营销岗位,体验并识别营销工作内容。具体要求:(1)每组完成营销岗位体验识别报告;(2)经小组讨论交流,形成小组报告,以PPT形式小组间交流发言;(3)完成学生个人实训报告。

【自我总结】

序号	内容	
1	本章主要知识点	
2	本章主要技能	
3	完成本章学习后最大的收获	

第二章　农产品营销环境分析

【知识目标】

1. 熟悉农产品营销宏观、微观环境的影响因素；
2. 了解态势分析法中各影响因素的含义；
3. 掌握应对营销环境变化的战略对策；
4. 了解消费者市场的概念及特点；
5. 熟悉消费者购买对象的类型及农产品消费者的需求类型；
6. 熟悉影响农产品消费者的需求因素；
7. 了解消费者购买行为的过程；
8. 熟悉农产品消费者购买行为类型。

【能力目标】

1. 能够应用SWOT分析法对农产品营销环境进行分析，思考相应对策；
2. 能够分析消费者购买行为，制订农产品营销消费者策略。

【情景案例】

礼泉县温度适宜，四季分明，雨热同季，冷暖适中，十分适合种植苹果，成为我国最主要的果业生产地。礼泉秦冠苹果"个大、色艳、果肉香脆"，多项理化指标优于美国蛇果。礼泉年产果品8亿公斤，其中苹果6.5亿公斤，包含礼泉红富士、秦冠、酥梨等品种，果品收入近10亿元，成为陕西其他县区乃至西北地区苹果销售的最大集散地，是中国苹果20强县之一。早在上世纪30年代就有"礼泉苹果甲天下"的美誉，礼泉县也被称为"中国苹果第一大县"。

后来兴起的红富士苹果却在礼泉生长不好，种了30年苹果的老陈说："近几年，秦冠苹果的价钱时好时坏，价钱好时每斤能卖个八九毛钱，不好时就是两三毛钱。今年雨水充足，苹果产量还不错，但价格却降了很多，行情不好。"在1995年，礼泉以果业为"根"，大力发展贮藏、运输、包装、劳务、餐饮、住宿、农药销售和城市建设等相关产业，让苹果产业链发展成苹果产业树。同时，县政府为礼泉苹果的良性发展提供了保障，礼泉县为优化销售环境，在全县设立了109个投诉站，凡果品纠纷案一律做到"小案不过夜，大案3天结"。还建立起果品"绿色通道"，对运果违章者只纠不罚，过桥费一律减半收取，果品检疫费减半收取。礼泉县政府还在全国大中城市包括广西、云南、新疆、内蒙古等地的口岸城市设立信息窗口和办事处100多个,全国主要果品销售市场几乎都有礼泉的苹果销售办事处,这些办事处由当地人负责,自负盈亏,自主经营。在海外十几个国家和地区也开设了礼泉苹果的直销窗口。

现如今礼泉苹果产量增加。2017年,陕西迎来苹果丰收,总产量近800万吨,约占全国总产量的1/3。可礼泉的苹果没有与时俱进,进行转型升级,苹果的经营还停留在老观念、老思想上,礼泉的苹果还是处于类型单一、品种老化、外形不好、口味偏酸、不耐储存、易腐烂变质的状态,加上南方各大棚新鲜水果上市较早,对北方苹果销售形成冲击,导致客商不愿收购,苹果滞销严重。

与此同时,洛川苹果却迎来了销售的好年景。洛川苹果具有品质优良、果形优美、个大均匀、果面洁净、色泽艳丽、肉质脆密、含糖量高、香甜可口、硬度适中、耐贮藏等特点。洛川苹果的优良品种多达47种,其中尤以红星、红元帅、红冠、红富士、国光、秦冠、黄元帅等最优,并形成早、中、晚熟的合理生产新格局。洛川县建成高标准科技示范园(区)15万亩,通过认证达标的省级示范园56个8 000亩,建立10万亩"果、畜、沼、草、水"五配套生态果园。洛川县拥有苹果营销企业达36户,在全国设立各类直销窗口、专卖店、连锁店40多处;还建立了产地批发市场,为洛川果农出售苹果提供方便,降低成本;同时通过"市场+基地"的形式,发展订单农业,稳定掌握优质货源,形成产供销一体化;举办中国·陕西(洛川)国际苹果博览会,极大地提升了洛川苹果品牌知名度,保证了洛川苹果能够在全国苹果价格处于下滑的情况下,仍旧以较高价格走俏。

(摘自大秦网 http://www.sohu.com/a/202336846_204488)

【案例讨论】

结合案例,谈谈为什么洛川的苹果不愁卖?

第一节 农产品营销环境分析

一、农产品营销环境概述

(一)农产品营销环境含义

市场营销环境泛指一切影响、制约企业生产经营活动的各种内外部因素的总和,它包括企业生产经营活动的内部环境和外部环境或者是宏观环境和微观环境。

企业和其他许多组织一样,都是在一定的环境中从事生产经营活动的,离开环境,企业也就无法生存。营销环境对企业的生产经营活动的影响具有强制性、不确定性和不可控制性的特点,而且企业的市场营销环境是动态的、不断变化的,它的变化会给企业带来机会,同时也会给企业带来威胁。

农产品营销环境是关系农产品企业的发展,影响和制约农产品企业营销战略的制订和实施,对农产品营销活动产生影响和冲击的不可控的各种内外部因素的总称。我们在组织企业的营销活动时,要充分研究企业的营销环境因素,通过对企业内外部因素的优化组合,主动地去适应营销环境,保持农产品经营者内部因素和外部因素的动态平衡,使企业不断充满生机和活力,使营销环境有利于企业的生存和发展,有利于提高企业营销活动的有效性。

根据营销环境对农业企业的影响程度,农业企业营销环境可以分为宏观环境和微观环境两大类。宏观环境包括政治法律、经济、人口、科技、自然和社会文化等因素;微观环境包括农业企业、农业生产经营户、营销中介、竞争者、消费者、社会公众等因素。

不断变化的营销环境给社会中的企业带来了机会也带来了威胁,作为现代社会中的农业企业和农业经营户们都十分重视营销环境的分析。在对营销活动开展营销环境分析时,综合营销环境中的所有微观、宏观环境因素对经营企业的影响递进程度,把它分成宏观环境、行业环境、经营环境和企业本身四个层面围绕营销活动开展分析。

1. 宏观环境

宏观环境一般包括政治法律环境、经济环境、人口环境、科技环境、自然环境、社会文化环境。这些环境因素的变化会直接或间接地影响企业的营销活动,因此企业在进行营销策划时必须对宏观环境加以考虑和分析。如以前中菲黄岩岛冲突时,我国禁止进口菲律宾水果,使得我国水果市场中的热带水果的价格上涨,但紧张关系一缓和,菲律宾水果恢复进口时,热带水果的价格就又降下来了。

2. 行业环境

行业环境主要指影响企业盈利能力的五种力量:新的进入者与进入壁垒、替代者、供应者、购买者、行业内竞争者。这五种力量决定了一个行业的盈利能力,也在很大程度上决定着一个企业的盈利能力。企业在进行营销策划之前,需要充分了解产品行业的竞争状况,这样才能准确定位,有效参与市场竞争。

3. 经营环境

经营环境指对企业营销活动影响最直接的环境因素,如供应链、竞争者、消费者、供应者与债权人等。因为经营环境对企业的影响最直接,也最具体,所以对于经营环境的调查与分析要具体和深入。

4. 企业本身

企业本身实际上就是营销活动的内部环境,是企业内部所有会对营销活动产生直接或间接影响的因素,它一直处于企业营销环境的中心位置。企业本身的内部环境主要包括企业资源(优势资源与劣势资源)、企业任务、企业目标、企业总体战略、企业组织结构、企业权力结构、营销部门在企业的地位、企业文化、各战略业务部门的竞争战略等。

上述营销活动的环境调查与分析,从顺序上讲,应该由大到小,即先分析宏观环境因素,再分析行业环境因素,接着分析经营环境因素,最后分析企业本身。从关注程度和花费精力上看,应该重小轻大,即最重要的是企业本身与经营环境因素,其次是行业环境因素,最后是宏观环境因素。其中,对于其他因素的调查与分析有时可以忽视,但对于消费者与竞争者的调查与分析则不仅不能忽视,而且还应该尽量做得细致和深入。对企业本身而言,营销活动要符合实际,要得到企业内部各方面的支持,做到符合实际,更要注重对企业内部各种影响因素进行的调查和分析,其中分析的重点是企业的优劣势和企业的总体战略。

(二)农产品营销环境特征

农产品营销环境由多种因素构成,宏观环境和微观环境相互影响,因素之间关系复杂,而且不断变化。具体而言,农产品营销环境有以下几个方面的特征:

1. 多样性和复杂性

营销环境的构成要素多,涉及范围广,各种环境要素之间相互影响,并且存在着矛盾关系。我国农户人数多、文化程度差异大、关系复杂,并且各因素不断变化,而有的能够进行分析评价,有的却难以估计和预测,因而十分复杂。如随着城市人口的迅速增加,人们对农产品的需求也五花八门,有的喜欢在农贸市场买农产品,有的喜欢到生鲜超市去买,还有的喜欢在网上直接订购;有人喜欢高大上的,有人喜欢实惠的,而且这种爱好还会随着时间的变化而一直变化着,环境的多样性与复杂性显著。

2. 动态性和多样性

随着社会经济技术的发展,营销环境不是始终处于一种稳定的状态之中,而是不断变化着。如随着"三农"受到党和国家的极大重视后,农业在我国得到了优先发展。我国农业企业的营销环境也在不断变化,如农业生产规模的不断扩大、农业发展更加可持续化、农业市场运行市场化加强、消费者更加注重绿色消费等。尽管各种环境因素变化的速度和程度不同,但营销环境的动态性要求农业企业时刻关注营销环境的变化,与营销环境保持动态的平衡,不断调整自己的营销策略。一旦营销环境发生变化,企业营销必须积极地反映和适应这种变化,从而增大营销成功的可能性。

3. 客观性和不可控性

环境是独立于企业而客观存在的,不依赖于营销人员的主观意识而转移。主观臆断某些环境因素及其发展趋势,往往造成企业盲目决策,导致在市场竞争中的惨败。这主要是由于企业无法摆脱和控制外部的营销环境,企业只能适应和利用客观环境的变化和要求,制订并不断调整市场营销策略。如消费者的需求特点、消费者的人口数量,都不能由企业来决定,企业只能适应并不断调整自身的策略。

4. 差异性和相关性

不同企业受不同营销环境的影响,同样,一种环境的变化对不同的企业影响也不尽相同,正因为营销环境的差异,企业为适应不同的环境及其变化,必须采取不同的特点和针对性的营销策略。同时,企业的营销活动不仅仅受单一环境因素的影响,而是受多个环境因素共同制约。营销环境诸因素之间相互影响、相互制约,某一因素变化,就会影响其他环境因素变化。

二、农产品营销宏观环境

农产品营销宏观环境又称间接营销环境,也称为总体环境,是由对企业产生较大影响的几大社会力量所构成的,包括政治法律、经济、人口、自然、技术、社会文化环境等,这些因素是农产品经营者不可控制的,且又影响着农产品微观环境中的各种力量。

(一)政治法律环境

政治环境包括国内与国际的政治环境。在国内主要是指政体、政局、政策等方面,国际政治环境则指国与国之间的关系、和平环境等。法律环境则包括国家主管部门及各级政府颁布的各项法规、法令、条例等。政治法律因素对市场营销的影响主要体现在三个方面:

一是国家或地区政局变动对企业营销活动的影响。政治局势是指企业营销所处的国家或地区的政治稳定状况,国家的政局稳定与否会给企业营销活动带来重大影响,如国家政权频繁更替,会给企业投资和经营带来极大的风险。

二是有关方针、政策对企业营销活动的影响。这些政策主要包括人口政策、物价政策、财政金融货币政策、产业政策等等。这些方针、政策不但影响本国企业的经营活动,还影响着外国企业在本国市场的经营活动。如国家通过农产品目标价格支持政策来保护农户的利益,从而提高农产品经营户的积极性。

三是有关法律、法规对企业营销活动的影响。法律法规既为企业生产经营带来机会,同时也给企业的生产经营带来威胁。如《中华人民共和国食品安全法》规定,在食品中添加有毒有害物质等性质恶劣的违法行为,直接吊销许可证;对出具虚假检验报告被开除的食品检验机构人员,终身禁止从事食品检验工作等。

(二) 经济环境

经济环境是农产品经营者进行市场营销活动时所面临的社会经济条件。农产品营销的经济环境主要指社会购买力。影响社会购买力水平的因素主要包括消费者收入、消费结构变化、消费者储蓄水平、消费信贷情况的变化等。

1. 收入水平因素

消费者的收入水平是影响社会购买从而影响企业市场营销的最重要的因素,市场消费需求是指人们有支付能力的需求。消费者的购买能力主要受个人收入水平的影响,一般而言,收入水平高的地区,其农产品消费需求水平高,对品质、环保的要求也比较高。由于农产品是人们生活必需品,需求缺乏弹性,所以扩大农产品的需求主要依靠的是全体社会居民整体收入水平的提高、购买力的增强。

对消费者收入水平的分析还要区分个人可支配收入和个人可任意支配收入。个人收入减去应由个人承担的税收和非税性支出(如工会会费、学费、党费等),称为个人可支配收入。个人可支配收入中再减去用于购买生产必需品的支出,以及固定必需支出,如房租、贷款、保险、水电费等,最后剩余的部分才是个人可任意支配收入。这部分收入是消费需求变化中最活跃的因素,是影响非生活必需品和劳务销售的主要因素,也是企业开展营销活动时所要考虑的主要对象。

2. 消费结构因素

西方国家的经济学家经常用恩格尔系数来衡量消费结构。恩格尔是德国统计学家,他在1875年研究劳工家庭支出结构时指出,当家庭收入增加时,用于食品支出的比例将会下降,而用于其他方面的消费开支将会不断上升。恩格尔系数是指食品消费占总消费的比例,它可以用来衡量一个国家、一个地区乃至一个家庭的贫富程度,恩格尔系数越大,说明其食品消费的比重越高,表明其越贫困,反之表明其越富裕。联合国粮农组织根据恩格尔系数的数值大小,针对富裕与贫困的区分划出了一个标准,恩格尔系数大于60%为绝对贫困;50%～59%为勉强度日或称温饱;40%～49%为小康;30%～39%为富裕;29%以下为最富裕。

3. 储蓄信贷因素

消费者的购买力还受储蓄和信贷的直接影响。消费者在收入一定的条件下,储蓄数量越大,现实支出数量就越小,现实的购买力就小,潜在的购买力就大;反之,储蓄数量越小,则会增加其现实支出数量,现实购买力就大,潜在的购买力就小,这就给农产品的消费带来很多的机会。一个国家或地区的居民储蓄率取决于其收入水平,也受制于通货膨胀和物价上涨等因素。一般而言,随着居民收入增加,居民储蓄率会上升,但上升幅度的大小与价格上涨幅度、通货膨胀率和利率的高低有关。我国人均收入不高,但受传统观念的影响,储蓄率偏高,国内银行储蓄存款余额巨大。但随着社会的发展,人们的消费观念也在不断变化,特别是年轻人,大都在进行一种超前的信贷消费。信贷消费允许人们购买超过自己现实购买力的商品,从而创造了更多的就业机会和更多的需求,同时信贷消费还可以调节积累与消费、供给与需求的矛盾。

【随堂测试 2.1】

人们收入水平的提升会使其对农产品的需求产生哪些变化?

(三)人口环境

由于市场是由那些具有购买欲望并且有购买能力的人所构成的,因此,人口的数量、地理分布、年龄结构、家庭单位的规模、受教育程度、人口环境的变化动向等等因素就构成企业市场营销活动的人口环境。人是市场的主体,人口环境与市场营销的关系十分密切,人口的多少决定了市场潜在容量的大小。农产品经营者的人口环境包括人口的数量与增长速度、密度、居住地点、年龄、性别、种族、民族及职业等,它对市场需求的影响很大。

1. 人口总量

人口总量是指一个国家或地区总人口的数量。人口是构成市场的基础,一个国家或地区人口数量的多少,是衡量农产品市场容量的重要因素。一般来说,人口总量大,对农产品需求量就相应较大。当今世界人口呈现爆炸式增长,其中发展中国家人口超过世界的 70%,全世界每年出生的新生儿约 1 亿,约 90% 诞生在第三世界,2016 年世界人口已达到 74.3 亿。人口增长快,农产品市场的需求增长速度也会加快,对农产品市场的供求格局将产生深远影响。从当前世界人口的增长特点看,发展中国家人口增长速度较快,但收入水平低,农产品市场的需求潜力较大,需求层次较低,农产品供给不足是主要矛盾。而发达国家人口增长缓慢,收入水平高,农产品供给比较充裕,农产品的消费升级是主要需求。

随着我国的经济发展,部分居民不愿生养下一代,人口出生率较低,对城市居民或经济相对发达的东南沿海地区的居民而言,人均收入较高,对农产品需求已跨越温饱的阶段,更加青睐营养、健康、安全的优质农产品;而对于中西部及农村地区的居民而言,对农产品的需求品质要求较低,更注重农产品的数量。

2. 人口结构因素

人口结构主要是指人口的年龄、性别、家庭及社会的结构等方面。

(1) 年龄结构

不同年龄层次的消费者,有着不同的消费需求和兴趣爱好。如人在青春期时,正是身体生长发育的时期,身高、体重突发性增长是其重要特征,需要摄入较多的热量、蛋白质、矿物质及维生素,较适宜的农产品有谷类、肉类、禽类、蛋类等;待进入中老年后,身体各系统的器官开始衰退,腺体分泌能力、代谢功能及免疫力下降,在饮食上应该保证有足够的蛋白质和维生素,并注意减少胆固醇、脂肪的摄入,较适宜的农产品有水果、豆类、鱼类和蔬菜等。我国第六次全国人口普查结果显示,60 岁以上人口占 13.26%,65 岁及以上人口占 8.87%,并且我国正以每年近 1 000 万人的增幅步入老年社会,这给农产品经营者带来了新的机遇和挑战。

(2) 性别结构

人口的性别构成与市场需求密切相关。男性和女性在生理、心理和社会角色上的差异决定了他们有着不同的消费倾向、不同的购买习惯和行为方式。中国的女性大多主内,操持家务、照顾老幼,负责日常生活的消费采购,家庭消费的农产品大多是由她们来完成采购。此外我国的职业女性对速冻、方便的食品也十分地青睐。

(3) 家庭结构

家庭是社会的细胞,是肉类、禽类、蛋类、奶类等农产品的基本消费单位,其规模的变化对农产品消费会造成明显的影响。随着单身、离婚、分居的人口增加及独生子女家庭的增加,学生和劳动力在区域间的大规模的转移,如今,普通的中国家庭大多变成了四个老人、一对夫妇、一个孩子的家庭结构。家庭规模日渐缩小,在经济发达地区表现得越来越明显,并逐步由城市向乡镇发展,因此,消费者对农产品的包装、分销和促销等也有了新的要求,农业经营者必须注重这些变化,及时在农产品营销策略上作出相应的调整。

(4) 人口地理分布及流动

人口地理分布是指人口在不同地区的密集程度。由于社会、经济、政治和自然环境等多方面因素的影响,人口分布是不均匀的,从我国来看,以黑龙江的黑河为起点,云南省的腾冲为终点画一条线,在该线的西北,土地面积约占全国的 64%,可人口只占全国的 4% 左右,而在该线的东南,土地面积的占全国的 36%,却养着全国约 96% 的人口,东部人口稠密,西部人口稀少。一般而言,东部平原、低地、丘陵等地区人口稠密,消费者集中,企业的营销成本相对较低;西部高原、山地等地区人口稀少,消费者分散,企业的营销成本相对较高。

人口的流动也会影响农产品的需求结构。随着经济的发展,人口的区域流动性越来越大,在发达国家和地区,除了国家之间、地区之间的人口流动外,还有一突出现象是城市人口向农村流动;而在我国,则正好相反,人口流动的趋势总是从农村流向城市,从非发达地区流向发达地区,从西部流向东部,流动人口的增加促进了当地对农产品需求的增加。

(四)自然环境

自然环境是指影响企业生产和经营的物质因素,如原材料的短缺、能源成本日益提高、环境污染日益严重、政府对自然资源的干预等。地球上的资源主要分为三类,一是无限的资源,如空气等;二是可再生的有限资源,如森林、粮食等;三是不可再生的有限资源,如石油、煤、天然气等物质。自然资源是进行商品生产和实现经济繁荣的基础,和人类社会的经济活动息息相关。

伴随着工业化进程的一个重要问题是生态环境的恶化,对此,人们逐渐达成共识,环境保护是营销过程中必不可少的一个环节,农业企业需要大量初级农产品,其生长离不开土地、水源、能源等自然资源,要受到生态自然环境的限制;同时企业的经营活动也影响到生态环境,尤其是会引起生态环境的污染。自然环境对企业营销环境的影响主要体现在以下两个方面。

1. 自然资源的短缺与利用

农业土地资源在总量上是有限的,而且在一定的自然条件下,由于人类利用土地资源的能力有限,土地资源利用的范围、种类也有限,这就决定了土地在供给上的稀缺性。另外我国水资源分布不均匀,时空差异大;水资源开发不均衡,长江及南方水系的水资源开发率仅为6%,而黄河水系及北方内陆河流的水资源开发利用率已达60%以上。农业资源的有限性及开发的不均衡性,给农业企业经营带来了许多困难,农业经营企业必须利用现有资源,合理开发新的资源以应对自然资源限制。

2. 自然环境污染与保护

目前,我国农业环境遭受污染的范围比较大,局部地区已很严重,农业污染和生态破坏已成为阻碍农业可持续发展和影响人体健康的重要原因。由于生态环境问题日益突出,政府和公众迫切要求企业生产无污染的绿色食品。因此农业经营企业应大力发展绿色食品和开展绿色食品营销,满足人们对优质、安全的农产品追求,抓住这巨大的市场机遇,促使企业健康发展。

(五)科技环境

科学技术作为第一生产力,深刻影响着人类发展的历史进程和社会生活的各个方面,一旦与生产密切结合就会对国民经济产生巨大的影响。新技术会在某些领域、某种程度上改变人们的价值观念、消费习惯、交易方式。科技进步既给企业带来机会,又使企业面临新的挑战。科学技术在现代农业生产中起着主导作用。当前的现代生物技术和互联网的发展对农产品营销产生了广泛而深远的影响。

随着现代生物技术中的基因工程、遗传工程、细胞工程等技术的发展和创新,农产品品质不断改善,农业的生物新品种不断增加,这使得农产品的数量大幅增加。总之,科学技术的日新月异及其在农业中的推广应用,为市场安全优质、多样化的农产品提供了技术支撑。随着"互联网+"的发展与推广应用,农产品的营销渠道正在发生着翻天覆地的变化。网络营销大大提高了农产品的营销效率,节省了交易成本,扩大了交易范围,方便了消费者的购买使用。

(六)社会文化环境

社会文化主要是指一个国家、地区的民族特征、价值观念、生活方式、风俗习惯、宗教信仰、伦理道德、教育水平、语言文学等的总和。社会文化是人们在社会实践中形成的,它主要由两部分组成,一是全体社会成员所共有的具有高度持续性的基本核心文化,如中国人的核心文化是仁、义、礼、智、信等儒家文化;二是随着时间的变化和外界环境因素的影响而容易改变的社会次文化和亚文化。不同的社会和文化,代表着不同的生活模式,对同一产品可能持有不同的态度,影响着产品的设计、包装、信息的传递方法、产品被接受的程度、分销和推广措施等,而这些影响多半是通过间接的、潜移默化的方式进行。社会文化对农产品营销活动的影响表现在以下几个方面。

1. 风俗习惯

风俗习惯是指个人或集体的传统风尚、礼节、习性,是特定社会文化区域内历代人们共同遵守的行为模式或规范。有着不同风俗习惯的人们在饮食、服饰、居住、婚丧、信仰、节日、人居关系等方面,都表现出独特的心理特征、伦理道德、行为方式和生活习惯。不同国家、不同民族、不同地区都有不同的风俗习惯,它对消费者的嗜好、消费模式、消费行为等具有重要的影响。了解当地风俗习惯是企业做好市场营销尤其是国际经营的重要条件,如不重视风俗习惯的差异,可能会造成难以挽回的损失。如我国居民喜欢喝茶、欧美国家居民喜欢喝咖啡就是风俗习惯的体现。

2. 消费理念

消费理念是指人们的消费价值观。消费理念是关于消费的本质、目的、内涵的总体看法和根本观点,它决定着消费内容、消费行为、消费方式,即解决消费什么、如何消费等重大问题。不同的社会经济时代,人们的消费理念差异较大。自20世纪70年代以来,越来越多的国家和公众认识到过度依赖现代生产要素的常规农业对资源、环境、食品安全、人类健康造成的潜伏性、累积性、扩散性危害,越来越多的消费者确立了绿色消费理念,倡导科学合理消费、健康适度消费等,以改变消费方式来引导生产模式发生重大变革,实现与自然协调发展。

3. 宗教信仰

宗教信仰是一种意识形态。从农产品营销的角度来看,宗教不仅仅是一种信仰,更重要的是反映了消费者的生活理想、消费愿望和追求的目标。农业经营企业在从事营销活动时,要尊重目标市场上与宗教信仰相关的生活习惯和兴趣爱好,以创造市场机会,减少营销风险。要了解目标市场上的宗教禁忌对教徒消费行为的影响,如印度教对牛肉的禁忌、穆斯林对猪肉的禁忌等。营销企业要顺势而为,及时做好替代农产品的营销工作。

要将农产品出口到国际市场,就要考虑到国外的消费风俗与习惯,如产品包装上有寿星图案就不能在科威特出现,因为寿星图案在科威特是不吉利的象征;又如美国向日本出口高尔夫球,质量很好,价格也合适,但没有人问津,经过调查发现,美国人在1个盒里放4只球,而日本人忌讳"4","4"意味着"死",后来改成1个盒里放3个、6个、12个球,结果很快就有打开了销路。

【随堂测试 2.2】
你知道世界各民族在特定植物、动物、图案、颜色等方面的禁忌吗?请试举几例。

三、农产品营销微观环境

企业营销活动的微观环境也称个体环境,是指对农产品经营者有直接影响的环境因素,因此也称为直接环境。与农产品宏观环境因素相比,微观环境对营销主体的营销活动影响往往更直接、更具体,而且可控性也强一些,但不是所有的因素都是可控的。

(一)农业生产经营户

农业生产经营户是我国农业经济社会的主要活动主体,主要包括小农户、家庭农场、种田大户、专业合作社及农业企业等主体。随着新型农业经营主体的出现,农户、家庭农场、专业合作社等成为影响我国农业经济的重要因素,但根据我国第三次农业经济普查,目前我国的小农户比重达到98%,因此,研究小农户的经济行为和特征显得十分重要。同时也要加快发展新型农业经营主体,加大研究农业生产经营主体的以下行为及特征,这将直接影响到我国农业现代化发展的进程。

1. 农产品商品率

农产品商品率是指农户生产的产品用于市场出售的比率。根据农产品商品率的高低,我们将农户分成自给性农户和经营性农户两类,两类农户的基本行为特征是不同的,前者是自产自给,后者是自产自销,注重经营。经营性农户向农业经营企业提供初级农产品,成为农业经营企业的上游供应者,同时也可向市场提供可直接食用的农产品;而自给性农户主要是自己消费自己生产的农产品,没有加入农业经营企业的产业链条中。

2. 兼业性

兼业是指农户同时从事农业和非农业,以弥补单纯经营农业收入不足或企望获取更高家庭收入的行为。兼业的存在意味着农户收入的比重可能不一样,有的农户以农业收入为主,有的农户以非农业收入为主。作为农业经营企业的上游,众多农户的兼业行为将影响其向农业企业提供初级农产品的稳定性和及时性。兼业程度高的农户受外界影响程度也高,可能会轻易地退出某种农产品的生产,给农业经营企业带来不确定性。兼业程度低的农户可较稳定和及时地向农业经营企业提供初级农产品。

3. 组织化程度

农业发展是建立在分散的小农户经营的基础上的,但小农户由于数量众多、生产分散、组织化程度低,因此在农产品营销中处于弱势地位。为了提高农业产品营销系统的效率,保证农产品生产者的权利和农户生产的产品质量,就必须提高农户的组织化程度。相关农户成立农业协会、种植或养殖合作社等有助于稳定和扩大生产规模,提高市场地位,提高农产品质量。

(二)企业

按照分工原理建立的现代企业中,存在着不同层次之间、不同活动之间、不同部门之间的矛盾。农业经营企业内部的其他部门会影响到企业经营部门的营销活动,在制订企业营销计划时,营销部门应该兼顾企业其他部门的需求,如最高管理层以及财务、研发、采购、生产等部门,这些相互关联的部门构成了企业的内部环境。营销战略的制订本身是企业最高管理层的决策内容,营销部门提交的营销战略方案需要得到最高管理层的批准和同意,同时营销部门必须与企业的其他相关部门密切合作,相关部门都从不同方面对营销部门的计划和行动产生影响,以业务流程为中心建立的企业组织必须以营销作为前提,所有为顾客提供相关服务的职能要素必须紧密配合、通力合作,才能保证为顾客提供高效的服务。

（三）营销中介

营销中介主要指协助企业推销、销售、分销商品给最终用户以及提供其他服务的机构及人员。具体包括中间商、市场营销服务机构、物流储运商及金融服务机构。它们为企业融通资金、推销产品，并提供运输、储存、咨询、保险、广告等便利营销活动的服务，因而直接影响着企业的营销活动。

1. 中间商

中间商是销售渠道公司，能够帮助企业找到顾客并把产品销售给顾客。中间商包括批发商和零售商。由于中间商的销售效率直接影响到企业的生产效率，所以企业应该与中间商保持良好关系。而对于农产品而言，则应尽量减少中间环节，减少从生产地到销售地的运输时间。

2. 营销服务机构

营销服务机构是指为企业提供营销服务的各种机构，包括市场调查公司、广告公司、传媒机构和营销咨询机构等，它们帮助企业选择目标市场、正确定位、促销产品。目前我国的农业企业普遍规模小、管理水平低，尤其需要得到外部营销服务机构的帮助。当然，当农业企业发展到一定程度的时候，可以设立自己的营销部门，完成相关的营销工作。

3. 物流储运商

物流储运商能够帮助企业存储货物或将货物从原产地运送到目的地，包括仓储公司和货运公司。其中仓储公司主要储存和保护企业的产品、原材料及零部件，货运公司则是为企业输送生产资料等产品。生鲜农产品的物流运输要求物流储运商有一定规模的冷库、一定数量的冷藏运输车，保证及时、高效地运输农产品到销售地区。

4. 金融服务机构

金融服务机构主要是指银行、信贷机构、保险公司及其他金融机构。这些机构能够为农业企业发展、交易的顺利进行等提供金融支持，对货物买卖中的风险进行评估并保险。

（四）竞争者

在竞争性市场上，除来自本行业的竞争者，还有来自替代品的生产者、潜在加入者、原材料供应者和购买者等多种力量的竞争。企业要成功，必须在满足消费者需求和欲望方面比竞争对手做得更好。企业在市场上总会遇到其他竞争者的出现，面对竞争者的竞争，企业除了满足消费者的需求外，还应当识别自己的竞争对手，随时关注他们的市场行为，并及时作出市场反应。竞争对手主要有以下几种类型：

第一，平行竞争者，又称一般竞争者或普通竞争者，指提供能够满足消费者同一种需求的不同产品的竞争者。例如,自行车、摩托车、小轿车都可用作交通工具,它们与生产企业之间存在着平行竞争的关系。

第二,产品形式竞争者,指满足消费者某种需求生产同种产品,但其规格、型号、款式不同的竞争者。例如生产变速自行车与生产普通自行车的企业相互之间成为产品形式竞争者。

第三,品牌竞争者,指满足消费者某种需求所生产的同种产品,其规格型号都一样,但品牌不同的竞争者。例如,生产普通自行车的企业,其生产的普通自行车品牌不同,有"凤凰",有"飞鸽",有"金狮",这三家企业相互之间就成为品牌竞争者。

显然,上述的平行竞争是不同行业的竞争,后两种则是同行业的竞争。前者尽管不如同行业竞争那么直接,但它会影响企业长远的经营活动,相互之间会产生争夺顾客的潜在竞争。在同行业竞争中,品牌竞争比产品形式竞争更直接,因而竞争更激烈。企业要在同行业竞争中取得主动,应该在考虑同一类产品的卖方密度和行业进入壁垒的前提下,力争使自己的产品更有特点,形成明显的产品差异。

(五)消费者

消费者即企业的服务对象。企业的一切营销活动都要围绕满足并引导顾客的需要来进行。消费者是企业产品购买者的总称,是企业服务的对象,也是营销活动的出发点和归宿。消费者是企业最重要的环境因素。消费者的消费理念、消费结构及其变化都应是企业营销策略的重要依据。农业企业应该分析各个市场消费者的需求特点及购买行为,针对目标市场中消费者的特点,制订相应的营销策略,及时高效地向目标消费者市场提供相应的农产品和服务。

(六)社会公众

社会公众是指对本组织实现其营销目标具有实际的或潜在的利益关系或影响的各种群体或个人,主要包括政府公众、媒介公众、金融公众、群众团体公众、地主公众、一般公众、企业内部公众等。广大公众的态度及行为会协助或妨碍企业营销活动的正常开展。所有的企业都必须采取积极措施,树立良好形象,力争和公众之间保持良好关系。

在众多的社会公众中,政府因其特殊地位和特殊作用,尤其值得农业企业关注。政府是农产品营销的管理者,政府的农产品政策法规、控制程序、管理模式对农产品营销活动有着重要的促进或抑制作用。一般而言,政府对农产品营销管理的目标主要有:稳定农产品市场供给和市场价格,保证农产品供求平衡;稳定或维持农产品价格,保障农民收入;稳定或降低消费市场的农产品价格,保护消费者的利益;实施绿色营销制度,维护生态平衡等。

政府在农产品营销管理中主要涉及农产品的价格管理、农产品的补贴制度及宏观数量调控等方面。此外,政府在加强农产品市场透明、农产品市场基础设施建设等方面也发挥着举足轻重的作用。

企业进行营销活动,必须认真考虑上述环境因素。当然由于多种条件的限制,企业考虑营销环境的影响,不一定能详细考察上述营销环境因素的全部内容,但应尽可能做到全面、详细,这是提高企业营销活动科学性的要求。

【小思考 2.1】
生活中的智能手机等电子产品对农产品营销产生了什么样的影响?

四、农产品营销环境分析法

在进行市场环境分析时,常用的方法是综合环境分析法,即SWOT分析法,它又被称为态势分析法,是将与研究对象密切相关的各种主要内部优势、劣势及外部的机会和威胁等,通过调查列举出来,并排成矩阵形式,然后用系统分析方法,把各种因素相互匹配起来加以分析,从中得出一系列相应结论的方法。这种结论一般具有一定的决策性。

利用SWOT分析方法即根据企业自身的既定内在条件和外部环境条件进行分析,发挥企业的优势,克服劣势,利用市场机会,化解环境的威胁,其中,S代表优势(strength),W代表劣势(weakness),O代表机会(opportunity),T代表威胁(threat),S、W是内部因素,O、T是外部因素。

态势分析法主要是针对企业的经营态势,即对企业的优势劣势进行分析,这样的分析主要是着眼于企业自身的实力及其与竞争对手的比较;而机会和威胁分析将注意力放在外部环境的变化及对企业可能的影响上。在分析时,应把所有的内部因素(即优劣势)集中在一起,然后用外部的力量来对这些因素进行评估。利用这种方法可以从中找出对自己有利的、值得发扬的因素,以及对自己不利的、要回避的因素,发现存在的问题,找出解决的办法,并明确以后的发展方向,具体步骤如下:

(一)分析环境因素

运用各种调查分析方法,分析出公司所处的外部环境与内部能力因素。外部环境因素包括机会因素和威胁因素,它们是外部环境对公司的发展有直接影响的有利因素和不利因素,属于客观因素;内部能力因素包括优势因素和劣势因素,它们是公司在其发展中自身存在的积极因素和消极因素,属于主动因素。在调查分析这些因素时,不仅要考虑到历史与现状,还要考虑更多的未来发展问题。

优势,是组织机构的内部因素,具体包括有利的竞争态势、充足的财政来源、良好的企业形象、技术力量、规模经济、产品质量、市场份额、成本优势、广告攻势等。

劣势,也是组织机构的内部因素,具体包括管理混乱、产品成本高、缺少关键技术、研究开发落后、资金短缺、经营不善、产品积压、竞争力差等。

机会,是组织机构的外部因素,具体包括:新产品、新市场、新需求、外国市场壁垒解除、竞争对手失误、自己忠实的客户群等。

威胁,也是组织机构的外部因素,具体包括:新的竞争对手、替代产品增多、市场紧缩、行业政策变化、经济衰退、客户偏好改变、突发事件等。

SWOT方法的优点在于考虑问题全面,是一种系统思维,而且可以把对问题的"诊断"和"开处方"紧密结合在一起,条理清楚,便于检验。

(二) 构造SWOT矩阵图

识别环境中有吸引力的机会是一回事,拥有在机会中成功所必需的竞争能力是另一回事。每个企业都要定期检查自己的优势与劣势,这可通过"企业经营管理检核表"的方式进行。企业或企业外的咨询机构都可利用这一格式检查企业的营销、财务、制造和组织能力,对其按照轻重缓急或影响程度等顺序进行排序,确认企业的关键能力和薄弱环节,将对公司发展有直接、重要、迫切和久远影响的因素优先排列出来,而将间接、次要、可暂缓和短暂的因素排列在后面,得出一系列公司未来发展的可选择对策,从而构造SWOT矩阵(图2-1)。

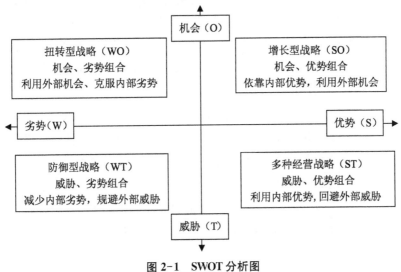

图2-1 SWOT分析图

SWOT分析有时还结合企业战略的制订进行分析应用。根据企业营销时面对的内外部环境的不同,由内外部环境的组合,可以生成四种不同的营销环境战略对策,具体如下:

处于SO形势的企业拥有强大的内部优势和众多的环境机会,可以采取增加产量、扩大生产规模、开发市场等增长型策略。

处于WO形势的企业有外部机会但面临内部不利条件,可以采取扭转型策略,改变企业内部的不利条件。例如,若企业弱点是原材料供应不足和生产能力不够,从成本角度看,前者会导致开工不足、生产能力闲置、单位成本上升,而加班加点会导致一些附加费用。在产品市场前景看好的前提下,企业可利用供应商扩大规模、新技术设备降价、竞争对手财务危机等机会,实现纵向整合战略,重构企业价值链,以保证原材料供应;同时可考虑购置生产线来克服生产能力不足及设备老化等缺点。通过克服这些弱点,企业可能进一步利用各种外部机会,降低成本,取得成本优势,最终赢得竞争优势。

处于WT形势的企业既有外部威胁,又面临内部劣势,应当采取防御型策略,以避开威胁和消除劣势。如招聘额外的职员以扩大或者加深公司在关键领域内的核心能力,从而战胜那些模仿公司技巧和资源的竞争;提高公司的资源资产和能力的灵活性,以便公司资源配置最优化,或者根据变化的市场环境进行调整,从而使公司适应新的发展态势的敏捷性比竞争对手的要强;扩大公司的产品线,堵住挑战者可能进入的市场点和市场缺口;同特约经销商和分销商签订排他性合同,使得竞争对手不能使用这些渠道;给产品用户提供免费的或者低成本的培训;给那些容易受试用产品诱惑的购买者提供彩票和样品的免费馈赠;对即将推出的新产品或者价格变动提前宣布,以获取潜在购买者,并使他们推迟品牌的转换;对最优供应商提供的绝大部分或者全部产品签订合同,增加竞争对手获得同等质量零部件的难度等等,从而转变不利局面。

处于ST形势的企业拥有内部优势的同时外部存在威胁,应利用自身的条件开展多种经营,尽量增加产品大类和品种,跨行业生产经营多种多样的产品或业务,扩大企业的生产经营范围和市场范围,充分发挥企业特长,利用企业的各种资源提高经济效益,避免或减轻外在威胁的打击,分散风险,寻找新的发展机会。

总之,SWOT分析方法的基本点就是企业战略的制订必须使其内部能力(强处和弱点)与外部环境(机遇和威胁)相适应,以获取经营的成功。

(三)制订行动计划

在完成环境因素分析和SWOT矩阵的构造分析后,便可以制订出相应的行动计划。制订计划的基本思路是要发挥优势因素,克服弱势因素,利用机会因素,化解威胁因素;考虑过去,立足当前,着眼未来,运用系统分析方法,将排列与考虑的各种环境因素相互匹配并加以组合,得出一系列对公司未来发展有利的营销组合策略。

【小思考 2.2】

学生小明正在淘宝网经营一家销售观赏植物的园艺网店,请你从态势分析法对其经营环境进行分析,分析其网店面临的优势、劣势、机会、威胁各有哪些?

第二节 农产品消费者分析

一、农产品消费者市场

消费者市场又称最终消费者市场、消费品市场或生活资料市场,是指个人和家庭为了生活需要而购买产品和劳务的市场。消费者与生产者及销售者不同,国际标准化组织(ISO)认为,消费者是以个人消费为目的而购买使用商品和服务的个体社会成员,他或她必须是产品和服务的最终使用者而不是生产者、经营者。作为消费者,无论是购买和使用商品还是接受服务,其目的只是满足个人和家庭需要,而不是满足生产和经营的需要。

(一)消费者市场的特点

与其他市场相比,由于消费者市场主要是由消费者组成,具有主观能动性,一般具有以下特征:

1. 需求无限扩展性

人类社会的生产力和科学技术总是在不断进步,消费者收入水平也在不断提高,对商品和劳务的需求也将不断向前发展,对需求的内在品质也在不断地提升。如随着生活节奏的加快,人们过去由自己承担的家务等繁琐的事务一般由家政公司来进行,同时,消费需求也呈现由少到多、由粗到精、由低级到高级的发展趋势。一种需求满足了,另一种需求又会产生。因此就要求营销者不断开发新产品、开拓新市场。

2. 需求的差异性

消费者受年龄、性别、生活习惯、职业、收入、受教育程度、市场环境、民族、宗教信仰等多种因素的影响而具有不同的消费需求和消费行为,因此消费者的需求存在着差异性,所购买的商品在品种、规格、质量、花色和价格等方面也就千差万别。

3. 需求的可诱导性

消费者的购买行为具有很强的可诱导性。一是因为消费者在购买产品时,不像生产者市场购买决策一样,受生产特征的限制及国家政策和计划的影响,而是具有自发性、冲动性的特点;二是消费品的购买者大多缺乏相应的商品知识和市场知识,其购买行为属于非专业性购买,他们对产品的选择受到广告、宣传的影响较大。由于消费者购买行为的可诱导性,生产和经营部门应注意做好商品的宣传、广告,来指导消费,做好消费者的参谋,同时有效地引导消费者的购买行为。

4. 需求的弹性

需求的弹性是需求的价格弹性,即价格变化对需求量的影响程度。消费品市场的需求量受价格变动的影响较大。由于不同产品的需求价格弹性不同,因而企业在定价时对弹性大的产品可用降价来刺激需求、扩大销售,如水果等农产品;而对需求弹性小的产品,当市场需求强劲时,则可适当提价来增加收益,如名、特、优农产品。

5. 需求的替代与互补性

不少消费品的需求是具有连带性的,即购买某种产品消费时,需购买另一种商品配套,方可进行这种商品的消费,如需要消费果汁,就必须有相应的果汁机才可以。对这些具有密切联系的相关商品进行科学、合理地配套,不仅会给消费者提供方便,同时还会扩大各种商品的销售额。

当然,也有不少消费品的购买具有替代性,即商品的功能相似,可以互相代替。农产品间具有同质性较高、可替代性高的特点,所以消费者在有限购买力的约束下必然慎重决策满足哪些需求,以及选择哪些品牌来满足需求,且经常变换决策,导致购买力在不同产品、品牌和企业间流动。替代性往往会导致某种商品销量上升,而引起被替代商品的销量减少,因此,企业需及时掌握农产品的生产季节及上市时间,及时调整所生产的产品品种,以满足消费者的各种需求。

6. 需求的季节性

消费需求的季节性是指消费者的需求因季节不同而不同。需求的季节性分为几种:一是由于季节的变化而引起的季节性消费,典型的如夏天的西瓜消费,秋天水果大量上市引起的消费;二是季节性生产引起的季节性消费,如春夏秋是蔬菜集中生产的季节,也是蔬菜集中消费的季节;三是风俗习惯和传统节日引起的季节性消费,如端午吃粽子,节假日的消费增多等。

【随堂测试 2.3】
你对农产品消费者市场哪个特点体会最深,为什么?请举例说明。

(二)消费者购买对象类型

消费者市场可以按照一定的标准进行分类,消费者的购买对象也可以分为不同的类型。

1. 按消费者的购买习惯分类

按照消费者的购买习惯划分,购买对象一般可以分为四类,即便利品、选购品、特殊品和非寻觅品。

① 便利品。便利品又称日用品,是指消费者日常生活所需且要重复购买的商品。农产品大多是这类商品,诸如粮食、蔬菜、水果等。消费者在购买这类产品时,一般不愿花更多的时间比较价格和质量,愿意接受其他任何替代用品。因此,便利品的生产者应注意分销的广泛性和经销网点的合理分布,以便消费者能及时就近购买。

② 选购品。选购品价格比便利品贵,是消费者在购买时愿意花更多的时间对许多商家进行比较后才决定购买的商品,如作为礼品送人的农产品。消费者在购买这类农产品时,会对同一类型的产品从价格、包装、质量等方面进行比较。选购品的生产者应将销售网点设在商业网点较多的商业区,并将同类产品销售点相对集中,以便顾客进行比较和选择。

③ 特殊品。特殊品是指消费者对共有特殊偏好并愿意花较多时间去购买的商品,如手表、化妆品等。消费者在购买前对这一类商品有了一定的认识,偏爱特定的品牌和商标,不愿接受代用品。为此,企业应注意争创名牌产品,同时要切实做好产品售后服务工作。

④ 非寻觅品。非寻觅品是指消费者不知道的,或虽然知道但一般情况下不想购买的物品,如上市不久的各种新产品,各种保险、百科全书等,这类产品的特点决定了它们的营销在广告和人员推销方面将花费很多的时间和力气。

2. 按照产品的有形性、耐用程度和使用频率分类

按照产品的有形性、耐用程度和使用频率划分,消费者的购买对象可分为耐用品、非耐用品和劳务。

① 耐用品。耐用品是指能够多次使用、寿命较长的商品,如电视机、电冰箱、音响、计算机等。消费者在购买这类商品时,决策较为慎重。生产这类商品的企业,要注重技术创新,提高产品的质量,同时要做好产品售后服务,满足消费者的购

后需求。

②非耐用品。非耐用品指使用次数较少,但消费者经常购买的产品,如农产品就是典型的非耐用品。生产这类产品的企业,除应保证产品的品质外,还要特别注意销售点的设置,以方便消费者的购买。

③劳务。这里的劳务是指提供出售的活动、利益或享受,如理发、美容、修理、文艺演出、娱乐活动等服务行业的产品。劳务是无形的非耐用品,劳务就地销售和就地消费的特点决定了企业要特别强调质量管理和注重信誉。

（三）农产品消费者需求类型

消费者对农产品的需求不单单局限于某一个方面,而是具有多样化的需求。如消费者对水果的需求,不单单表现在对水果营养这一基本功能上,他们还会关注水果的品质、外形、颜色、大小等多个方面。这样根据消费者的不同需求,我们一般可以把农产品消费者的需求分成以下几种类型。

1. 农产品食用功能的需求

民以食为天,农产品是食物的基础来源。消费者购买农产品,首要考虑的是某种农产品具有的能够满足其温饱及能够给其身体带来基本营养价值的功能,这是农产品被生产和销售的基本条件,也是消费者的基本需求。如消费者购买大米、白面,最主要的是看中这两种食品能够解除饥饿,并能满足身体对于能量的基本需求;而消费者购买牛奶制品,是因为牛奶具有补充营养、增强体质的基本功效。

2. 农产品品质的需求

在农产品基本功能得到满足之后,消费者往往追求更高品质的农产品。尤其是随着人们生活水平的提高,消费高品质的农产品成为一种时尚的需求趋势。农产品的高品质一般体现在营养成分的含量、纯度、水分含量、口感等多个指标上。作为农产品经营者,应当随时关注农产品消费者对农产品品质需求的变化趋势,不断满足农产品消费者对高品质农产品的需求。例如,人们每天消费的大米,其品质就有较大的差别,一般情况下,常规稻的品质优于杂交稻,粳稻优于籼稻等。价格相差几十倍,足以说明大米品质存在明显的差异。

3. 农产品安全性能的需求

购买任何消费品,消费者都需要其安全可靠,不危害身体健康。追求消费安全已成为农产品消费的一项基本要求。为了达到这一要求,农产品一般要符合以下标准:一是农产品要符合卫生标准,无损于身体健康,如食品应符合国家颁布的《中华人民共和国农产品质量安全法》《中华人民共和国食品安全法》等法规和检验标准,要求在保质期内出售和食用,不生产、销售含有损害人体健康成分的农产品;二是农产品的安全指标要达到规定的标准,如鲜食农产品农药残留应符合国家规定的指标范围;三是农产品最好要有保健功能,要有益于增进身体健康。随着人们生活水平的提高以及健康意识增强,消费者日益关注食品安全和身体健康,绿色、鲜活、营养、健康越来越受到消费者的推崇。

4. 农产品便利程度的需求

农产品的便利程度包括两个方面:一是农产品购买过程中的便捷程度;二是农产品使用过程中的方便程度。在购买过程中消费者希望以最短的时间、最近的距离、最快的方式购买所需的农产品。同类农产品在品质、安全性、价格等基本相同的条件下,便于购买往往成为消费者的又一基本要求,他们选择便于购买的消费方式,既能节约时间和精力,又能实现新鲜消费。如近年来一些地方推出的鲜活农产品进社区及蔬菜配送业务等销售方式,极大地方便了消费者,受到消费者的欢迎。

同时,消费者也注重农产品使用过程中的方便性。如近年来推出的薄皮核桃,不同于传统核桃皮厚难剥,用手轻轻一捏,很容易就剥开,深受消费者欢迎;还有现在的净菜上市,免去了二次清理、加工的琐碎,也受到了消费者的欢迎,满足了消费者追求便捷的需求。

5. 农产品外观的需求

对于农产品而言,不仅需要具备基本功能、良好的品质和安全性,而且还要求具有完美外观,随着消费水平的不断提高以及审美情趣的提升,人们越来越注重农产品的外在表现。对于初级农产品而言,从其大小来看,要求其规整,既不能很大,也不能太小;从其形状上来看,要符合该种农产品的基本形状,该长的长,该短的短,该圆的圆,该扁的扁,而不是形状各异;从颜色来看,应该具有该种农产品正常的颜色。

以苹果为例,现代消费者一般喜欢个头大小适宜、果形规整、着色均匀的苹果。食用个头均匀、果形整齐、着色好的初级农产品能够给人一种美的享受。尤其是近年来推出的一些果菜新品种,如用于观赏兼食用的蛇瓜、樱桃番茄、袖珍西瓜、迷你黄瓜等,不但满足了食用、营养、保健的需求,而且又满足了观赏的需求,得到了消费者的青睐。除此之外,迎合消费者需求的农产品外观设计,往往是消费者选择商品的首要参考。

6. 农产品情感功能的需求

这是指消费者要求农产品蕴含浓厚的感情色彩。消费者作为社会成员,有着对亲情、友情、爱情、归属等情感的强烈需要,这种需要主要通过人与人之间的交往沟通得到满足。在农产品消费过程中，人们也希望通过农产品来传递情感，使相互之间的感情能够以农产品为媒介得以实现。如鲜花作为一种特殊的农产品，不同的品种能够传递不同的情感；经过生长阶段特殊处理的带字苹果，其中，有福、禄、寿、平安、吉祥、生日快乐等字样，无论是自己消费还是作为一种礼品，均能够给消费者带来心理情感上的满足。

（四）影响农产品消费者需求的因素

农产品消费者需求是指农产品消费者对农产品有支付能力的愿望和要求。农产品消费者是消费者群体中重要的组成部分，农产品消费者需求是农产品市场运行的前提，没有农产品消费者需求，就失去了农产品生产经营的意义。有了农产品消费者需求，才能使农产品经营者的经营目标得以实现，农产品经营者的营销决策和营销方案才有实现的可能。

为此，在农产品营销过程中，必须注重对农产品消费市场与农产品消费者需求的研究，从而有针对性地制订营销策略，不断满足农产品消费者的需求，实现农产品经营者的目标。一般来说，农产品消费者需求主要受以下五个因素的影响：

1. 收入水平

一般而言，消费者收入水平的变化对产品的需求会产生一定的影响，对于收入需求弹性小的产品，收入的变动不会带来需求量的太大变动；而对于收入需求弹性较大的农产品而言，随着收入的提高，对该产品的需求量会有较大的增长。

在农产品需求方面，随着收入水平的变化，主要呈现如下趋势：对于粮食、蔬菜、油料等需求弹性较小的农产品，消费者收入的变动不会引起其需求量的太大变动；而对于收入需求弹性较大的高档农产品来说，收入的变动会明显地带来需求量的变化。

通过对城乡居民收入和不同农产品实际消费量的考察发现，随着城乡居民收入水平的提高，居民对于高档农产品的消费量明显增多，而对粮食的消费量不但没有增加反而有一定的减少。

2. 农产品价格

一般来讲，在其他条件不变的情况下，产品的需求量随着自身价格的下降而增加，随着替代品价格的下降而减少，随着互补品价格的下降而增加。

作为生活必需品的农产品，大宗农产品的需求量受价格的影响不大；不过，农产品价格对于不同类农产品来讲，其价格高低对于需求量的影响也是不同的，这主要是因为不同农产品的价格弹性不同。从我国的农产品消费现状来看，粮食需求具有刚性，需求弹性较小，因此，粮食的需求不会因为粮食价格变化而发生较大的波动;蔬菜的需求量受价格影响也不大;肉类、蛋类以及水产品的需求量随价格的波动而波动,且其需求量与其价格基本维持负相关关系。

3. 人口因素

人口的数量和结构是在一定的消费水平下影响农产品消费总量的重要因素。从人口数量上来看,人口数量的增加使农产品消费量呈现不断增长的趋势。

首先,城乡居民的人口结构会影响农产品的消费量,这是因为城镇人口对农产品的消费主要以产品性消费为主,而农村人口主要以自给自足为主。随着城镇化速度的不断加快,大量的人口从农村迁移到城镇,农产品需求量增加将是一个趋势。

其次,人口的年龄结构、性别结构等也会对农产品的需求产生影响。一般来讲,成年人比儿童、男性比女性、体力劳动者比脑力劳动者都要吃得多一些。也就是说,人口结构的不同会对农产品产生不同的消费量。

4. 消费者偏好

消费者偏好是消费者长期的消费习惯所养成的行为模式。消费者所居住的自然环境、当地适宜的农业产业、社会传统、受教育程度以及文化背景的不同,会导致不同消费者有不同的偏好。例如,由于南方水量充足,适宜水稻的种植,使得当地居民的主食以稻米为主,于是南方人们就形成了对大米的偏好;北方适应种植冬小麦,这使得长期以来北方人以面食为主,形成了对面食的偏好;水乡因适宜发展渔业,所以,各种水产品比较丰富,当地消费者形成了吃鱼的习惯,于是对鱼有特别的偏好。

又如我国的茶文化源远流长,大多数成年人有饮茶的习惯,对茶饮料具有偏好,而西方国家的居民对咖啡的偏好要远远大于茶叶。

再例如,过去国人普遍偏好肉蛋类食品,而忽视营养丰富的奶制品,从而影响了对奶制品的需求。

5. 其他因素

农产品的需求除了受以上因素影响以外,还受季节以及突发疫病的影响。

首先,农产品生产具有季节性的特点,这使农产品供应具有淡、旺季之分。一般而言,在农产品生产旺季,消费者对该类农产品的消费量将增大;而在淡季,消费者一般会调整自己的需求,以适应品种、数量的不足带来的价格上涨。

其次,由于农业生产容易受病虫害的侵害,尤其是动物养殖常会发生一些疫病。每当某种疫病暴发,就会影响消费者对该种农产品的消费。例如,疯牛病的发生使大量消费者不再购买牛肉,转而去购买其他肉类;而禽流感的发生和蔓延,直接导致人们减少对禽蛋产品的消费需求。植物产品也是这样,当消费者知道产品中含有一些有毒的禁用农药时,就会减少对该种农产品的消费。

【小思考 2.3】
我们应如何把握农产品消费者的心理?

二、农产品购买行为分析

消费者的购买行为受消费者心理活动的影响而不断变化。不同年龄段、不同社会阶层消费者的心理活动是不同的;即使是处于同一年龄段、同一社会阶层的消费者,由于人的个体差异,其本身所具有的心理活动也不尽相同。随着时间地点的变化,同一消费者的消费需求也在不停地发生着变化。这就导致了各式各样的购买行为的产生。

(一)消费者购买行为

消费者购买行为是指人们为了满足个人或家庭的生活需要和欲望,在一定购买动机驱使下,进行探求、挑选、购入、应用、评论和处理商品及服务的活动过程。其中包含人们的客观物质活动和主观心理活动两个方面。消费者购买行为的全部过程一般由六个问题构成。

1. 谁购买(who)

这是明确购买主体,主要包括两方面,一是购买者是谁;二是谁作出的购买决策。如小孩买玩具这个购买行为,使用者是小孩,购买决策者是小孩的父母或其他的人,可见,购买行为有时是多人参与的。作为营销人员应该了解谁是购买决策人员,谁是影响者,谁参与购买过程,从而有针对性地开展一系列促销活动,才能取得最佳的效果。

2. 买什么(what)

这是明确购买对象。要分析消费者希望购买什么产品和为什么需要这种产品而不是需要那种产品,探讨企业应该提供怎样的产品去满足消费者的需求。

3. 为什么买(why)

这是明确购买目的。要了解消费者想买什么,分析消费者购买动机的形成,是由生理、自然、经济、社会、心理等因素的单个作用,还是它们互相作用的结果。由于人们的购买动机是复杂多变、千差万别的,所以企业应该分析人们为什么购买,把握人们的选购动机,稳定现有客户群体,并不断地开发更有效的卖点来吸引更为广泛的消费群体。

4. 哪里买(where)

这是明确购买地点。人们对购物的位置选择也有一定的规律性,如日常生活必需品会选择就近购买;选择性比较强的或贵重的物品会选择在商业区购买;对较为特殊的商品通常会直接到企业或信誉较高的专业店购买;现在随着互联网的广泛应用,人们越来越多地选择在网上进行购物。

5. 怎么买(how)

这是明确购买方式。这对企业来说就是销售方式,它是一个非常重要的环节,将直接影响消费者的购买行为。如经济型购买者对便宜的价格、较高的性能有追求;冲动型购买者对情趣和外观有喜好;手头拮据的购买者愿意分期付款;工作繁忙的购买者在意购买的方便性和送货上门服务。

6. 何时买(when)

这是明确购买时间。人们的购买习惯通常有时间方面的规律。比如人们购买汽车产品的时间会受到消费地点、节假日等因素影响,因此分析人们对一定产品的购买时机的要求时,要把握好时机,适时推出产品,会使企业的营销更加成功。

(二)影响消费者购买行为的因素

影响消费者购买行为的因素是多种多样的,而且对每个消费者的影响都会不同;即使是同一消费者在不同的环境下,受到影响因素影响时产生的效果也会不同。这主要是受其需求变化与心理变化的共同作用,从而形成不同的结果。综合分析消费者购买行为的影响因素,主要有以下几大类:

1. 文化因素

文化是一个广泛的概念,从广义上来讲,文化是指人类在社会历史实践中创造的物质财富和精神财富的总和;从狭义上来讲,文化是指社会的意识形态以及与之相适应的制度和结构。文化因素对消费者行为的影响是最难识别的,也是最广泛、最深远的。

① 传统文化。我国是一个具有悠久文化历史的文明国家,传统的文化观念促使我们的消费行为与西方国家的人们有着本质的区别。例如,中国人消费喜欢量入为出,一般是先挣钱,后消费;而西方则流行先消费,后付款。这是典型的中西方消费观念对消费行为的影响。

② 西方文化。随着世界各国的交流日益频繁,特别是互联网等技术的快速发展,西方优秀的文化也随之传入我国,逐渐对我国一些人的消费观念产生一定的影响。如我们现在有更多的人倾向于喝咖啡,这种现象正是西方文化对我国消费者

的影响。

③ 亚文化。亚文化是相对于总体文化而言的,属于总文化的次属文化。它是在社会环境和自然因素的影响下而形成的具有自身特点的文化,如中国人喜欢以红色代表喜庆就是亚文化的一种。亚文化受其他文化因素的影响较大,会对消费者的购买行为产生潜意识的影响。

2. 社会因素

消费者在购买商品时,商品的质量以及价格等方面的因素也会影响消费者的决定。消费者常常会听取身边人的意见,受他们的影响,以便所购买的商品有实际的应用价值。因此,社会参照群体、社会关系人物、社会舆论等社会因素也是决定消费者购买行为的主要因素。但是从客观上说,社会生产力的大小制约着消费者消费什么,消费多少。因为社会生产力的水平有多大,就能提供多少数量与相应质量的商品,所以社会生产力不但制约着消费的规格、品种和数量,而且还制约着消费的结构。

3. 个体因素

消费者的个人因素会对其购买行为产生决定性的影响。其自身的年龄、经济来源以及生活习惯等都会对购买行为产生间接或直接的影响。

① 年龄。据研究发现,随着年龄的增加、生活阅历的丰富,消费者在商品的选择上也会发生变化。年轻人虽收入有限,但仍喜欢购买当下比较流行和时尚的产品;中年人具有丰富的经验,往往比较稳重,具有实际应用价值的产品成为他们的首选;对于老年人,他们更喜欢购买令自己感到舒适的产品。

② 经济状况。人们的经济来源不一,个人的经济状况也会有很大的区别。随着社会的发展,贫富差距也日益扩大化,在选择产品的等级上也有极大的不同,个人的经济状况是影响购买行为最主要的因素。

③ 生活方式。生活方式是指消费者自身的生活习惯、爱好以及对事物的理解等等,会对其购买行为产生影响。人们的生活环境、民族风俗不同,所形成的生活方式也不尽相同,对于商品的购买行为也会不同。我国中老年人在购买商品时首先考虑要有足够的资金,而年轻人的消费观念往往比较超前,"月光族"较多,借贷消费是一种常见的现象,可见,生活方式对消费者购买行为会产生极大的影响。

④ 消费者收入。消费者虽有购买的欲望,但没有一定的收入作为购买能力的保证,购买行为就无法完成,因此消费者的收入是购买能力的重要保障,是影响消费者购买行为的重要因素。

4. 心理因素

心理因素对于消费者的影响主要体现在动机、认知以及意愿等方面。

① 动机。每一时间段,人们总会有需求,主要由生理和心理两方面的因素引起。动机的产生需要特定因子的激发,进而引起消费者的购买欲望。动机意味着消费者的潜在需求,在满足这一需求后,它也会随之消失。从人的需求层面上讲,它是分层次的,按重要程度依次排列,对于商品的选择消费者会首先考虑最迫切的需要。

② 认知。在确定购买意向后,消费者会对产品有一个认知过程,即对产品的感受、体验以及思考等。认知过程作为心理因素的一种,不同人对产品的认知可能不同,这是由他们对产品的了解程度决定的。在对产品进行一定了解后,消费者才会根据其判断决定是否购买。认知是对产品的客观判断,是否购买还会受到其他环境因素的影响。

③ 意愿。在对产品进行基本了解后,最终的决策会受到消费者意愿的影响。意愿是指对事物所持有的强烈程度,其过程分两步进行,即采取阶段和执行阶段。采取阶段表明对所选产品的质量和设计理念等都持有肯定的态度,而消费者最终的决定是由执行阶段完成的。

5. 销售因素

首先,销售的方式方法会对消费者的购买行为产生直接影响。虽说"酒香不怕巷子深",但是,一件质量再好的产品,如果不为人们所知,又有什么用呢?因此,企业必须采取有效的销售策略,例如对产品进行精美的包装、起一个性响亮的名字、做广告、举办营销活动等来使消费者先认识到有这么一个产品。

其次,销售因素还包括销售人员的仪容仪表。销售人员的仪表装扮不同可以带给消费者不同的心理感受,并且也间接地影响销售人员与消费者之间的关系。销售人员的优美仪表以及优质的服务水平在一定程度上也反映了企业的形象。

再次,销售商品的快捷性也对消费者的购买行为产生巨大的影响。如现今的网络销售,为人们节省了上街购物的时间,给忙碌的上班族提供了足不出户购买商品的条件,使消费更加方便、快捷,这已成为刺激消费的一种有效手段。

6. 现场环境

消费者的购买行为也受销售现场环境的影响。有这样一个例子,某个饭店的饭菜很美味,服务员的态度也很好,每天座无虚席,但是老板却愁眉苦脸,这是为什么呢?原来是顾客点菜后吃饭速度非常慢,导致客流量很少,饭店看似生意兴隆,实则营业额根本上不去。老板经过反复分析,终于发现了症结所在,那就是饭店里播放的多是轻柔的乐曲,人们在这样的环境下吃饭速度自然减慢,于是老板将饭店里的音乐换成节奏稍快的乐曲,这样饭店里的客流量逐渐增多,营业额也提了上来,老板喜笑颜开。从以上例子可以看出,一个良好的就餐环境往往可以产生意想不到的效果。

消费者的购买行为不是由单方面的因素决定的,文化、社会以及个人的心理因素等在一定程度上对其产生决定性的影响。对于企业而言,消费者的心理因素是难以确定的,但在社会环境等方面企业的营销策略极有可能对消费者的购买行为产生一定作用。因此,不断研究消费者购买行为的影响因素,对于企业正确地把握消费者行为,有针对性地开展一系列市场营销活动,具有非常重要的意义。

(三) 农产品购买行为类型

由于受文化、社会、心理、个人等因素的影响,不同的消费者或同一消费者面对不同农产品会表现出不同的购买行为。综合来看,消费者的购买行为分为以下几种:

1. 习惯型购买行为

所谓习惯型购买行为,是指消费者按照某个人对某一品牌的偏好而形成的一种定向购买行为。这种购买行为较少受广告宣传以及时尚的影响,其购买习惯的形成是由于长期信用某种特定品牌的农产品而使消费者产生的信赖感,从而按习惯重复购买。这种购买行为被称为"认牌型"购买,购买过程一般果断、迅速。

2. 理智型购买行为

所谓理智型购买行为是指消费者在购买过程中往往多方面考虑,在作出购买决策时比较理性。这种类型的购买,消费者一般要经过周密地考虑,通常要货比三家,对农产品的品质、价格、产地等作细致的了解和比较,反复权衡利弊,最后才作出购买决策,购买行为比较冷静、慎重。

3. 经济型购买行为

经济型购买行为是指消费者对农产品的价格变化比较敏感的一种购买行为。这种购买行为的消费者往往是以价格作为决策购买的首要标准,倾向于购买价格比较低的农产品。之所以有这种购买行为,主要与这类消费者的经济收入较低有直接的关系。

4. 冲动型购买行为

一些消费者容易受产品的特色、宣传或外界诱导的影响,而迅速作出购买决策,这种购买行为被称为冲动型购买行为。如有些消费者购买农产品时容易受到特色、包装、购买氛围、广告宣传、降价或打折销售的影响和刺激,以直观感觉为主,购买时不愿意反复比较,因此,能够快速地作出购买决定。

5. 不定型购买行为

所谓不定型购买行为,是指消费者购买意向未定、随意性较大的购买行为。具有这种购买行为的消费者,往往缺少购买农产品的经验,购买心理不稳定,购买时大多数时没有主见,表现出不知所措的情形。这种购买行为的消费者,一般都渴望得到农产品相关的知识,很容易听从经营者的推荐或从众购买。

【随堂测试 2.4】

列举你周围经常作出理智型购买行为与冲动型购买行为的同学,分析应如何对其开展有效的营销活动?

三、农产品购买决策过程

所谓购买决策过程是指消费者购买行为形成和实现的全过程。

(一)消费者购买前的行为过程

这主要是指消费者在购买前的一系列能够影响购买的过程行为与方式。它主要包括两个阶段。

1. 产生消费动机

消费者的购买行为首先受外界的影响引起,如产品本身的质量、广告宣传等,消费者在受刺激后会产生"不足之感",即生理上或心理上产生了缺少什么,并由此有需要此物(商品或劳务)的感觉,这样消费者就产生了消费需求。这时的营销对策就是要强化消费者的不足之感,进一步刺激消费需要,设法使之达到足够的强度,并有针对性地提供能满足其需要的产品,促使消费需要转化为需求,并最终形成购买动机。

2. 转化为购买行为

当消费者有了消费需求之后就开始搜集相关商品的信息,此时的企业要尽可能全面、快捷地将产品的有关信息传递给目标消费群,并争取获得好的口碑。当消费者有了足够的信息后就开始进行分析评价,此时企业要继续宣传产品,设法了解并解除消费者的各种购买顾虑,尽可能让消费者购买前能亲身感受一下产品的功能,并配合适宜的促销活动,使消费者感到产品的可察觉价值明显高于产品的价格,企业再进一步采取适宜的优惠促销手段,激发消费者的购买决心,促使其最终将购买决策付诸行动,发生购买行为。

(二)消费者购买时的行为过程

消费者购买心理的发展通常需要经历几个阶段:注意警戒、无条件拒绝、好感或厌恶、引起兴趣、引起购买欲、实施购买行为以及购后阶段。这里重点讲一下后几个阶段:

1. 引起兴趣

当消费者开始注意某种产品时,就已经进入计划状态。这时消费者已经有了初步的购买念头,此时,销售者应设法激发消费者兴趣,重点讲述产品的最大卖点,打破消费者固有理念,使之愿意倾听销售人员讲解,希望了解产品质量、价格等问题。同时,销售者还要辅助联想,帮助消费者想象购买产品后能够带来的好处。

2. 引起购买欲

当消费者对于产品已经有了浓厚的兴趣后,接下来的主要问题就是价格谈判。销售人员要重点介绍商品的品牌、品质,尽量让顾客感觉物超所值。当消费者开始评估或与其他品牌作比较时,销售重点就要调整到比较自身产品和其他品牌的品质、质量、售后服务等优势,进一步激发消费者的购买欲。

3. 实施购买行为

当消费者开始进入"犹豫临界期",表现为反复抉择,拿不定注意,例如:问一些关于产品使用、寿命周期、退货、保修的问题,讨价还价,和其他品牌价格对比,挑出产品的很多毛病,推说多看几家时,销售者要再次强调产品的最大卖点,并利用消费者的"从众心理",列举其他消费者购买后的受益感受等,推动消费者下定购买决心。

4. 购后阶段

消费者购买行为完成后,进入使用产品的阶段,此时会对产品的质量和性能发挥情况重新评估,感觉满意了,会情绪高涨,感觉不好,情绪则会低落,通常,消费者还会向自己的亲戚朋友诉说自己的购买经历。这时的消费重点应该是塑造口碑,做得好,产品的人脉会四通八达;做得不好,这对产品的人脉会产生负作用从而影响整个产品的人际网络传播。

研究消费者购买行为,是市场营销管理的一个重要任务。在购买渠道更加多样化的市场环境下,消费者购买什么产品完全取决于其自身,然而社会文化、个人心理等因素会对消费者的购买行为产生决定性的影响。通过研究这些因素,可以促使相关企业更好地实施营销活动。

第二章　农产品营销环境分析

【随堂测试 2.5】
举例说明在家庭某次购买行为的过程中,家庭成员中谁的影响力最强?

【项目小结】

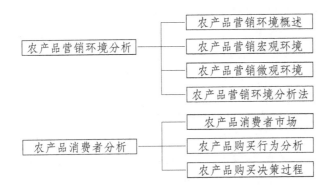

【重要概念】
　　农产品营销环境　农产品商品率　营销中介　态势分析法　消费者市场　消费者购买行为　农产品需求

【测试题】

(一)单选题

1. 与企业紧密相联,直接对企业营销活动过程和结果产生影响的各种因素,我们称为(　　)。
　　A. 营销环境　　　　B. 宏观营销环境　　C. 微观营销环境　　D. 营销组合

2. (　　)主要指一个国家或地区的民族特征、价值观念、生活方式、风俗习惯、宗教信仰、伦理道德、教育水平、语言文字等的总和。
　　A. 社会文化　　　　B. 政治法律　　　　C. 科学技术　　　　D. 自然资源

3. (　　)是向企业及其竞争者提供生产经营所需资源的企业或个人。
　　A. 供应商　　　　　B. 中间商　　　　　C. 广告商　　　　　D. 经销商

4. 某位消费者在农贸市场选购牛肉时,在不同的牛肉商之间进行选择,最终选定某一家牛肉商的牛肉,则这些牛肉商之间是(　　)。
　　A. 愿望竞争者　　　B. 平行竞争者　　　C. 产品形式竞争者　D. 品牌竞争者

5. 影响消费需求变化的最活跃的因素是(　　)。
　　A. 个人可支配收入　　　　　　　　　B. 可任意支配收入
　　C. 个人收入　　　　　　　　　　　　D. 人均国内生产总值

6. 购买商品和服务供自己消费的个人和家庭被称为(　　)。
　　A. 生产者市场　　　B. 消费者市场　　　C. 转售市场　　　　D. 组织市场

7. 消费者的购后评价主要取决于(　　)。
　　A. 心理因素　　　　　　　　　　　　B. 产品质量和性能发挥状况

C. 付款方式　　　　　　　　　　D. 他人态度

8. 制约顾客购买行为的最基本因素是(　　)。
   A. 文化因素　　B. 经济因素　　C. 个人因素　　D. 社会因素

9. 下列哪个因素不是影响消费者购买行为的主要因素(　　)。
   A. 文化因素　　B. 社会因素　　C. 自然因素　　D. 个人因素

10. 代理中间商属于市场营销环境的(　　)因素。
    A. 微观环境　　　　　　　　　　B. 宏观环境
    C. 市场营销渠道企业　　　　　　D. 公众环境

11. 大众传播媒介的报道、消费者权益协会的广告信息属于(　　)。
    A. 个人来源　　B. 经验来源　　C. 公共来源　　D. 商业来源

12. 消费者需求受收入、价格和储蓄等因素的影响,在购买产品的数量和品种选择上具有伸缩性,这是消费者购买行为的(　　)。
    A. 个体因素　　　　　　　　　　B. 重复性及小型性
    C. 伸缩性　　　　　　　　　　　D. 非专家性

13. 按照恩格尔定律,随着家庭收入的增加,用于家庭经营方面的支出一般会(　　)。
    A. 增加　　　　B. 减少　　　　C. 大体不变　　D. 没有表述

14. 一般而言,亚、非、拉、中东地区的客商相对注重礼物的(　　)。
    A. 意义　　　　B. 感情价值　　C. 外形　　　　D. 货币价值

15. 在(　　),孔雀受到该国人民的喜爱,适合用作商标图案。
    A. 英国　　　　B. 法国　　　　C. 委内瑞拉　　D. 泰国

16. 随着(　　)中的基因工程、遗传工程、细胞工程等技术的发展和创新,农产品品质不断改善,农业生物新品种不断增加,农产品的数量大幅增加。
    A. 现代生物技术　　B. 人工智能　　C. 航天航空工程　　D. 海洋生物工程

17. 对企业实现其市场营销目标构成实际或潜在影响的任何团体被称为(　　)。
    A. 供应商　　　B. 中间商　　　C. 公众　　　　D. 竞争者

18. 政府在市场营销环境中属于(　　)。
    A. 客观环境　　B. 微观环境　　C. 监测环境　　D. 中观环境

19. 消费者属于企业的(　　)。
    A. 客观环境因素　　B. 微观环境因素　　C. 内部环境因素　　D. 中观环境因素

20. 下列属于财务中间机构的是(　　)。
    A. 中间商　　　B. 物流　　　　C. 营销服务　　D. 金融

21. 咖啡生产企业与茶叶生产企业之间的竞争关系是(　　)。
    A. 欲望竞争　　B. 类别竞争　　C. 产品形式竞争　　D. 品牌竞争

22. 消费者对某一品牌评价较差,就会在相当长的时间内保持不变,并且会对使用该品牌的所有产品都有不好的评价,这种心理因素是(　　)。

A. 动机   B. 态度   C. 知觉   D. 学习

23. 土老五经过反复思考,长时间比较选择后,决定购买一套知名楼盘的商品房。其购买行为属于(　　)。

     A. 习惯型购买行为   B. 理智型购买行为

     C. 经济型购买行为   D. 冲动型购买行为

24. 消费者不能在真空里作出自己的购买决策,其社会角色与地位属于(　　)。

     A. 文化因素   B. 社会因素   C. 个人因素   D. 心理因素

25. 大众传播媒介的报道、消费者权益协会的广告信息属于(　　)。

     A. 个人来源   B. 经验来源   C. 公共来源   D. 商业来源

(二)判断题

1. 农产品的营销环境是客观存在的,农产品经营者进行营销活动时,通过优化组合内外部因素,主动地去影响营销环境,保持内部因素和外部因素的动态平衡。 (　　)
2. 扩大农产品的需求主要依靠的是高收入居民收入水平的提高、购买力的增强。 (　　)
3. 消费者在收入一定的条件下,储蓄数量越大,现实支出数量就越小,现实购买力也越小,潜在的购买力则越大。 (　　)
4. 发达国家人口增长缓慢,收入水平高,农产品供给比较充裕,农产品消费升级是主要需求。 (　　)
5. 农业资源的无限性及均衡开发,给农业企业经营带来了许多发展机会。 (　　)
6. 消费者市场的需要具有无限扩展性。 (　　)
7. 特殊品是指消费者对其有特殊偏好并愿意花较多时间去购买的商品。 (　　)
8. 对于粮食、蔬菜、油料等农产品,消费者收入的变动不会引起其需求量的太大变动。 (　　)
9. 企业的营销环境处于经常变动之中,所以企业应增强应变能力。 (　　)
10. "认牌型"的购买就是习惯型购买行为。 (　　)

(三)简答题

1. 简述农产品营销环境的特征。
2. 简述消费者市场的特点。
3. 简述消费者市场购买对象的类型。
4. 简述农产品的需求类型。
5. 简述影响农产品需求的因素。
6. 简述消费者购买行为的类型。
7. 简述影响消费者购买行为的因素。

【拓展实训】

(一)项目名称:SWOT 环境分析法

1. 实训目标:能够利用 SWOT 分析法对营销环境进行分析。

2. 实训要求:以 4~5 人小组为单位,以一熟悉的农产品为例,小组成员合理分工,对其营销环境进行调研,并作 SWOT 环境分析。具体要求:(1)每组完成调研,形成×××农产品营销环境 SWOT 分析报告;(2)每组完成交流汇报 PPT,并进行交流发言;(3)每个学生完成实训报告。

(二)项目名称:消费者购买行为分析

1. 实训目标:能够对消费者购买行为进行分析。
2. 实训要求:以 4~5 人小组为单位,在某农产品市场中,从农产品的需求类型、影响农产品消费者需求的因素、影响消费者购买行为的因素、农产品消费者购买行为类型等角度对该市场消费者的购买行为进行分析。具体要求:(1)每组完成×××市场消费者购买行为分析报告;(2)每组完成交流汇报 PPT,并进行交流发言;(3)每个学生完成实训报告。

【自我总结】

序号	内容	
1	本章主要知识点	
2	本章主要技能	
3	完成本章学习后最大的收获	

第三章　农产品营销市场调研

【知识目标】

1. 了解农产品市场调研的含义；
2. 了解农产品市场调研的类别；
3. 熟悉农产品市场调研的内容；
4. 掌握农产品市场调研的步骤；
5. 熟悉农产品市场调研的方法。

【能力目标】

1. 能够编制农产品市场调研方案；
2. 能够设计农产品调研问卷。

【情景案例】

山东是全国圆葱主产区，滨州市惠民县是山东的圆葱主产县之一，2017年全县种植面积1万多亩，滞销约40%。6月17日，记者来到情况最严重的李庄镇洼里吴村，还没进村，在路边就看到一堆堆卖不出去的圆葱。"辛辛苦苦种了一年，不忍心让它烂在地里，采收后没人收购，又没有冷库储存，只能先这么盖上布放着。"洼里吴村农民吴洪亮看着家门口的圆葱愁容满面。这样露天存放的圆葱只能保存半个月左右，一旦下雨，圆葱受潮就更容易烂掉。聊城市东昌府区朱台村农民李书文家门口也堆满了圆葱。李书文说："还有8万斤没卖出去，每斤1毛5都卖不上。如果按每斤1毛的价格卖，一亩地得赔2 000多块钱。"李书文2017年种了20亩圆葱，虽然卖出一半，也不足以收回成本。"种圆葱的成本一亩2 000多元，每斤至少得卖到3毛才不亏本。但不卖更亏，1毛6一斤，心疼也得卖。"李书文告诉记者，他之前卖出去的一半圆葱每斤价格0.15～0.16元，基本是赔本的，可是现在这个价格也没有人要了。

郎鄩镇副镇长王仁卓介绍，2017年全镇圆葱种植面积约6 500亩，亩产1.1万～1.4万斤，目前收购价格为0.1～0.15元。因外来客商较少，本地客商也只有一部分愿意收购，只卖出总产量的15%左右，面临严重滞销。据统计，与往年同期相比，山东圆葱市场批发价普遍下跌50%以上，不少农户每亩亏损达2 000元，安丘市、昌乐县、惠民县等圆葱产区普遍遭遇滞销，优质圆葱价格每斤1毛出头，还是卖不出去。

"2016年我种了10亩圆葱，每斤价格五六毛，看着行情好，2017年就又扩种了10亩，没想到会滞销。"李书文告诉记者。供应量增加正是2017年圆葱滞销的主要原因之一。由于尝到了2016年圆葱好卖的甜头,不少种植户2017年都扩大了规模,一些原本种植其他作物的农民也改种圆葱,甚至有人花高价租地种,导致种植面积增加。加之生产条件好,利于圆葱生长,使亩产提升,市场供应量充足。2017年圆葱亩均增产20%左右。

供应量大了,市场需求却并不旺盛。2017年云南、河南等地的圆葱都是大丰收,导致来采购的外地客商减少。恰逢时令蔬菜大量上市,圆葱需求空间被进一步挤占。供应量增加而需求不振是造成卖难的直接诱因。而这些市场的增加供应与消费需求稳定的市场信息却不被葱农重视,没有在葱农种植圆葱前对市场供求信息进行调研,及时调整圆葱的种植面积,才是导致圆葱滞销被动的主要原因。

(摘自中国农业新闻网-农民日报:http://www.farmer.com.cn/zt2017/ncpzx/sdyc/201706/t20170623_1305560.htm,2017-06-23,作者:李竟涵　吕兵兵)

【案例讨论】
1. 上述案例中圆葱滞销的原因是什么?
2. 作为农户应如何预防此类市场风险?

第一节　农产品营销市场调研概述

一、市场调研概念

市场调研是市场调查研究的简称。农产品市场调研是指为一个特定的农产品市场营销项目的决策,运用科学的调研方法,有目的地、系统地搜集、记录、整理有关农产品市场的信息和资料,详细了解农产品市场现状,预测农产品市场发展趋势,为决策提供客观依据的系统工作过程。

范蠡曾指出:"论其有余不足,则知贵贱,贵上极则反贱,贱下极则反贵。"这是对市场供求的分析、判断和预测价格的涨落,并揭示供求关系的变化导致价格的变化规律。他又说"旱则资舟,水则资车""知斗则修备,时用则知物"。可见,古人早就知道根据外部环境和生产变化决定何时供应、供应何物,能够应用市场调研进行预测,指导经济活动的决策。在近代,毛泽东也提出了"没有调研就没有发言权"这一精辟论述,足以说明调研在决策过程中的重要性。

由于现代社会经济发展很快,市场也在不断地变化,开展一个项目时,项目的外在情况时刻在改变,所以在解决项目中的问题,制订一个项目策略时,就必须进行相关调研。

二、市场调研类型

由于调研的范围、功能、时间、目的等方面存在差异,市场调研可以分为不同的类型,表现出不同的特征。

(一)按市场调研的功能划分

1. 探测性调研

探测性调研又称试探性调研,是农产品生产经营者对需要调研的问题不清楚,无法确定需要调研哪些具体内容时进行的试探性调研。探索性调研是通过对一个问题或一种状况进行探测和研究以达到对其的了解。

探测性调研一般处于整个调研的开始阶段,可以帮助查明问题产生的原因、找出问题的关键,识别可供选择的行动方案,确定进一步调研的重点内容,或者说需要研究的问题症结所在,或关键的变量和主要的联系,以便再采用其他类型的调研。

例如,某园艺企业近几个月的蔬菜产品销售量下降,是什么原因造成的?是品质问题还是价格问题,或是出现了新的竞争产品,或是消费者兴趣发生转移等,可向一些消费者或代理商进行调研,收集市场情况资料,以便从中发现问题,找出原因。至于问题如何解决,则根据需要再作研究。这种调研方法相当灵活,多以定性为主。有些比较简单的问题,如果探测性调研已弄清其来龙去脉,也可不再作进一步的调研。

进行探测性调研的主要方法有:查阅企业内、外部资料,非结构性的个人或小组访问,案例研究等。

2. 描述性调研

描述性调研是针对调研的问题,或者为进一步研究问题的症结,采用一定的方法,对市场的客观情况进行如实的描述和反映。回答诸如消费者买什么、什么时间买、在哪买、怎样买之类的问题,而不是回答为什么的问题。例如,对农产品的市场潜量、市场占有率、推销方法、销售渠道、顾客态度与偏好、竞争对手等问题的调研,都属于描述性调研。描述性调研结果通常说明事物的表征,并不涉及事物的本质及影响事物发展变化的内在原因。它是一种最基本、最一般的市场调研。

描述性调研,一般要进行实地调研,收集第一手资料,更要注重对实际资料的记录,比探测性调研更为详细、具体,需要把已经找出的问题一一说明,并进行分析研究,寻找解决问题的办法。因此,调研计划要比较周密,更强调资料的可靠性。描述性调研所取得的市场信息资料是进行市场预测和市场分析的重要依据。描述性调研多采用询问法和观察法。

(1) 描述性调研的运用

一般描述性调研主要适用于以下几个方面:

一是描述相关群体的特征。如描述消费者、销售人员、组织、地区市场等的特征。如对某类产品的消费者进行调研,把其归类为经常消费者、一般消费者、偶尔消费者等不同的类型。

二是确定消费者对产品或劳务特征的理解和反应。如确定消费者对产品的质量、价格、款式、品牌等的理解以及这些因素对其购买决策的影响。

三是估计某个特殊的群体在具有某种行为特征的群体中的比重。如估计白领阶层中在购物时购买有机农产品的比重。

四是确定各种变量与市场营销问题的关联程度。如确定收入与绿色农产品需求之间的关系等。

(2) 常见的描述性市场调研

一是市场分析研究。主要是对市场的基本情况,包括市场的结构、市场规模、市场供求、消费者及其行为、市场竞争等的调研分析。

二是销售分析研究。主要是对产品的销售情况,包括产品的市场份额、在不同地区的销售、不同产品线的销售、产品的销售变化趋势等的调研分析。

三是产品分析研究。主要是对产品的基本状况,包括产品的品质、特征、市场生命周期、使用功能和发展趋势、消费领域和模式等的调研分析。

四是销售渠道研究。主要是对产品流通中的商流、物流形式,流通环节,中间商的类型、数量、地理分布等的调研分析。

五是价格分析研究。主要是对市场上产品的价格水平、价格变动、定价方法以及消费者对价格变动的反应等的分析研究。

六是形象分析研究。主要是对经营者的总体形象、人员形象、产品形象等的分析研究。

七是广告分析研究。主要是对各种广告媒体的特征、受众对媒体的反应等内容的分析研究。

描述性市场调研需要有一套事先制订好的计划,有完整的调研步骤,并对调研问题提出最后的答案。对调研所需的信息资料需作明确说明,样本规模要有多大,才能具有代表性。对资料来源需作仔细的选择,要有正规的信息收集方法。一般而言,描述性市场调研的信息来源很多,几乎各种来源的信息都可以用于描述性市场调研,调研的方法也可包括多种类型。

3. 因果性调研

因果性调研是为了弄清某一因素的变化对另一因素产生作用的大小,即在于弄清问题的原因和结果之间有关变量的对应关系,所以它也是结论性市场调研的一种。事物的发展变化总有一定的因果关系。通常是在描述性调研所收集、整理的资料的基础上,通过逻辑推理和统计分析方法,找出不同因素之间的因果关系或函数关系。

例如,研究农产品降价幅度对销售额增加量的影响程度。因果性调研又分为定性调研和定量调研。定性调研就是在各因素之间,分析到底是哪一因素起决定作用,即了解哪些变量是原因性因素即自变量,哪些变量是结果性因素即因变量;定量调研是要鉴定各相关变量之间的数量影响大小,研究原因和结果之间的函数关系。因果性调研最理想的是先采用实验收集数据,再运用统计分析方法或其他数学模型进行分析,这样得出的结论最为科学和准确。

4. 其他市场调研

除了上述的市场调研类型,还可按照市场调研的区域范围,将市场调研分为地方性市场调研、地区性市场调研、全国性市场调研、国际市场调研等;按照调研的对象,分为消费者市场调研、生产者市场调研、消费者及其购买行为调研、广告调研、形象调研、产品调研、价格调研、销售渠道调研等;按照调研的时间,分为一次性、突击性的市场调研和连续性、经常性的市场调研等。

总之,市场调研的种类不同,其调研的特征、内容、要求、方法等都有区别。

(二) 按市场调研的范围划分

1. 专题性的市场调研

专题性的市场调研,是指市场调研主体为解决某个具体问题而对市场中的某个方面进行的调研。这种市场调研具有组织实施灵活方便、所需人力物力有限、对调研人员的要求相对较低的优点。但是,也存在提供信息具有某种局限性,市场调研主体无法仅凭此对市场进行全面了解的缺点。在许多情况下,企业或其他市场调研主体面临某些涉及面有限的具体问题需要作出决策,只要所提供的信息能够保证满足决策所需,专题调研就是合理的选择。事实上,大多数市场调研就是专题调研。

2. 综合性市场调研

综合性市场调研是指市场调研主体为了全面了解市场状况对市场的各个方面

进行的全面调研。相对于专题调研而言,综合调研涉及市场的各个方面,提供的信息能全面地反映市场的全貌,有助于市场调研主体正确了解和把握市场的基本状况。但是,由于这种市场调研涉及的面广,组织实施比较困难,不但需要投入相当多的人力物力财力,对调研人员的要求也相对较高,在实践中运用得比较少。

三、农产品市场调研的内容

(一)农产品市场营销环境调研

农产品市场营销环境是指影响农产品生产经营者的经营管理活动的外部各环境因素的综合,这些环境因素的变化对企业营销活动有着很大的影响。

(1)政策法令的变化

掌握一定时期内政府关于产业发展、价格、税收、财政、金融、外贸、环保等方面的政策和法令,调研和分析在这些政策法令影响下市场的变化情况。

(2)经济和科技的发展

掌握一定时期内社会生产总值及社会产品购买力的变化;了解新技术、新材料、新工艺及新品种的开发情况,分析经济与科技的发展对营销的影响。

(3)社会文化变化

了解居民文化教育程度及其职业构成、民族分布特点及宗教信仰、生活习惯等。

(二)农产品市场供需调研

农产品市场供需调研主要包括以下几方面的内容。

(1)市场供应的调研

了解市场资源情况,包括资源总量、构成、质量、价格和供应时间等。

(2)市场需求的调研

了解现实需求量、潜在需求量及其变化趋势、消费需求结构等情况。

(3)消费者(顾客)状况调研

了解消费者类型(个人或团体,个人的民族、年龄、性别和职业),消费者购买水平,消费者的欲望和购买动机,消费者购买偏好、购买习惯等情况。此外,还应了解社会、经济、文化等因素对消费者购买行为的影响和了解潜在消费者的需求情况。

(4)竞争对手调研

了解有没有直接或间接的、潜在的竞争对手,如果有,是哪些;了解竞争对手的经济实力、生产能力;了解竞争对手的产品价格与特征、产品销售量与市场占有率及覆盖面;了解竞争对手采取的各种营销战略和策略及其对市场的影响。

(三)产品状况调研

主要是指对产品在市场上的情况进行调研,主要包括以下几方面。

(1) 产品实体调研

包括了解消费者对营销的产品质量方面的评价、意见和要求;了解产品正处于的生命周期中的哪个阶段。

(2) 产品形体调研

了解消费者对产品规格、包装等方面的要求;了解产品的商标是否便于记忆、易于联想。

(3) 产品服务调研

了解市场对售前、售中、售后服务的要求,以及经营者所进行的系列服务活动的效果,特别是服务态度和服务方式是否适当。

(四)产品价格调研

(1) 消费者价格心理的调研

了解消费者愿意接受的产品价格范围是什么。

(2) 产品成本及比价调研

了解产品生产、经营过程中的各种成本费用,为合理定价提供依据;了解同一时期同一市场上各种相关产品间的比价关系;了解同类产品消费者可以接受的各种差价。

(3) 价格与供求关系的调研

调研各种农产品的供求曲线和供求弹性,为合理制订和调整价格策略提供依据。

(4) 定价效果的调研

了解消费者对经营者所提供的产品价格的反应,本经营者的产品与竞争对手同类产品的价格差异及其对需求的影响;了解产品价格的合理性及价格策略的有效性;调研分析调整价格和价格策略的可行性和预期效果等问题。

(五)销售渠道调研

(1) 现有销售渠道的调研

了解产品现有销售渠道的组成状况、各组成部分的作用及库存情况;渠道成员被竞争者利用的情况及其对各经营者的态度;各渠道环节上的价格折扣及促销情况。

(2) 经销单位的调研

了解各经销单位的企业形象、规模、销售量、推销形式、顾客类型、所提供的服务等。

(3) 渠道调整的可行性分析

了解新建渠道的成本、费用及预期收益,为合理调整销售渠道提供依据。

(六) 促销状况调研

促销的主要任务是向消费者传递产品和服务信息,扩大销售。促销方式有广告、营业推广、公共关系和人员推销等。在促销活动中应着重调研消费者对促销活动的反应,了解消费者最喜爱的促销形式。具体内容包括：

(1) 调研各种促销形式的特点

即促销形式是否独具一格、具有创新性;是否突出了产品和服务的特点。

(2) 调研消费者对各种促销形式的接受程度

即促销形式能否给消费者留下深刻的印象,效果与投入比,有无不良反应等。

(3) 调研各种促销形式的效果与作用

即促销形式最终吸引顾客的效果,以及促销形式争取潜在消费者的作用,如对广告目标、媒体影响力、广告设计及效果、公共关系的主要动作及效果,企业形象的设计和塑造等,都需进行有目的的调研。

(七) 经营企业形象调研

经营企业形象是指经营企业及其产品在社会公众心目中的地位和形象,调研内容主要包括以下几方面：

(1) 经营企业理念形象的调研

了解经营企业高层领导的经营理念、经营风格与信条,调查了解经营企业的文化氛围、员工素质。通过调研与分析,为企业形象的系统设计及企业的社会风格定位提供依据。

(2) 经营企业行为形象的调研

调研了解经营企业的经营现状、发展战略、同行业及同类产品的竞争态势和特色;调研了解经营企业的社会责任、公益活动、公共关系活动的实施状况及其效果。通过调研与分析,为企业经营行为的规范化系统设计及企业的市场定位提供依据。

(3) 经营企业社会公众形象的调研

调研了解社会公众对经营企业的印象;了解和征询经营企业标志系统。通过调研与分析,为企业的象征图案、文字、色彩等标志系统的设计以及视觉传递系统的策划提供依据。

【随堂测试 3.1】
针对农产品滞销现象,营销调研的内容有哪些?

四、市场调研的方法

根据市场调研所需要收集的资料来源不同,市场调研的方法可分为两大类:获取第一手资料的方法,即直接调研法;获取第二手资料的方法,即方案调研法。根据调研方式的不同,最常用的调研方式为抽样调研。

(一)直接调研法

直接调研法也称为原始调研法或第一手资料调研法,是最基本的也是最常用的一种调研法,它可分为询问法、观察法和实验法。在实际应用中选用哪种具体的方法,要取决于市场调研的目的、内容和被调研对象的特点等。

1. 询问法

询问法是由调研人员以询问的方式进行调研,从被调研者的回答中获取所需资料。按调研人员与被调研者之间接触方式的不同,询问法可分为个人访问调研、电话调研、信函调研和网上调研四种。这几种在农产品营销中都比较常用。

(1)个人访问调研

个人访问调研是调研者面对面地向被调研者询问有关问题,对被调研者的回答可适当记录。调研方式可采用走出去、请进来或召开座谈会的形式,进行一次或多次调研。调研可根据事先拟定的询问表(问卷)或调研提纲提问,也可采用自由交谈的方式进行。

这种方法的优点:一是能当面听取意见并观察反应;二是能相互启发和较深入地了解情况,对问卷中不太清楚的问题可给予解释;三是根据被调研者的态度灵活掌握,或详细调研、或一次调研、或停止调研;四是资料的真实性较高,回收率高。这种方法的缺点:一是调研费用高;二是易受调研者的态度、语气等影响而产生偏见,调研结果易受调研人员技术熟练与否的影响。

个人访问调研适用于调研范围较小,且调研项目较复杂的调研。

(2)电话调研

电话调研是调研人员根据抽样设计要求,用电话向调研对象询问收集资料的一种方法。

这种方法的优点:一是资料收集快,成本低;二是可按拟定的统一问卷询问,便于资料统一处理。这种方法的缺点:一是只能限于向有电话的用户作调研;二是调研时间不能太长,难以询问较为复杂的问题,不易深入交谈和取得被调研者的合作。

(3) 信函调研

又称为邮寄调研。信函调研就是将设计好的询问调研表、信函、订货单等邮寄给被调研者,由被调研者填好后寄回。

这种方法的优点:一是调研区域广;二是被调研者回答问题时有充分时间思考,又不受调研人员影响,因此调研资料较真实。这种方法的缺点:一是调研表回收率较低,且回收时间较长;二是被调研者可能误解询问表中某些事项的含义而填写不正确,或答卷者可能不是被调研者本人,影响调研的代表性。

信函调研适用于较大范围和较复杂问题的调研。

2. 观察法

观察法是调研人员用自己的眼睛或借助器材,如照相机、摄像机、录音机等,在调研现场直接观察和记录被调研者的行动,以获取所需调研资料。采用观察法的调研形式有多种,如果按调研人员在观察过程中是否暴露身份,可分为公开观察和隐蔽观察。不同形式的观察,对调研人员和被调研者的要求不同,其调研结果的真实性也会不同,应根据调研的内容和调研现场的情况,采取相应的观察形式。观察法的具体方式有以下几种。

(1) 现场观察法

现场观察法是指调研人员到现场,如经销门市部、大超市、批发市场、展销会、交易会等,亲自观察和记录顾客的购买情况和情绪,以及同类产品竞争程度和各种产品的价格、包装等。例如,调研人员亲自到大超市的水果和蔬菜货架处观看消费者购买情况、购买兴趣和购买数量等,以获取第一手资料。

(2) 痕迹观察法

痕迹观察法是指调研人员通过观察某事项留下的实际痕迹来了解所要调研的情况。例如,在超市内某水果罐头产品货架上安装摄像机,记录顾客目光的运动过程,以弄清顾客如何浏览水果罐头的各种品牌。又如在几种报纸上做广告,广告下面附有一张纸条或表格,请读者阅后将纸条或表格寄回农业企业,以便于企业了解在哪种报纸上刊登广告最为有效,为今后选择广告媒体和评估广告效果提供依据。

(3) 比较观察法

比较观察法是指调研者对事物进行对比观察。例如,某农业企业为了解何种包装的果汁对消费者最有吸引力,于是把需要比较的玻璃瓶、塑料瓶和铁皮盒装的果汁放在同一商店内销售,现场观察消费者的购买倾向。结果发现,玻璃瓶包装的果汁最受欢迎,企业据此组织生产后销量大增。

观察法的优点是可以直接观察和记录被调研的事实和被调研者的行为,调研结果更接近实际。但其缺点是观察不到内在因素,如被观察者的受教育程度、心理状态、购买动机、收入水平等;只能报告事实的发生,不能说明其原因,比询问法花钱多、调研时间长、成本也高;此外,对观察人员业务水平要求较高,从而使观察法的利用受到限制。

3. 实验法

实验法是指从影响调研问题的许多因素中选出一两个因素,将它们置于一定条件下进行小规模实验,然后对实验结果作出分析,研究是否大面积推广。在因果性调研中常采用此种调研方法。

实验法在农产品调研中应用范围较广。一般来说,变换产品包装、调整产品价格、推出新产品、变动广告形式内容、变动产品陈列等,都可以采用实验法调研测试其结果。常用的实验法主要有事前事后对比实验、控制组同实验组对比实验、有控制组的事前事后对比实验和随机对比实验四种,这里仅介绍前两种方法。

(1) 事前事后对比实验

事前事后对比实验是最简便的一种实验调研。采用这种方法,事前要对正常情况进行测量记录,然后再测量记录实验后的情况,进行事前事后对比,通过对比观察了解实验变数的效果。

例如某饮料生产企业为了扩大销售,经过对市场情况的初步分析,认为应该改变原来的包装,但对新设计的包装效果究竟怎么样没有把握。为此,企业决定运用事前事后对比实验法,对市场进行一次实验调研。

该企业将其生产的两种规格的果汁饮料作为实验对象,实验期定为一个月。实验过程中,首先统计汇总未改变包装前一个月两种规格果汁的市场销售额。然后改变包装,在同一市场销售一个月后,再统计汇总新包装果汁饮料的市场销售额。经过实验,调研结果如表3-1所示。

表3-1 果汁饮料换包装前后销售额对比

规格(mL)	事前销售额 y_1(元)	事后销售额 y_2(元)	变动(元)
1 500	8 000	12 000	+4 000
500	5 000	7 000	+2 000
总计	13 000	19 000	+6 000

实验变数效果 $= y_1 - y_2$

从表 3-1 中的数据变化可以看出:两种规格的果汁饮料改变包装后,普遍增加了销售额。1 500 mL 规格的果汁饮料销售额增加了 4 000 元,500 mL 规格的果汁饮料销售额增加了 2 000 元,共计增加了 6 000 元。由此可以判断果汁饮料包装对果汁饮料的销售有很大影响,因此改变包装是值得的。

利用事前事后对比实验方法,也可以调研产品品质变化、价格变动对产品市场销售的影响。

(2) 控制组同实验组对比实验

实验控制组(又称为对照组)是指非实验单位,它是与实验组作对照比较的;而实验组是指实验单位。控制组与实验组对比实验,就是以非实验单位的情况同实验单位的实验结果进行比较的一种实验调研法。

采用控制组同实验组对比实验调研的优点是:实验单位和控制单位可以在同一时间内进行对比,不需要按时间顺序分事前事后对比,这样就可以排除由于对比时间不同而可能出现的外来变数的影响。例如,在实验对比时间不同的条件下,往往由于市场形势的发展,而发生产品购买力变化,以及价格、消费心理、季节变动等,从而不同程度地影响到实验结果。而在同一时间进行对比实验则可大大提高实验的准确性。

应用控制组同实验组对比实验进行市场调研时,必须注意控制组同实验组之间要有可比性,主客观条件要基本相同或相似。

采取控制组同实验组对比实验调研,都要进行事后测量,计算公式为:

$$实验变数效果 = x_2 - y_2$$

式中,x_2 为实验组事后测量值;y_2 为控制组事后测量值。

例如某农业企业准备改变梨子罐头包装,并决定采用控制组同实验组对比实验来观察效果。初步选定 6 个人口数量、经济发达程度、地区特征基本相似的地区,其中 A、B、C 3 个地区为控制组,D、E、F 3 个地区为实验组。控制组仍使用原包装(铁皮筒),实验组采用新包装(玻璃瓶),实验时间为一个月。经过一个月的实验,记录的结果如表 3-2 所示。

表 3-2 梨罐头控制组同实验组销售额对比

控制组		实验组	
地区	销售额 y_2(元)	地区	销售额 x_2(元)
A	8 000	D	10 000

(续表)

控制组		实验组	
B	9 000	E	11 000
C	10 000	F	12 000
合计	27 000	合计	33 000

通过表3-2中的数据可以看出：新包装（玻璃瓶）的梨子罐头销售额为33 000元，而采用原包装（铁皮筒）的梨子罐头的销售额为27 000元，实验变数效果为6 000元。因此，改变梨子罐头包装是可行的。

如选择对产品销售量有明显影响的价格和包装两个因素作为实验因素，在其他因素不变的情况下，进行销售实验，从销售量的变化中，便可表明价格和包装对销售量的影响。如一些农业企业早已采用的产品试销、试用、展销等都属于实验法。

上述介绍的询问法、观察法和实验法的市场调研方法，在应用时应视调研的问题和调研的目标而定。一般要调研消费者的态度，可采用询问法；要调研消费者的注意点，可采用观察法；要调研某一营销因素对消费者的影响程度，可采用实验法。

（二）文案调研法

文案调研法又称文献资料调查法、间接调研法、资料分析法或室内研究法，是利用企业内部和外部现有的各种信息、情报，对调研内容进行分析研究的一种调研方法。

文案调研要求调研人员具备更多的专业知识、实践经验和技巧，是一项艰辛的工作，因此还要求调研人员具有耐心、创造性和持久性。调研必须选用科学的方法，调研方法选择恰当与否，对调研结果影响重大。各种调研方法有利有弊，只有了解各种方法的优劣，才能正确选择合适的调研方法。

1. 文案调研法特征

文案调研应围绕调研目的，收集一切可以利用的现有资料，从一般线索到特殊线索，这是每个调研人员收集信息的必由之路。当着手正式调研时，调研人员寻找的第一类资料是向他提供总体概况的那类资料，包括基本特征、一般结构、发展趋势等；随着调研的深入，资料的选择性和详细程度越来越细。这个原则也适用于寻找具体事实的调研活动。所以，文案调研法与其他调研法相比，主要有以下几个特点。

一是文案调研是收集已经加工过的文案，而不是收集原始资料。

二是文案调研以收集文献性信息为主，它具体表现为收集各种文献资料。

三是文案调研所收集的资料包括动态和静态两方面,尤其偏重于从动态角度收集各种反映调研对象变化的历史与现实资料。

2. 文案调研法收集的资料类型

(1) 内部资料

内部资料的收集主要是指收集调研对象活动的各种记录,主要有以下几种:

① 统计资料。主要包括各类统计报表,企业生产、销售、库存等各种数据资料,各类统计分析资料等。企业统计资料是研究企业经营活动数量特征及规律的重要定量依据,也是企业进行预测和决策的基础。

② 业务资料。包括与调研对象活动有关的各种资料,如订货单、进货单、发货单、合同文本、发票、销售记录、业务员访问报告等。通过对这些资料的了解和分析,可以掌握本企业生产和经营的商品供应情况,分地区、分用户的需求变化情况。

③ 财务资料。由企业财务部门提供的各种财务、会计核算和分析资料,包括生产成本、销售成本、各种商品价格及经营利润等。财务资料反映了企业活动劳动和物化劳动占用和消耗情况及所取得的经济效益。通过对这些资料的研究,可以确定企业的发展背景,考核企业经济效益。

④ 企业的其他资料。比如,各种调研报告、经验总结、顾客意见和建议、同业卷宗及有关照片和录像等,这些资料都对市场研究有着一定的参考作用。如根据顾客对企业经营、商品质量和售后服务的意见,就可以对如何改进加以研究。

(2) 外部资料

对于外部资料,可通过以下几个主要渠道进行收集。

① 各级政府经济主管部门发布的经济信息资料。国家统计局和各地方统计局会定期发布统计公报等信息,并定期出版各类统计年鉴,如人口数量、国民收入、居民购买力水平等信息资料,这些均是很有权威和价值的信息。此外还应定期或不定期地向计委、工商、财政、税务、银行等各主管部门了解有关政策、法规、价格和市场供求等信息。这些信息都具有综合性强、辐射面广的特点。

② 各种经济信息中心、专业信息咨询机构、各行业协会和联合会提供的信息及行业情报。这些机构的资料齐全,信息灵敏度高。为了满足各类用户需求,这些机构通常还提供资料的代购、咨询、检索和定向服务,因此,这是获取资料的重要来源。

③ 国内外有关的书籍、报纸、杂志提供的文献资料,包括各种统计资料、广告资料、市场行情和预测资料等。

④ 有关生产和经营机构提供的商品目录、广告说明书、专利资料和商品价目表等,以及各地电台、电视台提供的有关信息。近年来,全国各地的电台和电视台

为适应形势发展的需要,都相继开设了各种专题节目。

⑤ 各种国际组织、学会团体、外国使馆、商会所提供的国际信息。

⑥ 国内外各种博览会、展销会、交易会、订货会等促销会议及专业性、学术性经验交流会议上所发放的文件和资料。

(3) 互联网资料

互联网是将世界各地的计算机联系在一起形成的网络,它是获取信息的最新工具。对任何调研而言,互联网都是重要的信息来源。互联网上的原始电子信息比其他任何形式存在的信息都要多,这些电子信息的很多内容都是调研所需要的资料。

互联网具有容易进入、查询速度快、数据容量大、同其他资源链接容易等特征,使从互联网收集信息变得容易,从而大大推动了市场调研的发展。过去,收集所需情报需要消耗大量的时间,奔走许多地方;今天,文案调研人员在计算机前就能轻松地获取大量信息,而且许多宝贵信息都是免费的。比如,及时了解政府规章变化是调研的一项重要内容,从网上可以得到有关法律和规章的全文,即利用搜索引擎查找,输入需要查询的关键字,计算机就自动找出,并且可以获得包含该条文的原始文件的全文。

五、抽样调研方式

抽样调研是指从市场母体中抽出一部分子体作为样本,对样本进行调研,然后根据样本信息推算市场总体情况的一种调研方式。抽样调研是市场调研的基本形式,它的优点是工作量小、调研费用低、花费时间短,缺点是容易产生误差。常用的抽样方法主要有随机抽样调研和典型调研。

(一) 随机抽样调研

这种方法在市场调研中经常被采用。在随机抽样中,样本的确定不受人们主观意志的支配,而是采取一定的统计方法进行抽取,总体中的每一个个体都有被抽取的机会。随机抽样主要采用单纯随机抽样、分层抽样、等距抽样和群体抽样等方法。

(二) 典型调研

典型调研就是根据调研的目的,从市场总体中按照主观分类原则选取一些具有典型意义的、有代表性的单位作为调研对象。

典型调研是一种深入、细致的调研。通过深入实际,对具体事物进行具体和细致的研究,详细观察事物的发展过程,具体了解现象发生的原因,同时掌握现象之间的因果关系。调研单位可以根据调研目的有意识地选出少数具有代表性的单位;调研方法可以灵活机动,以达到节省时间和人力、提高调研效果的目的。

六、市场调研的步骤

市场调研通常可以分为准备阶段、调研阶段、分析阶段和报告阶段。

(一)准备阶段

对农产品经营者提供的项目进行初步的分析,找出存在的问题,明确调研项目的关键和范围,选择最主要的也是最需要的调研目标,制订出市场调研方案。调研方案的内容主要包括市场调研目的、市场调研内容、市场调研的方法和步骤、调研计划的可行性、经费预算、调研时间、调研工作的组织实施计划等。

(二)调研阶段

市场调研内容有多个方面,因农产品经营者的情况而异,综合起来,主要有以下几类:

1. 对宏观环境的调研,确定方向

即对政策法规情况进行调研。政府政策的变化,法律、法规的实施,都对农产品经营者有重大的影响。如农业政策、补贴政策、税收政策、行业限制、银行信贷、市场环境等,这些都是影响农产品经营者战略性选择的问题,关系重大,也是市场调研基础性的不可分割的一部分。

2. 对市场需求的调研,寻找机会

此阶段主要是调研农产品经营者所经营的产品在过去几年的销售情况、现在市场的需求量及其影响因素,以及购买力调研、购买动机调研和潜在需求调研,其核心目的是知己。

3. 对竞争者的调研,了解对手

此阶段主要是对竞争对手的基本情况、竞争能力、经营战略、新产品新技术开发情况和售后服务情况的调研,其核心目的是知彼。

4. 对经营战略决策执行情况的调研,寻求发展

此阶段主要是对产品的价格、销售渠道、广告及推销方面情况、产品的商标及外包装情况、存在的问题及改进情况进行调研,其核心目的是发现问题、改革创新、再上台阶。

(三)分析阶段

当调研完成后,市场调研人员会拥有大量的一手信息。这就需要对这些信息资料进行统计和编辑,选取一切有关的、重要的资料,剔除没有参考价值的资料;然后对这些资料进行编组或分类,使之成为某种可供备用的数据资料;最后再把有关资料用适当的图表形式展示出来,以便说明问题或提出某种新发现。

(四)报告阶段

经过前期的工作,得到了相应的数据结果,在对调研材料进行综合分析整理后,便可根据调研目的撰写出一份调研报告,得出调研结论。调研结论的核心功能是为经营者的项目决策提供参考,报告结论必须做到客观、真实、准确、及时。

【小思考 3.1】

市场调研方案编制的要点是什么?

第二节 农产品营销市场调研问卷设计

一、市场调研问卷的含义

市场调研不仅要制订完备的调研方案、选择合适的调研方法,还要善于运用各种调研技术,才能获得完整、准确的资料。调研问卷就是常用的调研技术之一。调研问卷,也称为市场调研表,它是一种以书面形式了解被调研对象的反应和看法,并以此得到资料和信息的载体。调研问卷是根据调研目的而以提问方式设计的问题集合。

问卷设计的根本目的是设计出符合调研与预测需要的问卷,能获取足够、适用和准确的信息资料,以保证访问调研工作能够准确、及时、圆满地完成。问卷设计的好坏,在很大程度上决定着调研问卷的回收率、有效率,甚至关系到市场调研活动的成败。问卷设计的科学性在市场调研中具有关键性作用,问卷设计已成为调研前一项重要的准备工作。访问类市场调研方法中的邮寄调研、留置调研、面谈法、电话调研一般都采用问卷的形式进行调研。

二、调研问卷设计的程序

在调研问卷的设计过程中,首先要把握调研的目的和要求,同时要取得调研对象的充分合作,保证其提供准确有效的信息。调研问卷的设计一般可分为以下四个步骤。

(一)明确调研目的,确定所需要的信息资料

在调研问卷设计之前,市场调研人员必须明确问卷调研的目的,通过该问卷收集的信息,可以帮助我们解决什么问题,能否实现调研的目的。具体要求调研人员要实现营销目标,应该解决什么问题,影响这些问题的因素有哪些,根据影响的因素来归纳相关的信息资料,列出具体的调研项目清单,这样才能较好地说明所要调研的问题,实现调研目的。例如,某果品饮料生产企业,要了解消费者对本企业产品的反应,那么在确定所需要的信息资料时应考虑了解几方面的内容:一是调研对象的个人基本情况,如性别、年龄、文化程度、职业、收入等,调研对象对本企业产品购买情况,如购买时间、地点、购买数量、频率等;二是调研对象对本企业产品的态度反应,如对产品的味道反应、包装反应、价格反应、广告印象以及对本企业产品的改进意见等。这些基本内容都应该在调研问卷中表达出来。根据这样的调研项目清单,问卷设计者就可以设计出一系列具体的需要调研者答复的问题,从而获得所需要的信息资料。

(二)问题的设计与选择

在确定所要收集的信息资料后,问卷设计者就可以着手具体问题的设计。问卷设计者应根据所列出的调研项目清单来决定问卷应包括什么类型的问题,问题如何提出,有些信息一个问题不足以答复,可考虑设计一组问题,以确保获得全面的信息。但是,问题的设计并不是越多越好,因为问卷空间有限,一份问卷中问题太多,会使调研对象感到厌烦而拒绝合作;而且,太多的问题也会增加调研的成本、时间和问卷处理难度。因此,在进行问题设计时,应保证问卷中的每一个问题都是必要的,一个问题如不能提供调研者所寻求的信息,就要将其从设计的问卷中删除。

(三)确定问卷问题的顺序

在设计好各项单独的问题以后,应按照问题的类型、难易程度安排询问问题的次序。问卷中问题的排列顺序同样会对市场调研的结果产生影响,因此,问题的排列要合乎逻辑,使调研对象在回答问题时有循序渐进的感觉,同时能引起调研对象回答问题的兴趣。

(四)问卷的测试与修改

在问卷用于实地调研以前,应先选一些调研对象进行试调研,在实际环境中检验每个问题的表达能否使调研对象明确了解,有些问题对问卷设计者来说是很容

易回答的,但对调研对象来说却无从回答,或答非所问;有的问卷在设计阶段似乎包括了所有的问题,但在实际应用时,往往发现它尚未覆盖整个研究的主题。经过试调研,可以发现调研问卷的缺点,并加以改进。如果预先测试导致问卷产生较大的改动,应进行第二次测试。

三、市场调研问卷设计

(一)市场调研问卷格式

一份好的市场调研问卷,首先要求问卷内容简明扼要,重点突出,要满足调研目的所需要的足够信息;其次,问题的设计与安排要通俗易懂、合乎逻辑,便于被调研者积极配合回答;最后,调研后的问卷信息资料应便于分析和处理,以便于对调研资料的分析和处理。

一份市场调研问卷的格式通常由前言、主体内容、结束语三部分组成。

1. 前言

问卷前言主要是对调研目的、意义及填表要求等的说明,包括问卷标题、调研说明及填表要求。前言部分文字须简明易懂,主要用来指导被调研者正确填写问卷,激发被调研者的兴趣。内容包括标题、问候语、自我介绍、问卷填写说明。重点在于说明调研目的和要求,消除被调研者的疑虑,使之引起共鸣产生兴趣,并对被调研者的合作表示感谢(如有礼品送给被调研者也可写明),例如:

蝴蝶兰市场需求调研问卷

尊敬的先生/女士

  我是××公司的调研员,我们公司现进行一项蝴蝶兰市场需求调研,耽误您几分钟宝贵时间,咨询您一些问题,希望得到您的配合和理解,衷心表示感谢!

调研时间____年____月____日 地点_____ 问卷编号_____

被访问者合作情况_____ 调研员姓名_____ 核查员姓名_____

---

2. 问卷主体内容

问卷主体内容包括三个方面:一是被调研者情况,主要是了解被调研者的基本情况,如年龄、性别、民族、家庭、职业、籍贯、宗教信仰、文化程度、经济状况等。如果被调研者是组织,其特征资料包括行业类别、资金、经营规模、职工人数等。二是调研的问题信息,也就是市场调研所要收集的主要信息,是问卷的核心部分。它由一个个问题及相应的选择项目组成,包括提出相关问题和相应备选答案,以及作答方式或填答问题指导性说明等内容。通过主体部分问题的设计和被调研者的答复,可以对被调研者的个人基本情况和对某一特定事物的态度、意见倾向以及行为有较充分的了解。这部分内容要求问题的提出必须具体、客观、简明、可操作性强、通俗易懂。三是问卷问句编码。一般在问卷调研时,为了便于调研后期对问卷大量信息的处理,减少误差,在问卷设计上往往采用计算机编码,这样,在获得第一手调研资料后,便可以使用计算机进行处理、汇总、分类、排序、分析等,以保证快速、正确地处理信息。

3. 问卷结束语

问卷结束语主要表示对被调研者合作的感谢,记录下调研人员姓名、调研时间、调研地点、被调研者的姓名、单位等,如采用匿名调研则不写被调研者姓名,这样有利于问卷调研数据的检查、修正等。结束语要简短明了,如果问卷有封面的话,这一部分的内容一般放在封面的右下角;如果是简单的问卷,就放在最后,独立成为一部分,也可以省略此部分。

一份完整的问卷一般包括以上几部分内容,但在实际调研过程中,不同访问方式对问卷设计的要求是不一样的。主体部分(问卷及其备选答案)是问卷的核心,是必不可少的内容,而其余部分相对来说是可有可无、可简可繁的。

(二)问卷问题的类型

根据问题的提问方式主要有封闭式问题、开放式问题、量表应答式问题三类。

1. 封闭式问题

封闭式问题是指调研问卷上事先给定了问题的备选答案,答题者只能在所给定的答案范围内作选择。封闭式问题不仅方便被调研者答题,而且便于调研人员整理统计调研结果。但封闭式问题有可能给草率应付的被调研者提供乱答一气的条件。

2. 开放式问题

对于这种问题,被调研者可以充分自由地按自己的方式发表意见,但需要被调研者具有较高的知识水平和文字表达能力,被调研者花费的时间和精力也较多,调研者只能对这些资料进行定性处理和分析。开放式问题的优缺点与封闭式问题的优缺点正好相反。

3. 量表应答式问题

又称为程度评定法,对一些不好回答的问题,如对服务质量的评价、消费者使用产品的满意或喜欢程度等不好具体衡量评价的程度问题,要求被调研者表示其对某问题的态度和认识程度。常提供多个备选答案,一般是以量表形式来设置问题,请被调研者选择其中的一种作答。这种方法可以把原来不容易处理的程度数据转化成定量的方式,便于数据处理与比较分析。

(三)问句的形式及设计

问卷的问题由问句来呈现,理想的问句设计能够将问题的本意详细明了地阐示出来,使调研人员能够获得所需信息,同时被调研者又能轻松、方便地回答问题。这就要求调研人员能依据具体调研内容要求,设计选用合适的问句进行调研。常用的提问和作答方式有以下几类:

1. 事实问句

事实问句是要求被调研者依据现有事实来回答问题,不必提出主观看法。诸如"你家庭的年人均收入是多少?""你的职业是什么?"等等。这类问题常用于了解被调研者的特征(如职业、年龄、收入水平、家庭状况、居住条件、受教育程度等)以及与消费商品有关的情况(如产品商标、价格、购买地点、时间、方式等),从中了解某些商品消费的现状。这类问题对调研人员确定某类产品的目标市场有很大的帮助。事实问句的主要特点是问题简单,回答方便,调研覆盖面广,调研结果便于统计处理;但也存在着不足,如由于时间长等原因,被调研者对某些事实记忆不清,或由于某些被调研者的心理因素影响,而使回答的结果在一定程度上失真。

2. 意见问句

意见问句主要用于了解被调研者对有关问题的意见、看法、要求和打算。例如"你平时喜欢吃什么水果?"等等。这类问题可以帮助调研人员了解被调研者对商品的需求意向,使企业能够根据消费者需求不断改进产品设计,经营运用对路的商品,从而增强企业的生存能力,为决策者提供未来需求信息。但它也存在着不足。其一,这类询问仅能了解被调研者的意见、看法,而无法了解产生这些意见、看法的真正内在原因;其二,这类问题在一定程度上受心理因素影响,如在了解消费打算等问题时,被调研者会因家庭财产问题而不愿说真话等。

3. 阐述问句

又称解释问句,主要是用于了解被调研者的行为、意见、看法产生的原因。根据询问是否给出问题的选择答案,阐述问句又可分为封闭式阐述询问和开放式阐述询问。这类询问可以在一定程度上弥补事实询问存在的不足。如"你希望购买哪种类型的农产品?"若想进一步了解购买行为的原因,可提出"您为什么希望购买这种类型的农产品?"这就是阐述性询问。

阐述问句的主要特点是能够较为深入地了解消费者的心理活动,从而找到问题及问题产生的原因,为解决问题提供依据。但是这种询问也存在不足,其一是结果较为复杂,尤其是开放式的阐述问句,答复的结果不易整理;其二是此类问题涉及被调研者的主观因素较前面两种询问多,被调研者常会因各种原因而回避问题,或只讲问题的次要方面,从而使调研结果的真实性受到影响。

4. 二项式问句

又称是否式问句、真伪式问句。这种问句的回答只有两种备选答案,请被调研者二者择一。

例如:您家中有牡丹花吗?　　　A. 有　　B. 没有

二项选择法的优点是答案明确,方便回答,便于统计。但这种方法不能表示意见程度的差别,回答只有"有"与"没有"两种选择。若被调研者还没有考虑好这个问题,即处于"未定"状态,则无从表达意愿。

5. 多项选择式问句

多项选择式问句是对一个问题事先列出几种(3个或3个以上)可能的答案,让被调研者根据实际情况,从中选出一个或几个最符合被调研者情况的作为答案。

例如:您曾喝过可口可乐公司的哪几种饮料?

A. 可乐　　　B. 雪碧　　　C. 芬达　　　D. 七喜

采用多项选择法时,应注意备选答案的设计,不能遗漏可能的答案,答案之间不能重复,否则会使得到的信息不够全面、客观。

6. 顺位式问句

顺位式问句是指在提问时给出多个提示答案,请被调研者根据自己的认识确定提示答案的顺序。

例如:请写出您在购买苹果时考虑下列因素的先后顺序(请将顺序号填写在答案前面的□内)。

□品种　　　□价格　　　□品质　　　□产地

采用顺位法能获得被调研者行为的动机、目的等资料,对调研结果的统计分析也较为方便。在设计顺位法问题时,应注意提示答案不宜过多,提示答案的位置排列不要有暗示性,最好将提示答案印刷成多种排列次序。

7. 自由回答式问句

自由回答式问句又称开放式问句,这种问句的特点是调研者事先不拟定任何具体答案,让被调研者根据提问自由回答问题。自由式问句比较适用于调研受消费者心理因素影响较大的问题,如消费习惯、购买动机、质量、服务态度等,因为这些问题一般很难预期或限定答案范围。这种询问在探测性调研中常常采用。

例如:您对某农业企业蔬菜门市部的销售服务有何意见和建议?或在购买香

蕉时,您首要的考虑是……

自由回答法能获取一些建设性的意见和看法,但其答案众多,难以整理分析。

8. 过滤式问句

过滤式问句是逐步缩小提问范围,引导被调研者对调研主题作答,通常用于了解被调研者对回答有顾虑或者一时难以直接表达的问题。这种询问法,不是开门见山、单刀直入,而是采取投石问路、引水归渠的方法,一步一步地深入,最后引出被调研者对某个所要调研问题的事实想法。

这种问句形式如,某企业欲了解消费者对购买电脑是否影响孩子学习的意见,若一次性提问(非过滤式提问):"你不购买电脑是怕影响孩子的学习吗?"这样会给被调研者一种很唐突的感觉,是不妥的提问法,因为不购买电脑往往是多种原因引起的,很难直接回答,可用如下过滤式问句提出问题:

"你对电脑的印象如何?"

"你是否限制孩子玩电脑?"

"有人说玩电脑对孩子学习有不良影响,也有人认为玩电脑对孩子的学习没有不良影响反而有好处,你如何看待这个问题?"

从上面的例句中,我们可以看到,通过调研人员的逐步引导,被调研者经历了一个逐步考虑问题的过程,从而自然真实地回答了调研者的问题。

【随堂测试 3.2】

市场问卷就是调查表吗?为什么?

(四)调研问卷信息的计量标度

在问卷的设计过程中,在确定提出的问题时要注意两个方面:一方面对所提出问题的内容进行规定;另一方面对每一个问题都必须精确量化以方便数据处理。这就需要选择适当的计量系统,以保证精确地传递信息,同时使收集的资料标准化。

1. 计量

计量是按一定的标准用数字来确定事物的特征。对某一特定事物,通常可以有多种计量方法。例如,要计量一个人的身高,我们可以采用以下几种方法:

① 直接使用量尺。按此标准,可以用具体的数字,如 170 cm 来确定该人的身高。

② 与所在人群进行比较。按此标准,可以确定此人的身高在所属人群中的高矮程度。

③ 建立几种类别,如:很高、高、中等、矮、很矮。根据这种标准,可以确定此人

属于第几类。

由上例可以看出,不同的计量标准都可以被用来确定事物的特征。从市场调研的角度来看,要求市场调研人员必须选择最佳的计量标度。

2. 计量标度的分类

市场调研中使用的计量标度通常分为 4 类,即名义标度、顺序标度、间距标度和比例标度。

① 名义标度,是为区别事物而指定的不同数字。这样的数字不具备数学性质。多数情况下,名义标度是作为符号来区别事物的。例如,在市场调研中,消费者性别差别的名义标度是用"1"代表男性,用"0"代表女性。

② 顺序标度,是为表示事物排列顺序而指定的不同数字。如对某农业企业产品销售额进行排列,蔬菜销售部销售额最高,排第一;水果销售部销售额次之,排第二。顺序标度所用的数字可以比较事物某些特征的顺序,但并不表示量的差别程度。蔬菜销售部、水果销售部的具体销售额为多少,用顺序标度无法表示。

③ 间距标度,是为计量事物等距单位的顺序,而指定的数值等距的数字。间距标度表示事物在数字上差别同等。如某一消费者把某一品牌的产品排在第二位,另一种品牌的产品排在第四位,并不能说明他对前一种产品的喜爱程度是后一种的两倍。主要原因是间距标度的零点位置不是绝对零点,它是由市场调研人员根据需要任意选定的。

④ 比例标度,是用于事物间的相对比较而对事物指定的不同数字。比例标度既有同等的间隔,也有一个绝对零点,因此,数字之间的比较与事物之间的比较是一致的。例如,商场甲的销售额为每月 400 万元,商场乙的销售额为每月 200 万元,则可以说商场甲的月销售额为商场乙的两倍。间距标度与比例标度都具有数字统计意义,可以计算平均数和标准偏差。

不同类型的信息资料要求使用不同类型的计量标度来衡量,从名义标度到比例标度,它们所表达的信息内容逐渐增多。在可能的情况下,调研人员应尽量使用比例标度来确定一个值的范围。但也应注意,比例标度无法计量人们的态度和内在思想倾向,间距标度在计量人们的态度时也有一定的限度。计量标度是否有效,直接关系到市场调研所收集资料的精确度。因此,在问卷设计过程中,要求市场调研人员必须正确把握各种标度的含义,根据调研的目标要求和所要求采用的分析方法认真选择计量标度,确保信息的准确传递,减少误差。

3. 对称量表的形式

在调研问卷中,有一种专门用于测量消费者满意程度的量表,有对称性量表和

不对称性量表两种形式。例如询问消费者对蔬菜门市部服务质量的看法,可以设计如下两种五段量表:

(1) 对称性量表

| 好 | 较好 | 一般 | 较差 | 差 |
| ( ) | ( ) | ( ) | ( ) | ( ) |

(2) 非对称性量表

| 很好 | 好 | 较好 | 一般 | 差 |
| ( ) | ( ) | ( ) | ( ) | ( ) |

为了便于统计,对上述的五段量表以数值进行计量。如对称性量表可以从左边起,分别记2、1、0、—1、—2。而非对称性量表则可以记为5、4、3、2、1。不论采用何种数值标记,都要口径一致,以利于最后汇总,提高调研结果的平均可信水平。最后分别统计五种情况所占的百分比,确定这种商品在消费者中的总体满意程度。

(五) 问卷问句的措辞

问题问句设计是问卷的核心。在设计问卷时,问卷措辞的确定具有很大的灵活性和创造性,不同设计者往往具有不同的风格。一份好的问卷应做到:内容简明扼要,信息包含要全;问卷问题安排合理,合乎逻辑,通俗易懂;便于对资料分析处理。针对问题的表述、问题的类型及提问与作答方式、问题的排列顺序等方面应作认真推敲,尽量避免措辞引起的误解。一般来说,问题的表述要注意以下几方面:

1. 问题的用词要通俗、精简、准确

问题的文字要简短,尽量避免使用专业化术语或不易回答的问题。例如,对一般居民不宜问:"您家的消费结构怎样?"而应该改问:"您家的收入主要用在哪些方面?"

2. 问题的内容要具体

所提问的问题内容要具体,每一个问题只能包含一项内容,避免把两个或两个以上的问题合在一起问。

例如,某商场要了解顾客对该商场的产品和服务是否满意,不能只问:"您对本商场是否感到满意?"这样询问不能得到顾客对该商场产品和服务的真实反映,而应该具体询问:"您对本商场所售产品是否感到满意?您对本商场的服务是否感到满意?"

3. 避免使用诱导性、暗示性问句

如果在问句中所使用的字、词或语气有可能把回答者的答案引向某一方向,这个问句就具有诱导性。如果调研问卷中流露出调研者自己的观点或倾向,这个问卷就具有暗示性。例如:"大多数人认为红富士苹果品质最好,您是否有同样的看法?"这个问题本身有明显的倾向性,被调研者往往在趋同心理的支配下,作出肯定的回答。为避免诱导性与暗示性,设计时应使用中性字眼,不带任何倾向性,从而使被调研者能够客观地表述自己的看法与态度。

4. 提问时坚持 6W2H 原则

6W2H 即 Who(谁)、Where(哪里)、When(何时)、Why(为什么)、What(什么事)、Which(哪一个)、How(如何)、How much(多少)。在提问时可以用 6W2H 标准来检验问题设计是否清晰。

5. 对敏感性问题的调研

如调研涉及被调研者的人格与隐私等时,应注意问题表述的技巧和方法,努力打消被调研者的顾虑,使其作出真实的回答,可采取以下几种方法:

① 采用间接的方式提问。例如,询问人们对企业实行民主管理的态度,可以这样问:"对于实行民主管理,有人认为利大于弊,有人认为弊大于利,您同意哪种看法?"

② 在询问被调研者的观点之前,先假设某一情景作为问题的前提。例如,要了解企业职工的凝聚力,可以问:"假如允许人员自由流动,您是否愿意留在本企业继续工作?"这样更容易得到被调研者的真实想法。

③ 把被调研者不愿回答的问题放在一组问题中提出。例如,对于人们的经济收入问题,可将收入分为几个档次,用区间的方式提出问题:1 000 元以下(包括1 000 元)、1 001~3 000 元、3 001~5 000 元、5 001~8 000 元、8 001~10 000 元、10 000 元以上,让被调研者从中作出选择。

④ 在问题之前加一段消除被调研者顾虑的话。例如:"对同一问题有不同看法是一种正常现象,每一个人都应该有自己的观点,您认为目前企业实行小组承包的做法对吗?"

⑤ 关联提问法。例如,年轻女士通常不愿公开自己的年龄,调研人员可以提问:"您的生肖是什么?"然后由此推断出被调研者的实际年龄。

⑥ 在问题的开始声明调研的匿名性和保密性原则,消除被调研者的顾虑。

【小思考 3.2】

市场调研问卷设计的要点是什么?

(六)确定问题的排列顺序

在各项单独问题设计好之后,如何将它们按一定的顺序列入问卷之中,是问卷设计的又一个重要的技术性问题。对问卷中所设计问题的编排一般应遵循如下

要求:

① 按问题的复杂程度,先易后难、由浅入深进行排列。排列在问卷前面的问题应能引起被调研者的兴趣和注意,难度较大的问题和敏感性问题应尽量往后放。

② 问题的排列要有逻辑性,同类性质的问题应尽量安排在一起。问题次序安排方面,可运用"漏斗法",即先问范围较广的问题;然后把范围逐渐缩小,问一般性问题;最后是具体的专门性问题。

③ 开放式问题应放在问卷的最后。在编排问题顺序的同时,问卷设计者还应注意把一些无关紧要、脱离实际或被调研者难以回答的问题予以剔除,以保证问卷设计的客观性、科学性和可行性。

④ 在设计调研问卷时,应采用统一的编码技术。问题设计与编码同步进行,这样便于借助计算机来统计和分析通过调研所获取的数据。

(七)评价问卷

一旦问卷草稿设计好后,问卷设计人员应再回过头来作一些批评性评估。必须考虑这样几个问题:它是否能提供必要的管理决策信息?是否考虑到应答者的情况?是否满足编辑、编码、数据处理的要求?简而言之,一份问卷必须具有以下功能:首先,它必须完成所有的调研目标,以满足决策者的信息需要;其次,它必须以可以理解的语言和适当的智力水平与应答者沟通,并获得应答者的合作;再次,对访问员来讲,它必须易于管理,方便地记录下应答者的回答,同时它还必须有利于方便快捷地编辑和检查完成的问卷,并容易进行编码和数据输入;最后,问卷必须可转换为能回答决策者起初的问题。

【项目小结】

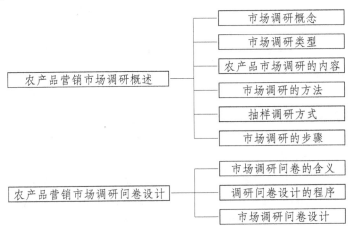

【重要概念】

市场调研 探测性调研 因果性调研 描述性调研 询问法 观察法 文案调研法 抽样调研 典型调研 调研问卷

【测试题】

(一) 单选题

1. 在市场调研时对需要调查的问题不清楚,无法确定需要调查哪些具体内容时应采用( )。
    A. 探测性调研　　B. 描述性调研　　C. 因果性调研　　D. 预测性调研
2. 进行市场实地调研时,对调查总体中的每一个体无一例外地逐个进行调查属于( )方式。
    A. 市场普查　　B. 抽样调查　　C. 典型调查　　D. 重点调查
3. 调查人员以询问的方式进行调查,从被调查者的回答中获取所需资料属于( )。
    A. 询问法　　B. 观察法　　C. 实验法　　D. 访问法
4. 某农业企业为了解何种包装的果汁对消费者最有吸引力,于是把需要比较的玻璃瓶、塑料瓶和铁皮盒包装的果汁放在同一商店内销售,对商店内消费者购买不同包装果汁的现象进行统计,这属于( )。
    A. 询问法　　B. 观察法　　C. 实验法　　D. 文献法
5. "你对我们公司的售后服务满意吗?"这是一个典型的具有( )的问题。
    A. 诱导性　　B. 二项式　　C. 阐述性　　D. 意见式
6. 在市场调研中,对于消费者的性别,分别用"1"代表男性,用"0"代表女性的标度是( )。
    A. 名义标度　　B. 顺序标度　　C. 间距标度　　D. 比例标度
7. 以下访问法中,( )获得信息量最大。
    A. 面谈调查　　B. 邮寄调查　　C. 电话调查　　D. 留置调查
8. 市场调研过程中的主体部分是( )。
    A. 非正式调研阶段　　B. 市场调研设计阶段
    C. 资料收集阶段　　D. 调研结果处理阶段
9. 市场调查首先要解决的问题是( )。
    A. 确定调查方法　　B. 选定调查对象　　C. 明确调查目的　　D. 解决调查费用
10. "你觉得这种水果的质量如何?"这一提问存在( )的问题。
    A. 包含内容过多　　B. 问题不清楚　　C. 内容过于笼统　　D. 问题具有诱导性
11. ( )是间接资料的优点。
    A. 适用性强　　B. 节省费用　　C. 可信程度高　　D. 受时空限制
12. 一般情况下,市场调查的方法首选是( )。
    A. 询问法　　B. 观察法　　C. 实验法　　D. 文献法
13. 某些人的意见会对讨论产生较大影响,导致调查结果出现偏差的访问方式是( )。
    A. 专家意见法　　B. 电话访问　　C. 小组访问　　D. 个人访问

14. 企业获得资料的途径很多,通过( )所获得的资料不属于第二手资料。
   A. 国家发布的资料　　　　　　　　B. 问卷调查
   C. 大众传播媒体资料　　　　　　　D. 行业协会发布的资料信息

15. 政府及经济管理部门的有关方针、政策、法令、经济公报、统计公报等属于( )。
   A. 内部资料　　　B. 电子资料　　　C. 直接资料　　　D. 外部资料

16. 在商品使用说明书或订货会邀请函上附有回执单,请顾客按要求寄回,市场调查人员借此了解市场反应,这种观察法属于( )。
   A. 营业状况观察　　　　　　　　　B. 商品资源观察
   C. 顾客观察　　　　　　　　　　　D. 痕迹观察

17. ( )能够以书面形式了解被调查对象的反应和看法,并以此获取信息。
   A. 问卷　　　　　B. 抽样调查　　　C. 深度访谈　　　D. 观察法

18. 某行业协会发表的行业报告等资料属于( )。
   A. 内部资料　　　B. 电子资料　　　C. 直接资料　　　D. 外部资料

19. 在街道上随意访问过往行人的抽样方法属于( )。
   A. 主观抽样　　　B. 等额抽样　　　C. 系统抽样　　　D. 任意抽样

20. "未来一年,您是否计划买房?"该问题的提问方法属于( )。
   A. 顺序提问　　　　　　　　　　　B. 多项选择式提问
   C. 二项选择式提问　　　　　　　　D. 开放式提问

21. "您家庭的年收入是多少?"这句问句是( )。
   A. 事实问句　　　　　　　　　　　B. 意见问句
   C. 自由回答式问句　　　　　　　　D. 以上说法都不正确

22. 调研中对服务质量的评价、消费者使用产品的满意或喜欢程度等不好具体量化衡量评价的问题,一般采用( )。
   A. 量表式问题　　B. 开放式问题　　C. 封闭式问题　　D. 以上都不对

23. "您为什么希望购买有机农产品?"这就是( )询问。
   A. 事实问句　　　B. 意见问句　　　C. 自由回答式问句　　D. 阐述式问句

24. 市场调研中采用德尔菲法的是( )。
   A. 专家意见法　　B. 定量研究法　　C. 头脑风暴法　　D. 文案调查法

(二) 判断题
1. 试探性调研是一种最基本、最一般的市场调研。　　　　　　　　　　( )
2. 事实上,大多数市场调研就是综合调研。　　　　　　　　　　　　　( )
3. 直接调研法一般有询问法、观察法和实验法。　　　　　　　　　　　( )
4. 在报纸上做广告,请读者阅读后将广告下面的一张纸条或表格寄回农业企业的调查法是信函调查法。　　　　　　　　　　　　　　　　　　　　　　　　　　( )
5. 国内外各种博览会、展销会、交易会、订货会等促销会议提供的资料属于内部资料。 ( )

6. 调研问卷是根据调研目的而以提问方式设计的问题集合。（　）
7. 根据问题的提问方式主要有开放式问题与封闭式问题。（　）
8. 阐述问句主要是用于了解被调研者对有关问题的意见、看法、要求和打算。（　）
9. 意见问句主要是想要了解被调研者的行为、意见、看法产生的原因。（　）
10. 二项式问句的回答只有两种备选答案，请被调研者二者择一。（　）
11. "您家的消费结构怎样？"这一问句用词通俗、准确，文字简短易懂。（　）

（三）简答题
1. 简述农产品市场调研的类型。
2. 简述农产品市场调研的内容。
3. 农产品市场调研的方法是什么？
4. 简述农产品市场调研的步骤。
5. 简述调研问卷设计的程序。
6. 简述调研问卷设计的措辞要注意什么？

【拓展训练】

（一）项目名称：市场调研方案编制
1. 实训目标：能够编制农产品市场调研方案。
2. 实训要求：以4～5人小组为单位，对某一农产品市场进行调研，小组成员合理分工，编制市场调研方案。具体要求：(1)每组完成调研，形成×××农产品市场调研方案；(2)每组完成交流汇报PPT，并进行交流发言；(3)每个学生完成实训报告。

（二）项目名称：市场调研问卷设计
1. 实训目标：设计一份农产品市场调研问卷。
2. 实训要求：以4～5人小组为单位，对某农产品市场进行调研，设计一份市场调研问卷。具体要求：(1)每组完成×××农产品市场调研问卷设计；(2)每组完成交流汇报PPT，并进行交流发言；(3)每个学生完成实训报告。

【自我总结】

序号	内容	
1	本章主要知识点	
2	本章主要技能	
3	完成本章学习后最大的收获	

第四章 农产品目标市场营销

【知识目标】

1. 了解市场细分的内涵；

2. 掌握市场细分的因素；

3. 熟悉农产品市场细分方法和步骤；

4. 了解农产品目标市场的含义；

5. 熟悉农产品目标市场选择策略；

6. 掌握农产品目标市场选择模式；

7. 熟悉目标市场模式选择的影响因素；

8. 了解市场定位的含义；

9. 熟悉市场定位的方法；

10. 掌握市场定位的策略。

【能力目标】

1. 能够运用市场细分方法对农产品消费市场进行有效细分；

2. 能够分析目标市场选择与定位中的实际问题，制订目标市场选择与定位的方案。

【情景案例】

在碳酸饮料横行的20世纪90年代初期，汇源公司就开始专注于各种果蔬汁饮料市场的开发。凭借其100%纯果汁专业化的"大品牌"战略和令人眼花缭乱的"新产品"开发速度，其销售收入、市场占有率、利润率等均在同行业中名列前茅，成为果汁饮料市场当之无愧的引领者。其产品线也先后从鲜桃汁、鲜橙汁、猕猴桃汁、苹果汁扩展到野酸枣汁、野山楂汁、果肉型鲜桃汁、葡萄汁、木瓜汁、蓝莓汁、酸梅汤等，并推出了多种形式的包装。但1999年后随着可口可乐、康师傅等纷纷杀入果汁饮料市场，汇源的销量明显下降，尽管汇源公司把这种失利归咎于"PET包装线的缺失"和"广告投入的不足"等，但在随后花费巨资引入数条PET生产线并在广告方面投入重金加以市场反击后，其市场份额仍在下滑。显然，问题的症结并非如此简单。

而统一"鲜橙多"通过深度市场细分的方法，选择了追求健康、美丽、个性的年轻时尚女性作为目标市场,产品卖点则直接指向消费者的心理需求:"统一鲜橙多,多喝多漂亮。"其所有的广告、公关活动及推广宣传也都围绕这一主题展开,如在一些城市开展的"统一鲜橙多 TV-GIRL 选拔赛""统一鲜橙多阳光女孩"等,无一不是直接针对目标群体。而汇源果汁饮料从市场初期的"营养、健康"诉求到现在仍然沿袭原有的功能性诉求,其包装也仍以家庭装为主,根本没有明显个性特征的目标群体市场,只是切出"喝木瓜汁的人群""喝野酸枣汁的人群""喝野山楂汁的人群""喝果肉型鲜桃汁的人群"等一大堆在果汁市场不具有细分价值的市场。

至此,我们看出在果汁饮料市场大战中,汇源与统一等公司相比较,他们的经营出发点、市场细分方法的差异才是导致市场格局发生变化的关键因素。

(摘自 MBA 智库百科:https://wiki.mbalib.com/)

【案例讨论】

1. 市场细分变量有哪些?
2. 如何选择市场细分变量?

第一节　农产品市场细分

一、农产品市场细分的内涵

通常情况下,在某一个市场上经营的一个企业,不可能面向该市场的所有顾客提供产品或服务。顾客人数众多,分布广泛,对产品的需求和购买特点各不相同。经营者必须识别本企业最专长的领域,专注于特定的顾客群才能在竞争中处于有利地位。因此经营者首先面临选择目标市场的问题。当今,最有效并被大多数经营者所奉行的营销实践是"针对性营销或目标市场营销"。目标市场营销是一个系统的过程,有三项相互关联的工作或步骤过程。第一步市场细分,根据顾客需求上的差异把某个产品或服务的市场逐一细分;第二步确定目标市场,经营者从细分后的市场中选择出决定要进入的细分市场,也就是对企业最有利的市场组成部分;第三步市场定位,把本企业产品或服务确定在目标市场中的一定位置上,即确定自己的产品或服务在目标市场上的竞争地位。

俗话说,顾客是上帝。可是对于农产品经营者来说,谁是他们的上帝呢?只有知道了上帝是谁,才能将产品卖给他,为他服务。那么在茫茫人海中,如何寻找真正的上帝(顾客)?这就是农产品市场细分要解决的问题。

(一) 农产品市场细分概念

所谓农产品市场细分,就是农产品经营者根据消费者需求的差异,把农产品消费者划分为若干个具有类似需求的购买者群体的活动和过程。

这个概念中,需要重点把握的是以下几个关键词。

第一个关键词是"农产品经营者"。这是农产品市场细分的主体,包括农业企业、农业合作组织、家庭农场、种植大户,还包括农产品销售者,譬如生鲜超市、农产品批发商,甚至售卖农产品的小商小贩。

第二个关键词是"农产品消费者"。这是农产品市场细分的对象。市场细分不是对产品的划分,而是对需求和欲望各异的消费者进行分类。

第三个关键词是"消费者需求的差异"。这是农产品市场细分的依据。不同的消费者对农产品具有不同的需求,譬如有的消费者喜欢吃脆的苹果,如红富士;而有的消费者偏好吃绵苹果,如黄元帅、红星。

第四个关键词是"具有类似需求的购买者群体"。这是农产品市场细分的结果。每一个具有类似需求的消费者群体,我们称之为子市场(细分市场)。不同子市场的消费者对同一农产品的需求存在明显差异,同一个子市场的消费者对农产品的需求存在相似性。不同子市场中的消费者群体具有不同的消费行为,同一个子市场中的消费者群体具有类似的消费行为。农产品市场细分就是用"个性化"的农产品去满足"个性化"的消费者市场需求。

(二) 农产品市场细分的意义

任何一种农产品都不可能满足所有消费者的需求。经营者必须研究和分析消费者需求和欲望的差异性,并据此把一个农产品市场细分为几个甚至多个更加专业化的市场,结合自身条件和优势,有针对性地选择一个或者是多个适合自己的目标市场进行生产经营活动。

1. 市场细分有利于发现市场机会

市场机会是指市场上客观存在的未被满足或未被充分满足的消费者需求。

通过市场细分,经营者可以对每一个细分市场的需求特点、需求的满足程度、以及潜在需求等进行对比分析,从而进一步发现哪些消费者的哪些需求还没有得到满足或没有得到充分满足。在满足程度较低的市场部分,就可能存在着较大的市场机会。

如蒙牛针对不同消费者需求推出了早餐奶、高钙奶、低脂奶、酸酸乳等近百种奶制品。这就是在市场细分的前提下不断挖掘市场的深度和广度,发现营销机会,用多样化的商品满足目标市场需求的典型案例。

2. 市场细分有利于掌握目标市场的特点

经过细分后的市场变得小而具体,其需求特点显而易见。经营者可以充分了解市场的规模及其变化趋势,消费者需求的特点,如需求层次、购买动机、购买行为等。经营者根据细分市场消费者需求的具体特点,可以有针对性地采取营销策略,譬如开发新产品、提供新服务、拓展新渠道,以满足消费者的潜在需求。

3. 市场细分有利于制订市场营销组合策略

通过市场细分,经营者就可以确定合适的目标市场,根据这个市场的特点,有针对性地制订具体、有效的营销策略,包括产品策略、渠道策略、促销策略、价格策略等,满足消费者的潜在需求。同时,在细分的市场上,信息容易被了解和反馈,一旦消费者的需求发生变化,农产品经营者可迅速改变营销策略,制订相应的对策,以适应市场需求的变化,提高企业的应变能力和竞争力。

4. 市场细分有利于提高经营者的竞争能力

通过市场细分,农产品经营者可以针对自己的目标市场,综合地分析竞争对手的优势与劣势,扬长避短,在这个市场上保持竞争优势。

(三)农产品市场细分的依据

市场细分的客观依据是消费者需求的多样性,只要消费者的需求存在差异性,就可以进行市场细分。

1. 消费者对农产品的需求客观上存在多样性

在农产品供不应求时,消费者没有选择,对农产品的需求大同小异,但随着农业科技发展,农产品产量越来越高,品种越来越丰富,消费者选择的空间越来越大;另外,随着生活水平的提高,消费者越来越追求个性化消费,潜在的需求不断被激发出来,因此消费需求的多样性越来越明显。

2. 消费者对农产品的购买动机客观上存在多样性

购买动机是指为了满足一定需要而引起人们购买行为的一种内部动力,反映了消费者在心理、精神和感情上的需求,也就是回答了消费者为什么要购买的问题。在现实生活中,每个消费者的购买行为都是由其购买动机引发的。

消费者受社会、家庭、文化等诸多因素的影响,在认识、感情、意念等心理活动过程中会形成不同的购买动机,从而引起不同的购买行为。譬如购买水果,有人是为了自己食用,有人是为了送礼;即便都是送礼,也有可能有不同的动机,譬如礼节惯例、传递情意等等。

3. 消费者对农产品的购买行为客观上存在多样性

消费者购买行为是指人们为满足需要和欲望而寻找、选择、购买、使用、评价产品的活动和过程。由于受社会文化因素、个体因素等影响,购买行为有多种类型,如理智型、冲动型、经济型、习惯型、不定型等。

【随堂测试 4.1】

　　判断:农产品市场细分也就是市场分类,即企业通过对不同农产品进行分类,以满足不同需要的活动。

二、农产品市场的细分因素

　　为了发现市场机会,掌握目标市场的特点,制订有针对性的市场营销组合策略,经营者必须对农产品市场进行细分,那么首要的一个问题就是依据什么因素来细分农产品市场? 或者说,细分农产品市场的因素有哪些? 从理论上来说,凡是影响消费者需求的因素均可以作为市场细分的依据和标准。一般而言,农产品消费市场细分因素包括地理因素、人口因素、心理因素和行为因素。

　　(一)地理因素

　　地理因素是依据不同地理区域对市场进行细分,具体包括:国家、地区、城市规模、气候及人口密度等。如根据地区,将我国的市场分为东部沿海、中部和西部,或者分为北方和南方,或者分为城市和乡村等。

　　不同区域的消费者,消费需求由于文化、气候、风俗习惯、经济发展水平等不同,往往呈现出显著的差异。譬如购买辣椒时,东部地区的消费者不喜欢太辣的;而中西部地区的消费者偏好辣的。

　　地理标准是农产品市场常用的市场细分标准,最为稳定、明显,容易操作。

　　(二)人口因素

　　依据消费者的年龄、性别、收入、职业、受教育情况、宗教信仰、家庭情况对农产品市场进行细分。人口因素是农产品市场细分的主要标准,在农产品市场细分中运用得较多。

1. 年龄

　　不同年龄段的消费者,由于生理、性格、爱好、经济状况的不同,对农产品需求往往存在很大的差异。譬如年轻人购买食品更注重口感,而中年人更关注营养保健等功能。

2. 性别

　　不同性别的消费者具有不同的消费需求和购买行为,这是自然生理差别引起的差异。服装、化妆品等市场因性别而产生的需求差异尤其明显,在这些行业中性别一直是一个常用的细分变量。

3. 收入

消费者的收入直接影响他们的购买力,对需求数量、结构具有决定性的影响。譬如,高收入消费者对食用农产品的质量安全相对于一般收入者要求更高,同时高收入消费者也更加关注其营养、保健功能。

根据平均收入水平的高低,可将消费者划分为高收入、次高收入、中等收入、次低收入、低收入五个群体。

4. 民族

再来看民族。不同民族的消费者在农产品消费需求上可能存在较大差异。譬如信奉伊斯兰教的穆斯林禁食猪肉,禁食驴、马等非反刍动物的肉。

5. 职业

不同职业的消费者,由于知识水平、工作条件和生活方式等不同,其农产品消费需求存在很大的差异。如白领在网上购买农产品的比率较高,对农产品品质要求也高。农产品市场根据职业因素可以划分为白领市场、工薪市场等不同的子市场。

除了上述这些因素外,人口因素还包括受教育程度、家庭生命周期等(表4-1)。

表4-1 按人口因素细分市场

细分因素	细分内容	营销要求
性别	男女构成	了解男女构成及消费需求特点
年龄	婴儿、儿童、少年、青年、成年、老年	掌握年龄结构、比重及各年龄段的消费特征
收入	白领和蓝领,高收入、中高收入、低收入者	掌握不同收入层次人群的消费特征和购买行为
家庭生命周期	单身、备婚、新婚、育儿、空巢、孤老等阶段	研究各家庭处在哪一阶段,不同阶段消费需求的数量和结构
职业	工人、农民、军人、学生、干部、教育工作者、文艺工作者	了解不同职业人群的消费差异
文化程度	文盲、小学、中学、大专、本科、硕士、博士	了解不同文化层次人群购买种类、行为、习惯及结构
民族	汉、满、回、蒙、苗等	了解不同民族的文化、宗教、风俗及不同的消费习惯

(三)心理因素

人们会发现,在地理环境和人口因素相同的条件下,消费者之间存在着截然不同的消费习惯和特点,这是由消费者的消费心理差异所决定的。这使得消费心理成为市场细分的又一重要标准。

心理因素包括生活方式、个性、购买动机、购买态度等。

1. 生活方式

生活方式是人们对消费、工作和娱乐的特定习惯。不同的生活方式会产生不同的需求偏好,如"传统型""新潮型""节俭型""奢侈型"等。再如杜邦公司把女性消费者区分为"简朴的妇女""时髦的妇女"和"有男子气质的妇女"3种类型,分别为她们设计不同款式、颜色和质料的服装。

2. 性格

消费者行为理论将消费者的性格分为习惯型、理智型、冲动型、想象型、时髦型、节俭型等(表4-2)。当然也有其他的分类方法,如分为外向型、内向型,意志型消费者、独立型消费者、顺从型消费者等。不同性格的购买者在消费需求上有不同的特点。如习惯型消费者偏爱、信任某些熟悉的品牌,购买时注意力集中,定向性强,反复购买。再譬如外向型消费者,在购买过程中,热情活泼,喜欢与销售人员交换意见,主动询问有关商品的质量、品种、使用方法等方面的问题,易受商品广告的感染,言语、动作、表情外露,这类消费者的购买决定比较果断,买与不买都比较爽快。

表4-2 不同性格消费者类型

性格	消费需求特征
习惯型	偏爱、信任某些熟悉的品牌,购买时注意力集中,定向性强,反复购买
理智型	不易受广告等外来因素影响,购物时头脑冷静,注重对商品的了解和比较
冲动型	容易受商品外形、包装或促销的刺激而购买,对商品评价以直观为主,购买前并没有明确目标
想象型	感情丰富,善于联想,重视商品造型、包装及命名,以自己丰富的想象去联想产品的意义
时髦型	易受相关群体、流行时尚的影响,以标新立异、赶时髦为荣,购物注重引人注意,或显示身份和个性
节俭型	对商品价格敏感,力求以较少的钱买较多的商品,购物时精打细算、讨价还价

3. 购买动机

购买动机也就是消费者追求的利益。不同的消费者其购买动机有所不同,譬如购买农产品的动机有求实动机(追求农产品的实用价值)、求新动机(追求农产品的新潮、奇异)、求优动机(追求农产品的品质)、求廉动机(喜欢买廉价的农产品)、求简动机(要求农产品烹饪食用简单、产品购买过程简单)等等。

(四)行为因素

行为因素是细分市场的重要标准,特别是在商品经济发达阶段和人们收入水平提高的情况下,这一细分因素在农产品市场细分中越来越显示出其重要性。当然这一因素也比其他的因素复杂得多,也难掌握得多。

行为因素包括消费者购买或使用某种商品的时间、购买数量、购买频率、对品牌的忠诚度等变量。

如购买时间不同,有的人喜欢上午买菜,而有的人习惯于下午买菜,还有人偏好晚上买菜。

又如购买地点,有的人愿意去超市、便利店购买,而有人喜欢在农贸市场购买,还有人喜欢通过网络购买。

再如购买数量和频率,有的人喜欢几天购买一次,一次性大量购买菜品,也有人喜欢每天购买菜品等。

【随堂测试4.2】

判断:有些消费者追求农产品的实用价值,而有些消费者注重农产品的品质,还有些消费者要求农产品烹饪食用简单,这是根据产品的特点进行市场细分。

三、农产品市场细分方法和步骤

(一)农产品市场细分方法

上一小节讨论了农产品市场的细分变量,包括地理因素、人口因素、心理因素和购买行为因素等。那么采用什么方法依据这些因素细分农产品市场呢?农产品市场细分的方法包括单一因素法、综合因素法和系列因素法。

1. 单一因素法

单一因素法是指选用一个因素对农产品市场进行细分。

如针对水果销售市场,根据消费者,可分为白领和工薪阶层;根据购买动机,可以分为自己食用和礼品赠送;根据使用方式,可以分为鲜食、加工等;根据购买场所,可以分为农贸市场、生鲜超市和网店等。

单一因素细分市场比较简单易行,但很难反映消费者复杂多变的需求,因此常常需要从不同角度对消费者需求进行分类和聚合。

2. 综合因素法

综合因素法是指运用两个或两个以上的因素,同时从多个角度进行市场细分。

如对于水果市场,运用购买动机、购买地点细分,可以划分为6个子市场(图4-1),包括从农贸市场购买用于送礼的消费者群体、从农贸市场购买用于自己食用的消费者群体、从超市购买用于送礼的消费者群体、从超市购买用于自己食用的消费者群体、从网店购买用于送礼的消费者群体和从网店购买用于自己食用的消费者群体。

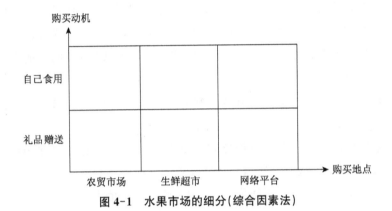

图4-1 水果市场的细分(综合因素法)

3. 系列因素法

系列因素法指采用两个或两个以上的因素,分层次进行细分。首先选用某个变量细分市场,再从中选择一个细分市场作为大致目标市场,然后再利用另一个变量对选出的这个市场继续进行细分……这样逐次细分,市场越来越细化,目标市场越来越明确、具体。

如水果市场,首先可以根据地理位置分为东部、中部和西部市场;再将东部市场根据消费者收入进一步分为高收入、中等收入和低收入市场;其中的高收入市场又可根据购买动机,分为鲜食、加工后食用、送礼等;而礼品市场又可以根据购买地点分为农贸市场、生鲜超市和网店等(图4-2)。

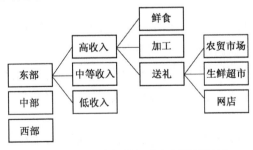

图4-2 水果市场的细分(系列因素法)

以上方法既可从中选用一种,也可综合运用。唯此才能在激烈的市场竞争中找到一块属于自己的蛋糕,甚至据此去做出一块新的蛋糕以达到"不战而胜"之新境界。

(二)农产品市场细分的步骤

农产品市场细分一般有以下四个阶段:

第一是调查阶段。调查人员通过调研,掌握消费者各方面的需求及其特点和影响因素。需求应尽可能详尽、全面,如对水果的需求包括营养成分、口感、色泽、形态、品质安全(农药残留、重金属残留)、气味、包装、购买动机、购买地点、购买频率等等。

第二是分析阶段。在掌握充分的消费者调查资料之后,找出影响消费者需求的最具特色的因素,作为细分市场的变量。

第三是细分阶段。根据市场细分的变量划分出若干个群体,并根据不同特征给每个细分市场命名,也就是所谓的"贴标签"。

第四是评价阶段。根据可衡量性、可盈利性、可接近性等,对每一个子市场进行评价,进一步分析每一个细分市场需求与购买行为特点,并分析其原因,以便在此基础上决定是否可以对这些细分出来的市场进行合并,或作进一步细分。测量各细分市场大小,估计每一细分市场的规模。即在调查基础上,估计每一细分市场的顾客数量、购买频率、平均每次的购买数量等,并对细分市场上产品竞争状况及发展趋势作出分析。

(三)农产品市场有效细分的标准

经过细分的市场并不一定是有效的市场,那么如何判断一个细分市场是否有效呢?一般来说它有三个判断标准:可衡量性、可接近性、可盈利性。

一是可衡量性。可衡量性有两层含义。一是细分后的子市场范围清晰,同其他子市场有明显的差异,细分后子市场的特征是可以识别的;二是子市场的规模和购买力能够被确定和衡量。

一般来说,客观性的因素,如年龄、性别、收入、地理位置、民族等都是容易确定的,相关的信息和统计数据也比较容易获得。

如果细分后的子市场需求特点难以识别,难以准确描述,这样的市场细分就失去了意义,如有关心理和性格方面的变量就难以确定,以此为变量进行市场细分一定要慎之又慎。

二是可接近性。可接近性指细分后的子市场是经营者的营销辐射范围能够到达的,经营者能够进行促销与分销,消费者能够接触到经营者的产品和感受到经营者的营销能力,能够接收到经营者的产品信息。

三是可盈利性。细分后经营者选定的子市场规模足以使经营者有利可图,有足够的购买潜力,实现其盈利目标。

进行市场细分时,经营者必须考虑细分市场上消费者的数量,以及他们的购买能力和购买频率、购买数量等。如细分市场的规模过小,市场容量太小,就不值得去细分。

除此之外,细分出来的子市场需求相对稳定也是市场有效细分的基本要求。

【随堂测试 4.3】
判断:在细分农产品市场时,细分得越小,子市场的特征越明确具体,对企业越有利。

【小思考 4.1】
对农产品市场进行细分有哪些步骤?

第二节 确定目标市场

一、目标市场的含义

经过市场细分之后,经营者便会面临众多不同的细分市场,必须仔细从众多的细分市场中选择一个或几个作为自己的目标市场,以便集中全部资源,有效地为这些目标市场服务,从而获得相应的经济回报。市场细分是选择和确定目标市场的基础和前提,目标市场选择则是市场细分工作结果的体现,是目标市场营销战略的第二个步骤。

目标市场是指经营者在市场细分的基础上,根据市场规模、竞争状况、经营者自身特点所选定的营销对象,是经营者决定进入的最佳细分市场。

目标市场选择是经营者根据细分后细分市场数量、状况、分布及各细分市场的特征,选择一个或若干个细分市场作为主要营销对象。经营者选择的目标市场可以是一个或几个细分市场,也可以是大部分细分市场,或是整个市场,这取决于经营者的营销战略目标和实力。

目标市场选择是经营者制订市场营销战略的基础,是经营者经营活动的基本出发点之一。可以说,经营者的一切市场营销活动都是围绕目标市场进行的。因此目标市场选择对经营者的生存和发展具有重要的现实意义。

首先,目标市场选择是市场细分的直接目的。市场细分是为目标市场选择服务的,如果没有目标市场的选择,则市场细分毫无意义,也无必要。

其次,目标市场选择是经营者制订市场营销策略的基础。通过目标市场的选择,经营者能够深入研究目标市场需求,了解竞争对手的状况和策略,在此基础上有针对性地制订营销策略。可以这么说,只有通过目标市场选择,经营者才可能确切地知道谁是自己的上帝,谁又是自己的敌人,才有可能去思考怎样才能满足上帝的需求,怎样才能打败敌人。

二、目标市场的选择

(一)目标市场的选择模式

市场细分后会形成若干个子市场,经营者如何选择自己所需要的细分市场作为目标市场呢?一般来说,目标市场选择模式有以下几种:

1. 产品市场集中化

产品市场集中化,或者称为产品市场专业化,即经营者只选取一个细分市场,然后集中人、财、物等资源生产单一产品,专门服务于某一特定顾客群,尽力满足他们的各种需求。如图4-3(a),经营者根据产品变量和市场变量将市场细分为9个子市场后,选择P2产品集中投放到M1的目标市场。较小的企业通常采用这种策略,它可以帮助企业实现专业化生产和经营,在取得成功后再逐步向其他细分市场扩展。

2. 产品专业化

产品专业化指经营者将某个产品分别投放到若干个细分市场中,如图4-3(b)所示。这种策略有利于发挥企业生产、技术的潜力,分散经营风险,又可以在某个产品方面建立良好的声誉。但不足之处在于科技发展对企业威胁较大,一旦出现全新技术或全新功能的新产品,市场需求会受到巨大的影响。

3. 市场专业化

市场专业化指经营者将不同的产品都投放到某一个细分市场中,如图4-3(c)所示。这种策略可以充分发挥企业的资源优势,扩大企业的影响力,分散经营风险;但一旦这个顾客群的需求潜量和特点发生突然变化,企业就要承担较大风险。

4. 市场分散化

市场分散化指企业将不同的产品分别投放到若干个互不关联的细分市场,其中每个市场与其他市场之间联系较少,如图4-3(d)所示。经营者根据产品的特性选择特定的细分市场,实际上是一种多元化的经营模式。这种策略的特点是能够有效地分散市场风险,同时也分散了企业资源,管理难度加大。采用这种策略的企业要有较强的资源和营销实力。

5. 市场全面化

市场全面化指经营者以所有的细分市场作为目标市场,提供一种或多种产品力图满足各种顾客群体的需求,以达到占领整体市场的目的,如图 4-3(e)所示。这是只有大企业才有实力采用的,为在市场上占据领导地位抑或垄断全部市场的目标市场选择策略。

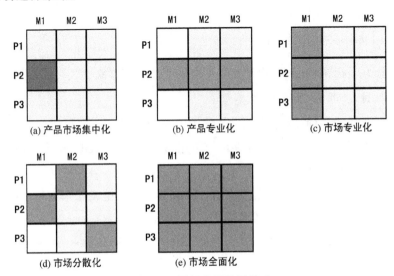

图 4-3 目标市场选择模式

(二)目标市场的选择标准

前面介绍了选择目标市场的几种模式。那么以什么样的标准来评价和判断所选择的目标市场是否合理呢?或者说什么样的子市场才是经营者理想的目标市场呢?一个理想的目标市场一般要具备三个条件:

第一,有足够的规模和发展潜力。目标市场必须有足够的规模和发展潜力,经营者进入该市场是能够有利可图的。如果市场规模狭小或者趋于萎缩状态,经营者进入后难以获得发展,此时应慎重考虑,不宜轻易进入。

第二,符合经营者的目标和能力。某些细分市场虽然有较大的吸引力,但不能推动经营者实现发展目标,甚至分散经营者的精力,使之无法完成其主要目标,这样的市场应考虑放弃。另一方面,还应考虑经营者的资源条件是否适合在某一细分市场经营。只有选择那些经营者有条件进入、能充分发挥其资源优势的市场作为目标市场,经营者才会立于不败之地。

第三,有竞争优势。经营者要进入某个细分市场,并且在细分市场上能够站稳脚跟,必须有竞争优势。经营者要尽量选择那些竞争对手较少、竞争对手实力较弱的细分市场作为自己的目标市场。

【随堂测试4.4】

判断:如果某个子市场规模狭小或趋于萎缩状态,经营者不宜把该子市场作为自己的目标市场。反之,如果某个子市场有足够的规模和发展潜力,经营者就应该进入该市场。

三、目标市场营销策略

在选择好目标市场后,经营者就要决定采取什么策略来进入目标市场。

(一)目标市场营销策略类型

经营者选择的目标市场范围不同,营销策略也不同。一般可供经营者选择的目标市场营销策略有三种:无差异性市场策略、差异性市场策略、密集性市场策略。

1. 无差异性市场策略

无差异性市场策略是指经营者用单一产品和单一营销策略来满足不同目标市场的需求。其特点是只注重消费者需求上的共同性,而不关心他们在需求上的差异性,是一种求同存异的策略。用一种产品和一套营销方案吸引尽可能多的购买者。

无差异性市场策略的优点是可以降低成本。首先,由于产品单一,经营者可以实现机械化、标准化的大批量生产,从而降低生产成本;其次,无差异的广告宣传、单一的销售程序也降低了销售费用;最后,能够节约市场细分所需的市场调研费用。

当然,无差异性市场策略的缺点也是显而易见的。一是消费者满意度低,不同的消费者往往有不同的需求,用一种产品、一种营销策略去面向所有消费者,必然导致消费者满意度低;二是容易受到竞争对手的冲击,当经营者采用无差异的营销策略时,竞争对手会从消费者需求的细微差别入手,参与竞争,争夺市场份额;三是适用范围有限,仅适用于产品差异性小、需求差异不明显、竞争不激烈的市场。

2. 差异性市场策略

差异性市场策略是指经营者依据每个目标市场需求的差异性,分别用不同的产品、不同的营销方案,满足不同目标市场的需求。

差异性市场策略是目前企业普遍采用的策略,这是科技发展和消费需求多样化的结果,也是企业之间竞争的结果。

差异性市场策略最主要的优点是:可以有针对性地满足不同顾客群体的需求,提高产品的竞争能力并能够树立起良好的市场形象,吸引更多的购买者。

差异性市场策略的不足主要表现在:第一,由于目标市场多,产品经营品种多,渠道开拓、促销费用及生产研制成本高;第二,经营管理难度大,要求经营者有较强的实力和素质较高的经营管理人员。

3. 密集性市场策略

密集性市场策略也称为集中性市场策略,是指经营者集中力量专门生产一个或一类产品,采用一种营销组合,为一个细分市场服务。其立足点是,与其在总体上占劣势,不如在个别市场上占优势。不追求在一个大市场中占有小份额,而追求在一个小市场上占有大份额。

密集性市场策略优点明显:一是有针对性地满足消费者需求;二是生产专业化程度高,节约成本和费用;三是能够有效树立品牌形象。

当然,密集性市场策略也有不足:一是由于市场较小,空间有限,经营者发展受到一定的限制;二是如果有强大对手进入,风险很大,很可能陷入困境,缺少回旋余地。

(二)目标市场营销策略选择的影响因素

前面分别介绍了三种目标市场营销策略及其利弊。那么在营销实践中,经营者究竟应选择何种目标市场策略呢? 一般来说,选择何种目标市场策略主要取决于经营者资源实力、产品同质性、市场同质性、产品生命周期和竞争者的市场策略等因素。

1. 经营者资源实力

经营者资源实力主要指经营者的人力、物力、财力和技术状况。

如果经营者具有相当大的规模、技术、资金等资源雄厚,管理素质高,可以采取无差异性市场策略或者差异性市场策略。如果经营者资源有限,实力较弱,无力兼顾整个市场,则应该考虑选择密集性市场策略,以取得在小市场上的优势地位。

2. 产品同质性

产品同质性是指产品在性能、特点等方面的差异性大小,是企业选择目标市场时不可不考虑的因素之一。

有些农产品,如白砂糖,产品同质性强,尽管每种产品因产地和生产经营者的不同会有些品质差别,但消费者并不加以严格区分和过多挑剔,这样的产品一般宜采用无差异性市场策略。而大多数农产品,同质性较低,因而更适合采用差异性或密集性市场策略。

当然同质性的强弱是相对的,而且是动态的。譬如早期消费者对大米的需求差异较小,各种大米的同质性较强;但是现在消费者对大米的需求差异越来越显著,各种大米的异质性开始显现。

3. 市场同质性

当市场消费者需求比较接近,偏好及其特点大致相似,对市场营销策略的刺激反应大致相同,对营销方式要求没有太大差别时,经营者可采用无差异性市场策略。

如果市场上消费者需求的同质性较小,明显地对同一商品在花色、品种、规格、价格、服务方式等方面有不同要求时,宜采用差异性市场策略或密集性市场策略。

4. 产品生命周期

产品处在生命周期的不同阶段,应采取不同的市场营销策略。

产品处于投入期与成长期时,同类产品不多,竞争不激烈,经营者可采用无差异性市场策略。

当产品进入成熟期,同类产品增多,竞争日益激烈,为确立竞争优势,经营者可考虑采用差异性市场策略。

当产品步入衰退期,为保持市场地位,延长产品生命周期,全力对付竞争者,可考虑采用密集性市场策略,或者采取差异性市场策略开辟一个又一个新的细分市场。

5. 竞争者的市场策略

经营者进行目标市场选择时,如果不考虑竞争者状况及其采取的策略,就难以生存与发展。正所谓"知己知彼,百战不殆"。

如果竞争对手强大,则回避正面竞争。如竞争对手采用的是无差异性市场策略,则经营者应实行差异性市场策略。如竞争对手采取差异性策略,则经营者应进一步细分市场,实行更有效的密集性策略,使自己的产品与竞争对手的不同。

如经营者面临的是较弱的竞争者,必要时可采取与之相同的策略,凭借实力击败竞争对手。

【随堂测试 4.5】

判断:如果竞争对手已采用差异性营销战略,企业则应以无差异营销战略与其竞争。

【小思考 4.2】

假如你经营着一个家庭农场,你应如何选择目标市场?

第三节 市场定位

一、市场定位的含义

经营者在选择和确定了目标市场后,为防止产品或服务被替代,确立竞争优势,需要从各方面为其培养特色,树立市场形象,以在目标顾客心目中形成特殊偏爱,这就是所谓的市场定位。

市场定位是指企业根据竞争者现有产品在市场上所处的位置,针对顾客对该类产品某些特征或属性的重视程度,在顾客心目中为本企业产品塑造与众不同的独特形象的活动。

市场定位的目的在于使经营者的产品在目标客户心目中树立独特的形象,使企业的产品和形象在目标顾客心中占据一个独特、有价值的位置。当然市场定位必须以竞争为导向,其最终目的在于使经营者在市场竞争中取得竞争优势,所以市场定位又叫做竞争定位。

市场定位的关键在于产品差异化,使本企业产品与其他企业产品能够严格区分开来,并且使顾客明显感觉和认识到这种差别,只有这样,才能够形成特色,才能够在目标客户心目中树立独特的形象。所以市场定位又叫做产品定位。定位之父杰克·特劳特曾经说过,所谓定位,就是令你的企业和产品与众不同,形成核心竞争力;对受众而言,即形象鲜明地建立品牌。

【随堂测试 4.6】
判断:市场定位的依据不是产品特征或属性本身,而是顾客对该类产品某些特征或属性的重视程度。

二、市场定位的方法

(一)差异化的手段

前面提到,市场定位的本质是产品差异化,使本企业产品、服务、企业形象等与竞争对手有明显的区别,以获得竞争优势。差异化的方法多种多样,如产品差异化、服务差异化、人员差异化和形象差异化等。

1. 产品差异化

产品差异化是从产品品质、功能、营养、安全性、用途等有形特征和属性实现差异化。寻求产品有形特征是产品差异化战略经常使用的手段。

一是产品品质。产品品质是指产品满足规定需要和潜在需要的特征和特性的总和。任何产品都是为满足用户的使用需要而生产的，因此产品品质是消费者识别一种产品的重要特征。许多能够反映产品品质差异的特征比如所含成分、材料、可靠性、营养性、安全性等，都可以作为差异化和市场定位的依据。按照成分、材料、口感、营养、安全性实现差异化是农产品定位常用的手段，如市场上曾经非常红火的富硒大米、富硒鸭强调富含硒等微量元素，茶叶可以强调农药残留量很低，水果玉米则强调皮薄、汁多、脆而甜的口感。

二是产品产地。有些农产品，尤其是一些传统农副产品，因产地不同，其品质、口感会有很大的差异，因此，经营者可以利用产地的差异作为市场定位的依据。如四川涪陵榨菜、庐山云雾茶、阳澄湖大闸蟹等。

三是产品价格。产品价格本身就是产品的一种重要属性，是一种产品区别于另一种产品的重要特征，因此常常作为市场定位的依据。一般来说，在消费者看来，较高的价格意味着较高的产品质量。如在大众农产品价格普遍偏低的背景下，经营者实行优质高价，会塑造出一种高大上的产品形象，使其与普通农产品区别开来，能够更好地满足消费者对优质农产品的需求。

四是产品性价比。产品性价比是一种产品区别于另一种产品的重要特征，基于产品性价比优势进行市场定位是一个有效的战略选择方式。

五是产品功能。产品功能显然是一种产品区别于另一种产品的重要特征。强调产品独特的功能会吸引相当一部分消费者，原因在于现在的消费者越来越追求产品的独特功能。例如，许多企业以其生产的手机具有强大的拍照功能进行产品定位。

六是使用场合及用途。同一产品可能有多种用途，如有的农产品既可供消费者直接食用，又可用于食品加工，还可用作饲养家禽的饲料。为产品找到一种新用途，是为该产品重新定位的好方法。

七是生产技术。农产品的生产技术包括其种源、种养技术、生产过程等。生产技术的不同，会导致农产品品质、安全性、营养等方面的差异。经营者通过宣传、强化农产品生产技术的差异化，可以在顾客心目中为本企业产品塑造与众不同的、鲜明的形象。如"绿色农产品""有机农产品""非转基因产品"等等，都是根据农产品的生产过程特性定位的。

2. 服务差异化

广义上的产品除了产品实体外,还包括与产品有关的服务。因此经营者也可以在服务方面塑造差异化。服务差异化是经营者向目标市场提供与竞争对手不同的优质服务,包括送货、培训、咨询等方面,任何一方面均可塑造差异化。例如,生鲜农产品交货时采用全程冷链运输;又如在农产品包装内,放一张食用方法或烹饪方法的说明书等。

3. 人员差异化

人员差异化即通过聘用和培训,获得比竞争者更为优秀的人员,从而获取竞争优势。

4. 形象差异化

形象差异化即在产品的核心部分与竞争者雷同的情况下塑造不同的品牌和产品形象,以获取竞争优势。

(二)有效差异化的条件

市场定位就是经营者通过产品的差异化在顾客心目中为本企业产品塑造与众不同的、给人印象鲜明的形象,但是并非所有的产品差异化都是有意义的或者是有价值的,也非每一种差异都是一个差异化手段。每一种差异都可能增加企业成本,当然也可能增加顾客利益。所以,经营者必须谨慎选择能使其与竞争者相区别的途径。有效的差异化应满足下列条件:

1. 重要性

该差异能够给顾客带来切身利益,能够引起消费者对该产品的偏好。

2. 专有性

企业能够为顾客带来其他品牌/产品无法提供的、独一无二的利益,也就是独特卖点。竞争对手无法提供这一差异,或者不能以一种更加与众不同的方法来提供该差异。

3. 优越性

该差异优越于其他可使顾客获得同样利益的办法。

4. 可感知性

该差异实实在在,能够被购买者感知。前面提到,市场定位所依据的并不是产品本身的特质,而是消费者对于那些"产品特质"的感受。

5. 不易模仿性

竞争对手不能够轻易地复制出此差异。

6. 可盈利性

购买者愿意并且有能力支付这一差异,企业能从此差异中获利。

【随堂测试 4.7】

判断:并不是产品的任何特征或属性方面都可以塑造差异化,而应该是能够给顾客带来的切身利益的特征或属性。

三、市场定位的策略

根据与竞争对手的相对位置,市场定位策略可以分为避强定位策略、迎头定位策略和比附定位策略。

(一)避强定位策略

避强定位策略是指经营者尽可能避免与实力最强的或较强的其他企业直接发生竞争,将产品定位在目标市场的空白部分或是"空隙"部分,使自己的产品在某些特征或属性方面与最强或较强的对手有比较显著的区别。

避强定位策略优点在于能使企业较快地在市场上站稳脚跟;能在消费者心目中树立形象;风险较小。其缺点在于避强往往意味着经营者必须放弃最佳的市场位置,很可能使经营者处于较差的市场位置。

(二)迎头定位策略

迎头定位策略是指经营者根据自身的实力,为占据较好的市场位置,不惜与市场上实力最强或较强的竞争对手发生正面竞争,而使自己的产品进入与对手相同的市场位置。

迎头定位策略优点在于竞争过程中往往相当引人注目,甚至产生所谓的轰动效应,企业及其产品可以较快地为消费者所了解,易于达到树立市场形象的目的。其缺点是具有较大的风险性。实力雄厚的大企业通常采用迎头定位策略,如百事可乐与可口可乐的定位、麦当劳和肯德基的市场定位。

采用迎头定位策略必须具备以下条件:

① 能比竞争者生产出质量更优或成本更低的产品;
② 该市场容量大,足以吸收更多的竞争者;
③ 拥有比竞争者更多的资源和能力;
④ 选定的市场位置与本企业的声誉和经营能力相符合。

(三)比附定位策略

比附定位策略是通过与市场领导者的比较来确定自身市场地位的一种定位方

法。通常处于市场第二位、第三位的产品使用得较多。当市场竞争对手已稳坐领导者交椅时,与其撞得头破血流,不如把自己产品比附于领导者,以守为攻。

在比附定位中,参照对象的选择是一个重要问题。一般来说,只有与知名度、美誉度高的品牌作比较,才能借势抬高自己的身价。

四、市场定位的程序

市场定位的目的就是根据竞争者现有产品在市场上所处的位置,给自己的产品定位,在自己的产品上设法找出比竞争者更具有竞争优势的特性。因此经营者在进行市场定位时,一方面要了解竞争对手的产品具有何种特色,另一方面要研究消费者对该产品的各种属性的重视程度,然后根据这两方面的分析,选定本企业产品的特色和独特形象。

(一)分析营销环境

这一步骤的中心任务是通过一切调研手段,识别消费者重视的产品属性与价值点,是产品功能还是产品质量,或者是成分、技术、服务、价格、产地等等。

(二)判断竞争者定位

这一步骤的中心任务是通过市场调研,确定竞争者的特色,竞争者提供给消费者的利益及消费者的看法,以及竞争对手在消费者心目中的形象到底如何。

(三)选择合适的市场定位策略

这一步骤的中心任务是在前两步的基础上,根据消费者对该产品的各种属性的重视程度,以及竞争对手的产品特色,结合本企业的资源条件,选择合适的市场定位策略,是避强定位,还是迎头定位,或者是比附定位,并找出本企业产品的特色,确定本企业产品定位。

(四)制订营销组合

一旦选择好市场定位,经营者就必须采取切实步骤把理想的市场定位传达给目标消费者。经营者所有的市场营销组合必须支持这一市场定位战略。这一步骤的主要任务就是围绕产品特色概念,制订配套的营销策略,通过一系列的宣传促销活动,将其独特的竞争优势准确传递给潜在顾客,并在顾客心目中留下深刻印象。

首先应使目标顾客了解、知道、熟悉、认同、喜欢和偏爱本企业的市场定位,在顾客心目中建立与该定位相一致的形象。

其次,经营者须通过各种努力强化目标顾客形象,保持对目标顾客的了解,稳定目标顾客的态度和加深目标顾客的感情来巩固与市场相一致的形象。

最后,经营者应注意目标顾客对其市场定位理解出现的偏差或由于市场定位宣传上的失误而造成的目标顾客模糊、混乱和误会,及时纠正与市场定位不一致的形象。

(五)进行市场定位

在经过前面的准备之后,就可以对新产品进行市场定位。

如是市场上现有的产品,企业产品在市场上定位即使很恰当,但在下列情况下,还应重新考虑其市场定位是否准确,是否需要对其进行重新定位:竞争者推出的新产品定位于本企业产品附近,侵占了本企业产品的部分市场,使本企业产品的市场占有率下降;消费者的需求或偏好发生了变化,使本企业产品销售量骤降。

重新定位是指经营者为已在市场销售的产品重新确定某种形象,以改变消费者原有的认识,争取有利的市场地位的活动。

重新定位对于企业适应市场环境、调整市场营销战略是必不可少的,可以视为企业的战略转移。重新定位可能导致产品的名称、价格、包装和品牌的更改,也可能导致产品用途和功能上的变动,经营者必须考虑重新定位成本和收益问题。

【随堂测试 4.8】

判断:一旦选择好市场定位,经营者就必须一成不变地坚持这个定位。

【项目小结】

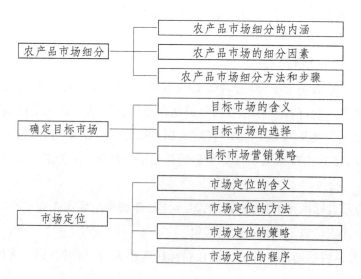

第四章 农产品目标市场营销

【重要概念】

农产品市场细分　目标市场　市场定位　迎头定位策略　避强定位策略　比附定位策略　重新定位

【测试题】

(一) 单选题

1. 同一细分市场的顾客需求具有（　　）。
   A. 绝对的共同性　　　　　　　　B. 较多的共同性
   C. 较少的共同性　　　　　　　　D. 较多的差异性

2. （　　）差异的存在是市场细分的客观依据。
   A. 产品　　　　B. 价格　　　　C. 需求偏好　　　　D. 细分

3. 市场细分是根据（　　）的差异对市场进行的划分。
   A. 消费者需求　　B. 产品价格　　C. 产品品质　　D. 销售渠道

4. 不属于农产品消费市场细分依据的是（　　）。
   A. 地理细分　　B. 人口细分　　C. 用户行业　　D. 行为细分

5. 消费者对某种产品的使用率属于（　　）。
   A. 地理因素　　B. 人口因素　　C. 心理因素　　D. 行为因素

6. 某农业跨国集团将其目标市场划分为亚洲、欧洲、美洲、非洲等,其划分依据属于（　　）。
   A. 地理细分　　B. 人口细分　　C. 心理细分　　D. 行为细分

7. 某服装制造商为"时髦妇女""家庭妇女""传统妇女""有男子气的妇女"等消费者分别设计和生产服装,其细分市场的依据是（　　）。
   A. 教育水平　　　　　　　　　　B. 性别
   C. 消费者所追求的利益　　　　　D. 生活方式

8. 按照顾客购买蔬菜的时间、地点进行细分采用的细分变量属于（　　）。
   A. 地理细分　　B. 人口细分　　C. 心理细分　　D. 行为细分

9. 消费者为送礼而购买水果,这是根据（　　）进行的细分。
   A. 购买时机　　B. 购买动机　　C. 生活方式　　D. 购买行为

10. 人口细分即按照各种人口统计变量细分市场,其中不包括（　　）。
    A. 年龄　　　B. 性别　　　C. 个性　　　D. 民族

11. （　　）不属于有效市场细分必须满足的条件。
    A. 可衡量性　　B. 可接近性　　C. 可对比性　　D. 可赢利性

12. 企业目前的资源能否通过适当的营销组合有效进入该细分市场并为之服务,这是有效市场细分的（　　）条件。
    A. 可衡量性　　B. 可接近性　　C. 可盈利性　　D. 差异性

13. 以某种因素进行细分后的子市场范围清晰,同其他子市场间有明显的差异,这是市场细分的

（　　）原则。

A. 可衡量性　　　　B. 可接近性　　　　C. 可赢利性　　　　D. 可区分性

14. 某蔬菜专业合作社在进行目标市场选择时，一般采用的是（　　）模式。

A. 产品市场集中化　　　　　　　　B. 产品专业化

C. 市场分散化　　　　　　　　　　D. 市场专业化

15. 市场细分后，经营者选择几个子市场作为目标市场，取决于（　　）。

A. 经营者的营销战略目标和实力　　B. 消费者需求的差异性

C. 经营者的市场定位　　　　　　　D. 消费者需求的相似性

16. 采用无差异性营销战略的最大优点是（　　）。

A. 市场占有率高　　　　　　　　　B. 成本的经济性

C. 市场适应性强　　　　　　　　　D. 需求满足程度高

17. 密集性市场策略尤其适合于（　　）。

A. 跨国公司　　　B. 大型企业　　　C. 中型企业　　　D. 小型企业

18. 同质性较高的产品，宜采用（　　）。

A. 产品专业化　　　　　　　　　　B. 市场专业化

C. 无差异营销　　　　　　　　　　D. 差异性营销

19. 当市场产品供不应求时，其一般宜实行（　　）。

A. 无差异市场营销　　　　　　　　B. 差异市场营销

C. 密集性市场营销　　　　　　　　D. 大量市场营销

20. 企业从各方面赋予产品一定的特色，树立产品鲜明的市场形象，以求在消费者心目中形成一种稳定的认知和特殊的偏爱，这种做法就是（　　）。

A. 市场细分　　　B. 市场定位　　　C. 市场选择　　　D. 市场拓展

21. 市场定位是（　　）在目标市场的位置。

A. 确立一家企业　　　　　　　　　B. 确立一种产品

C. 确定消费者需求　　　　　　　　D. 分析竞争对手

22. （　　）是实现市场定位目标的一种手段。

A. 产品差异化　　　　　　　　　　B. 市场集中化

C. 市场细分化　　　　　　　　　　D. 无差异营销

23. 寻求（　　）是产品差别化战略经常使用的手段。

A. 价格优势　　　B. 良好服务　　　C. 人才优势　　　D. 产品特征

24. 迎头定位策略的特点是（　　）。

A. 具有较小的风险　　　　　　　　B. 适合实力雄厚的大企业

C. 在目标市场寻找空白部分　　　　D. 能够使企业较快地在市场上站稳脚跟

25. 2000 年前后，蒙牛提出了"创内蒙古乳业第二品牌"的创意。蒙牛还在冰激凌的包装上，打出"为民族工业争气，向伊利学习"的字样。蒙牛采用的定位策略是（　　）。

A. 迎头定位　　　　B. 比附定位　　　　C. 避强定位　　　　D. 对抗性定位

(二) 判断题

1. 市场细分的理论依据是消费者需求的绝对差异性和相对同质性。（　）
2. 消费者需求的相对同质性造成了市场细分的必要性,而消费需求的绝对差异性则使市场细分有了实现的可能性。（　）
3. 有些消费者追求农产品的实用价值,而有些消费者注重农产品的品质,还有些消费者要求农产品烹饪食用简单,这是根据产品的特点进行市场细分。（　）
4. 在细分消费者市场时,细分得越小,对企业越有利。（　）
5. 经营者可任意选择人口、地理、购买心理或者购买行为中的任何一个作为细分市场的变量。（　）
6. 市场细分是选择目标市场的前提和条件,目标市场的选择则是市场细分的目的和归宿。（　）
7. 通过市场细分化过程,细分出的每一个分市场,对企业市场营销都具有重要的意义。（　）
8. 与产品生命周期阶段相适应,新产品在导入期和成长期,企业往往可采用无差异性营销策略。（　）
9. 市场定位是目标市场选择的前提条件,而目标市场的选择取决于市场定位。（　）
10. 市场定位的依据是消费者的人口变量,譬如收入、性别、受教育程度等。（　）
11. 并不是产品的任何特征或属性方面都可以塑造差异化,而应该是能够给顾客带来切身利益的特征或属性。（　）

(三) 简答题

1. 细分消费者市场主要依据哪些变量?
2. 简述市场有效细分的条件。
3. 一个理想的目标市场要具备哪些条件?
4. 简述影响目标市场营销策略选择的因素。
5. 简述市场定位的有效性条件。
6. 企业有哪些市场定位方法?

【拓展实训】

项目名称:×××(农产品名称)STP 营销策划

1. 实训目标:掌握市场细分、目标市场选择、市场定位的原则、方法和步骤;培养 STP 策略的运用能力。
2. 实训要求:以 5~6 人为一组,每组选择一个农产品进行市场细分,选定目标市场,并且进行市场定位。要求:(1)每组完成 STP 营销策划分析报告(内容涵盖市场细分、目标市场选择、市场定位);(2)每组完成交流汇报 PPT,并进行交流发言;(3)每个学生完成实训报告。

【自我总结】

序号	内容	
1	本章主要知识点	
2	本章主要技能	
3	完成本章学习后最大的收获	

第五章　农产品的产品营销

【知识目标】

1. 了解农产品的概念；
2. 掌握农产品的品质评价因子；
3. 熟悉农产品的品质标准分类内容；
4. 熟悉农产品整体概念营销内涵；
5. 掌握农产品创新方法及策略；
6. 了解品牌的概念、功能；
7. 掌握品牌的基本要素；
8. 了解农产品包装概念；
9. 掌握农产品包装设计的内容。

【能力目标】

1. 能够应用产品整体概念对农产品进行分析，对农产品实施产品策略营销；
2. 能够进行初步的农产品品牌塑造、包装设计及营销。

【情景案例】

　　台湾首富王永庆在15岁的时候被父亲送到嘉义米店当学徒,1年后,他向父亲借了200元台币创业,开了一家小小的米店,那时嘉义已有米店近30家,竞争非常激烈。当时仅有200元资金的王永庆,只能在一条偏僻巷子里承租一个很小的铺面。他的米店开办最晚,规模最小,更谈不上知名度了,没有任何优势。

　　当时大米加工技术比较落后,出售的大米里混杂着米糠、沙粒、小石头等,买卖双方都是见怪不怪。王永庆则多了一个心眼,每次卖米前都把米中的杂物拣干净,这一额外的服务深受顾客欢迎。王永庆并没有就此满足,他还要在米上下大功夫。那时候,顾客都是上门买米,自己运送回家,王永庆注意到这一细节,于是主动送米上门。这一方便顾客的服务措施同样大受欢迎。为了维持平日的信用,他无论刮风下雨,只要是有人要米,都会去送。他给顾客送米时,并非送到就算,他还会帮人家将米倒进米缸里。如果米缸里还有米,他就将旧米倒出来,将米缸刷干净,然后将新米倒进去,再将旧米放在上层,这样,米就不至于因陈放过久而变质。他这个小小的举动令不少顾客深受感动,铁了心专买他的米。每次给新顾客送米,王永庆都要打听这家有多少人吃饭,每人饭量如何,据此估计这家下次买米的大概时间,记在本子上。到时候,不等顾客上门,他就主动将米送过去。

由于多数家庭少有闲钱,主动送米上门,如果马上收钱,碰上顾客手头紧,会弄得双方都很尴尬。因此,每次送米,王永庆并不急于收钱。他把全体顾客按发薪日期分门别类,登记在册,等顾客领了薪水,再去一拨儿一拨儿地收米款,每次都十分顺利,从无拖欠现象。这一经营便是十年。

(资料来源:http://www.duwenzhang.com/wenzhang/shenghuosuibi/20161031/362090.html)

【案例讨论】

王永庆的米店经营之道是什么?

第一节 农产品整体概念营销

一、农产品

所谓农产品,是指人类通过种植、养殖、采摘、编织、捕获(捕捞)等方式获得的对人类有利用价值的植物、动物、微生物产品和其在一定环境下经过自身生长转化的产品,以及对其经过去皮、剥壳、捻、梳、粉碎(碾磨)、打蜡、分拣(分级)、脱水(包括凉晒和烘干)、宰杀、褪毛、清洗、切割、冷冻、包装等简单处理的产品。这部分产品分类复杂、品种繁多,主要有粮食、油料、畜产品、蔬菜、花卉、苗木、果品、干菜、干果、食用菌、水产品、中药材以及土特产等。

我国幅员辽阔,农产品资源丰富。以粮食为例,我国粮食有20多种,产地分布广泛,长江流域和长江以南是稻米主产区,黄河两岸是小麦主产区,东北、内蒙古和华北地区盛产玉米、大豆和杂粮,东北水稻、玉米、大豆誉满全国。

(一)农产品的品质

农产品核心产品的基础是能够提供优质的产品。农产品与其他的产品相比,具有典型的"三品"特质,一是搜寻品特质,消费者在购买之前能够获得充分的信息,来判断商品的品质,如农产品的外观、色泽等,通过搜寻产品的外在信息就能大体判断其好坏;二是经验品特质,消费者只有购买使用后才能判断其产品的质量,如农产品的滋味、酸甜度等,只有通过使用对其有了了解后,才能凭借对产品的经验来判断产品的质量;三是信任品特质,消费者即使在消费之后也不能判断其品质好坏,一般借助于其他信息,如名优品牌、质量认证等信息来作为是否信任产品的判断依据。因此,我们要更加注重农产品的品质构建与提升。

1. 农产品品质对营销的影响

农产品品质在营销中占有十分重要的地位,是成功营销农产品的关键因素。

(1) 农产品品质是参与国际市场竞争的基础

在全球消费者对农产品质量和产品安全日益关注的今天,农业生产机构在产品质量和质量管理制度的推进上,与发达国家存在的差距已成为我国农产品参与世界农产品市场竞争的瓶颈。特别是中国加入世界贸易组织后,尽管国际贸易中的"关税壁垒"越来越淡化,但国际贸易保护措施发生了较大的变化,转而采用技术性更强的贸易技术壁垒手段。在目前的国际贸易中,贸易技术壁垒已占非关税贸易壁垒的30%。在国际食品贸易中,设置贸易技术壁垒,常以产品安全性风险及安全性管理为条件。

(2) 农产品品质是满足消费者需求、取得商业利益的前提

农产品多数是鲜活产品,如时令水果、新鲜蔬菜、鲜花盆景、时令水产等,这些农产品无论在销售中还是在消费中,评价其品质就是看新鲜度,越新鲜越受市场欢迎,越新鲜经济价值越高。但是这些特点也决定了农产品具有品质新嫩、含水率高、易腐易失鲜的弱点,因此,在农产品生产、包装、运输、储存、销售全过程的各个环节都要把产品品质作为重要指标。否则,一旦失去了鲜字,便影响其使用价值,失去消费者,降低利润,失掉市场,损失利益。

农产品的消费者需求具有普遍性、大量性和连续性特点。因此,提高农产品的品质,是营销影响的重要因素。向市场提供优质的农产品,必须从生产源头抓起,产、运、销三个环节紧密联系,缺一不可。一是满足生产者对产品品质的需要;二是农产品在销售中要选择灵活的流通方式、流畅的流通渠道、便捷的交通工具和科学的运输路线,农产品的这一营销特点是农产品的生产特点、产品的物理化学特性和消费形式特点共同决定的;三是要根据农产品的特性选择存放的地点和空间,采收后要将农产品存贮空间的温度和湿度控制在最有利于保鲜、储存的范围内。

2. 农产品品质评价因素

农产品品质的客观性是由种植生产者和消费者要求来体现的,所以对农产品品质的综合认识,取决于从生产者、经营者到消费者不同观点指导下对农产品

各项客观特性的综合评价。从营销的角度认识农产品的品质,就是食品的优质程度,包括感官品质、营养成分、卫生品质、加工品质等方面。

① 感官品质。凡是可以通过人的视觉、嗅觉、触觉等进行综合评价的品质特性被称作感官品质,如颜色、大小、形状、光泽度、透明度、质地等,以及用舌头感觉到的酸甜苦辣咸和用鼻子嗅到的气味等。

② 营养成分。农产品中含有的水分、干物质含量、各种维生素、矿物质以及蛋白质、氨基酸、碳水化合物等被称作营养成分。这些营养成分的含量高低、营养成分的比例都是营养成分的特征。不同品种的产品组织中含有不同种类和数量的营养成分。

③ 卫生品质。卫生品质是指直接关系人体健康的品质指标的总和,主要包括产品表面的清洁程度、产品组织中的重金属含量、农药残留量,以及其他限制性物质,如硝酸盐含量等。

目前还在转换对接过程中的从无公害农产品到合格农产品的果蔬指标,是指不含有某些规定不准含有的有毒物质,以及将有些不可避免的有害物质控制在允许范围以内的果品蔬菜。卫生品质达到安全、优质、卫生标准,安全是指食用后绝不造成健康危害;优质是指感官品质好,营养成分含量高,符合食品营养要求;卫生是指三个"不超标",即农药残留不超标,硝酸盐、亚硝酸盐含量不超标,有害物质不超标。

④ 加工品质。加工品质主要从果蔬加工、粮食加工、大豆加工三个方面来看。

一是果蔬加工要考虑果蔬缺损度、成熟度、易腐性、凝胶性、柔嫩性、纤维性、粉料性、汁液性、耐贮性、抗病性等特性,尤其是缺损度对果蔬加工产品品质影响很大。

缺损度主要指产品的外观损伤、畸形程度。农产品的缺损大多是在采收、整理、运输、储藏等操作过程中的机械损伤所致,而感染病害、虫害所引起的外观的病斑和虫口都属于品质不佳的范畴。由于遗传或异常的环境条件、外来化学物质作用等因素,也会使产品中出现部分缺陷。缺损度是影响果品、蔬菜品质的重要因素。

二是粮食加工主要考虑粮食种子的后熟作用、陈化、淀粉的糊化与老化、面筋及蛋白质的变性等特点。

后熟作用是指新收获的粮粒生理上还没有完全成熟,胚的发育也未结束,此时呼吸旺盛,发芽率很低,耐储性差,工艺品质不良,经过一段时间的储藏,发生一系列的生理变化而达到生理成熟、具备发芽能力的一个生理过程。这个时期就是粮食的"后熟期"。完成后熟作用的粮粒呼吸作用减弱,稳定性加强,发芽率升高,品质改善。粮食的后熟作用是粮食种用品质、食用品质、工艺品质逐步完善的一个生理过程,在小麦中表现得尤为明显。

粮食的陈化是指粮食在储藏过程中,随着储藏时间的延长,虽未霉变,但由于酶活力减弱,呼吸作用降低,原生质体萎缩,物理、化学活性改变,生活力减弱,除产生脂肪酸外,还有磷酸、酸性磷酸盐、乙酸、氨基酸等酸性物质积累,令其利用品质和食用品质发生劣变,此时的粮食已不能作为口粮食用了。

储存时间、温度、水分和氧气是影响大米陈化的主要因素。此外,大米的品种、加工精度、糠粉含量以及虫霉危害也与大米陈化有密切关系。具体地说,大米陈化速度与储存时间成正比,储存时间越长,陈化越重;水分大,温度高,加工精度差,糠粉多,大米陈化速度就快。不同类型的大米中糯米陈化最快,粳米次之,籼米较慢。因此,为保持大米的新鲜品质与食用可口性,应尽量减少储存时间,并保持储存空间的阴凉干燥。

淀粉在常温下不溶于水,但当水温在53℃以上时,淀粉的物理性能会发生明显变化,溶胀、分裂形成均匀糊状溶液,称为淀粉的糊化。含淀粉的粮食经加工成熟,淀粉就发生了糊化,而糊化了的淀粉在室温或低于室温的条件下慢慢冷却,经过一段时间,变得不透明,甚至凝结沉淀,这种现象称为淀粉的老化,也称"淀粉的返生"。

面筋及蛋白质的变性是指在热、酸、碱、重金属盐、紫外线等作用下,蛋白质会发生性质上的改变而凝结起来。这种凝结是不可逆的,不能再使它们恢复成原来的蛋白质。蛋白质变性之后,紫外吸收、化学活性以及黏度都会上升,变得容易水解,但溶解度会下降。

三是大豆具有热变性、冷变性、溶解性、吸水性、乳化性、凝胶性等,人们利用这些性质进行食品的加工。大豆中还含有一定量的油质,会使口感润滑、细腻、有香气,否则会令人感到粗糙涩口。

(二)农产品的品质标准分类

据农产品不同的品质标准,我国将农产品大致分成普通农产品、无公害农产品(也称无公害食品)、绿色农产品(也称绿色食品)、有机农产品(也称有机食品)及地理标志农产品。

1. 普通农产品及无公害农产品

普通农产品具有良好的食用品质和商品价值。由于农产品是人们生活中不可缺少的食物，因此它的食用品质是判定农产品品质的首要因素。

农产品的食用品质一般包括它的新鲜度、成熟度、色泽、芳香、风味、质地以及内含营养成分等指标；农产品的商品价值除了它食用品质的高低外，还应包括它的商品化处理水平，在储藏、运输、销售过程中的抗逆性和耐储性，商品的货架寿命等指标；作为原料的农产品，其质量要求除上述有关指标外，还有如含水量、含杂量、加工适应性、有效成分含量等要求。

无公害农产品是指使用安全的投入品，按照国家规定的相关标准和技术规范的要求，在生产过程、产地环境、产品质量方面符合国家强制性标准并使用特有标志的安全农产品。根据《无公害农产品管理办法》（农业部、国家质检总局第12号令），无公害农产品由产地认定和产品认证两个环节组成。产地认定由省级农业行政主管部门组织实施，产品认证由农业部农产品质量安全中心组织实施。无公害农产品生产过程中允许使用农药和化肥，但不能使用国家禁止使用的高毒、高残留农药。无公害农产品的定位是保障消费安全、满足公众需求。无公害农产品认证是政府行为，采取逐级行政推动，认证不收费。

从2017年底到今年，相关部委多次举办会议和发布文件，启动、展开无公害农产品认证改革、农产品合格证制度试点工作，并实施食用农产品合格证制度，其核心内容为：停止无公害农产品认证工作，在全国范围启动合格证制度试行，建立"黑名单"和举报奖励制度，无公害农产品认证权限下放以及无公害农产品产地认定与产品认证合二为一。

2. 绿色农产品

绿色农产品是指遵循可持续发展原则，按照特定生产方式生产，经国家有关专门机构认定，许可使用绿色食品标志的无污染的安全、优质、营养类的农产品。无污染是指在绿色食品生产、加工过程中，通过严密监测、控制，防范农药残留、放射性物质、重金属、有害细菌等对食品生产各个环节的污染，以确保绿色农产品的洁净。

绿色农产品的优质特性主要体现在绿色农产品的产品标准上，主要包括农产品外在的产地环境标准、生产技术标准、储藏运输标准等，还包括产品内在的品质优良、营养价值和卫生安全指标等机动标准上，上述标准对绿色农产品的产前、产中、产后全程质量技术和指标作了明确规定。为实现绿色农产品的可持续生产，构建了一个完整的、科学的标准体系。

绿色农产品分为A级和AA级两个档次。

AA级绿色农产品生产地的环境质量要符合《绿色食品产地环境质量标准》,生产过程中不使用化学合成的肥料、农药、兽药、饲料添加剂、食品添加剂和其他有害于环境和人体健康的生产资料,而是通过使用有机肥、种植绿肥、作物轮作、生物或物理方法等技术,培肥土壤、控制病虫草害、保护或提高产品品质,从而保证产品质量符合绿色农产品产品标准。

A级绿色农产品生产地的环境质量要符合《绿色食品产地环境质量标准》,生产过程中严格按照绿色农产品生产资料使用准则和生产操作规程要求,限量使用限定的化学合成生产资料,积极采取生物学技术和物理方法,保证产品质量符合绿色农产品产品标准。

3. 有机农产品

有机农产品是根据有机农业原则和有机农产品生产方式及标准生产、加工出来的,符合国家或国际有机食品要求和标准,并通过国家有机食品认证机构认证的一切农副产品及其加工品,包括粮食、食用油、菌类、蔬菜、瓜、果、干果、奶制品、禽畜产品、蜂蜜、水产品、调料等。

有机农产品的主要特点是其来自良好的有机农业生产体系。有机农产品的生产过程中不使用化学合成的农药、化肥、生长调节剂、饲料添加剂等合成物质,以及基因工程生物及其产物,而且遵循自然规律和生态学原理,因此有机农产品是一类真正自然、富营养、高品质和安全环保的生态食品。

从本质上来说,绿色食品是从普通农产品向有机农产品发展的一种过渡产品。一是有机农产品在其生产加工过程中绝对禁止使用农药、化肥、激素等人工合成物质,并且不允许使用基因工程技术;而其他农产品则允许有限地使用这些技术,且不禁止使用基因工程技术。二是生产转型方面,从生产其他农产品到生产有机农产品需要2~3年的转换期,而生产其他农产品就没有转换期的要求。三是有机农产品的认证要求定地块、定产量的具体数量控制要求,其他的农产品则没有如此严格的要求。

因此生产有机农产品要比其他农产品难得多,需要建立全新的生产体系和监控体系,采用相应的病虫害防治、地力保护、种子培育、产品加工和储存等替代技术。

4. 地理标志农产品

农产品地理标志,是指标示农产品来源于特定地域,产品品质和相关特征主要取决于自然生态环境和历史人文因素,并以地域名称冠名的特有农产品标志。根据《农产品地理标志管理办法》的规定,农业部负责全国农产品地理标志的登记工作;农业部农产品质量安全中心负责农产品地理标志登记的审查和专家评审工作;各省级人民政府农业行政主管部门负责本行政区域内农产品地理标志登记申请的受理和初审工作;农业部设立的农产品地理标志登记专家评审委员会负责专家评审工作。

农产品地理标志是集体公权的体现,企业和个人不能作为农产品地理标志的登记申请人。使用农产品地理标志,应当按照生产经营年度与登记证书持有人签订农产品地理标志使用协议,并在协议中载明使用的数量、范围及相关的责任义务。

(三)农产品的分级

农产品分级是按产品商品质量的高低划分的商品等级,它是生产者能否将产品投入市场的重要依据,也是经营者进行质量比较和定价的基础。农产品的分级根据事先制定的质量标准进行。

我国制定的食用农产品质量分级标准,主要集中在蔬菜、水果、粮食、畜禽产品方面。在非食用农产品方面主要是棉、麻、羊毛、羽毛绒、烟叶、蚕茧、生丝以及部分林产品标准等。截至2013年12月,我国制定和颁布过的农产品质量国家标准有264项,行业标准532项,这些标准主要以感官指标分级为主,理化指标为辅。粮油及其加工产品质量的标准有285项(25项废止),其中国家标准118项,行业标准167项,其中油料方面有国家标准33项,行业标准34项。因此,从数量上来看,我国制定的标准并不少,且这些标准适用于农产品流通的全过程,即生产者从生产地区开始包装到出售货物,直至消费者到市场购买的零售活动。与国外农产品标准强调分级服务贸易和市场原则不同,我国的农产品质量分级标准大多是为生产服务的生产型标准模式和为贸易服务的贸易型标准模式。

在农产品收购、调拨、储运以及销售的整个商品化过程中,应当严格执行国家对农产品制定的质量、规格标准。农产品标准除了质量标准、环境标准、卫生标准、包装标准、储藏运输标准、生产技术标准外,还包括添加剂的使用标准、农产品中黄曲霉素的允许量标准和农药残留量标准等。农产品标准将会随着科技进步和市场需求变化而不断增删、不断完善。

1. 粮食的分级

粮食的原始品质主要取决于粮食品种、完善粒状态、杂质和水分。为了保障加工产品质量的一致性,更好地进行粮食营销,有必要对收购的粮食进行分级分等,分别管理。不同粮食品种分级依据不同,如 GB 1351—2008 中小麦的分级,如表 5-1 所示。

表 5-1 小麦的分级

等级	容量/(g/L)	不完善粒/%	杂质/%		水分/%	色泽、气味
			总量	其中矿物质		
1	≥790	≤6.0	≤1.0	≤0.5	≤12.5	正常
2	≥770					
3	≥750	≤8.0				
4	≥730					
5	≥710	≤10.0				
等外	<710	—				

注:"—"为不要求,其中容重为定级指标,3 等为中等。

2. 果蔬的分级

果蔬的分级方法有人工操作分级和机械操作分级两种。

人工操作分级又有两种:一是单凭人的视觉判断,按果蔬的颜色、大小将产品分为若干级,这种分级能最大限度地减轻果蔬的机械损伤,但工作效率低,级别标准有时不严格;二是用选果板分级,选果板上有一系列直径大小不同的孔,根据果实横径和着色面积的不同进行分级,这种分级基本能做到同一级别果实的大小一致,偏差较小。

机械操作分级不仅能消除人为的心理因素的影响,更重要的是显著提高工作效率。各种选果机械能够根据果实直径大小进行形状选果,或者根据果蔬的不同质量进行选果,或者是按颜色进行分选。

我国目前果蔬的商品化处理与发达国家相比差距甚大,只在少数外销商品基地才有选果设备,绝大部分地区使用简单的工具,按大小或质量人工分级,逐个挑选、包装,工作效率低。有些内销的产品甚至不进行分级。

我国目前的做法是在果形、新鲜度、颜色、品质、病虫害和机械损伤等方面已符合要求的基础上再按大小进行手工分级,即根据果实横径的最大部分直径,分为若干等级。蔬菜分级通常根据坚实度、清洁度、大小、质量、颜色、形状、鲜嫩度以及病虫害感染和机械损伤等分级,一般分为特级、一级和二级,共三个等级。

如有机瓜类蔬菜产品的采后处理、包装标识、运输销售等应符合 GB/T 19630.1—2011 有机产品国家标准的要求,其中黄瓜采收要求及分级标准如表 5-2 所示。

表 5-2 黄瓜等级划分

等级	要求
特级标准	具有该品种特有的颜色,光泽好; 瓜条直,每 10 厘米长的瓜条弓形高度≤0.5 厘米; 距瓜把端和瓜顶端 3 厘米处的瓜身横径与中部相近,横径差≤0.5 厘米; 瓜把长占瓜部长的比例≤1/8; 瓜皮无因运输或包装而造成的机械损伤
一级标准	具有该品种特有的颜色,有光泽; 瓜条较直,每 10 厘米长的瓜条弓形高度>0.5 厘米且≤1 厘米; 距瓜把端和瓜顶端 3 厘米处的瓜身与中部的横径差≤1 厘米; 瓜把长占瓜部长的比例≤1/7; 允许瓜皮有因运输或包装而造成的轻微损伤
二级标准	具有该品种特有的颜色,有光泽; 瓜条较直,每 10 厘米长的瓜条弓形高度>1 厘米且≤2 厘米; 距瓜把端和瓜顶端 3 厘米处的瓜身横径与中部的横径差≤2 厘米; 瓜把长占瓜部长的比例≤1/6; 允许瓜皮有少量因运输或包装而造成的损伤,但不影响果实耐贮性

农产品标准体系是农业标准体系的重要组成部分,它覆盖了农业、畜牧业、水产业、林业等产品,包括粮、棉、油、麻、果、蔬、茶、肉、蛋、奶、鱼、花、木、竹、皮、毛等内容。

近年来,随着国际贸易的不断深入,人们对健康越来越重视,国家加强了对农产品标准的制定与修订工作,积极为我国农产品分级与标准化提供技术与法律保障,这将有助于加速我国农业产业化发展进程,提升我国农业生产发展水平,提高我国农产品的市场竞争力。

二、农产品整体概念营销

农产品市场营销以满足消费者的需求为核心任务,农业的生产经营活动都是围绕着农产品进行,生产什么,为谁生产,生产多少,这是市场营销中的产品策略问题。营销背景下的农产品不仅仅是个生产过程,更是个经营过程,而农产品正是满足消费者需求、实现生产经营过程的载体,可见,农产品是企业营销活动的主体。其他的各种市场营销策略,如价格策略、分销策略、促销策略、权力营销、公共关系等,都是以产品策略为核心展开的。

随着科学技术快速发展,社会不断进步,市场竞争程度的加深和拓宽,消费者需求日趋个性化、扩大化,对农产品的消费需求除了消费农产品本身、感受其基本食用功能外,还存在对农产品的安全、优质、便利、情感、社会身份等方面的需求。与此同时,农产品的内涵和外延也在不断扩大,农业生产经营者提供农产品时,不但要给消费者提供直接的产品,还要提供与产品相关的有形、无形服务;而在现实生活中,存在许多农产品只注重产品本身的销售,忽视了对消费者需求的深度挖掘,存在与消费者多样化、个性化需求相脱节的现象,这与农业生产经营者没有全面理解消费者对"农产品"需求的多样性有关,没有从营销的角度去理解"农产品"有关。从营销的角度看,产品是指人们通过购买而获得的能够满足某种需要和欲望的物品的总和,它既包括有物质形态的产品实体,又包括非物质形态的利益,这就是产品的整体概念。具体的农产品整体概念主要包括三个层次的概念,即农产品的核心产品、农产品的形式产品和农产品的附加产品。

（一）农产品的核心产品

农产品的核心产品是指消费者购买某种农产品时所追求的基本效用。消费者购买某种农产品,并不是为了占有或获得农产品本身,而是为了获得能满足其某种需要的效用或利益。比如消费者购买鸡蛋,并不是为了占有鸡蛋,而是为了从鸡蛋中获得蛋白质;购买蔬菜、水果是为了获取维生素等。顾客购买的是农产品的营养而不是农产品本身。因此,营销人员的根本任务是向顾客介绍农产品的实际效用。

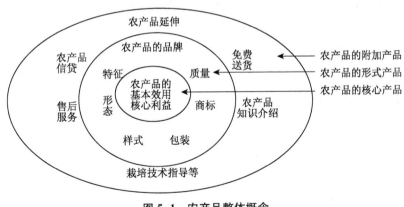

图5-1　农产品整体概念

（二）农产品的形式产品

农产品的形式产品也叫有形产品,是农产品核心产品实现的形式,是向市场提供的农产品外观形式的展示。农产品的外观形式就是农产品的市场形象,由农产品的质量、特征、形态、样式、品牌、商标和包装等要素组成。

农产品的基本效用必须通过其外在形式才能实现。如彩色迷你南瓜、五彩辣椒、樱桃番茄等的出现,打破了人们对传统农产品的认识,这些农产品在外观形状等方面进行创新后,使得产品色彩斑斓、口味纯正,深受消费者欢迎,尽管价格高但销售却很好。

(三)农产品的附加产品

农产品的附加产品又称延伸产品或利益产品,是指消费者在取得农产品或使用农产品过程中所能获得的形式产品以外的利益,是顾客需要的产品延伸部分和更广泛的服务。它包括提供农产品的信贷、免费送货、保证售后服务、农产品知识介绍、栽培技术指导等。

随着生活水平的提高,人们对农产品的需求日益多样化、个性化,从而对各层次意义上的农产品要求更高。首先,消费者购买农产品追求的核心利益是能够买到营养价值高、口感味道好、卫生安全性强以及无污染的优质绿色产品。其次,农产品的质量、特性、包装、品牌等形式特征也是农产品能否畅销的重要因素。最后,良好的服务是整体产品中日益重要的一部分。加强农产品服务,不仅能增强农产品的竞争力,而且能提高农产品的附加值。

农产品的整体概念营销是在保证核心产品的基础上,以低档廉价产品来吸引顾客,以高档名牌产品来树立声誉,以不同产品组合构建产品线,在流通环节中通过产品准确定位,运用商标、品牌、包装等措施和手段来满足消费者的需求,为其提供优质服务,从而在市场竞争中获得优势。农业生产经营者必须树立农产品整体概念。农产品整体概念营销是在市场经济条件下对农产品概念的完整、系统、科学的表述,它是以消费者基本利益为核心,指导整个市场营销管理活动,是农产品生产经营企业贯彻市场营销观念的基础。

【随堂测试 5.1】

以一农产品为例,从产品整体概念角度分析,指明其三个层次各是什么。

三、农产品创新

创新是企业的灵魂,未来企业与企业之间比拼的关键将是产品的创新。谁能持续创新出有顾客需求、高品质的新产品,谁就可以赢得市场先机。德鲁克说,企业唯一的目的是创造顾客。产品是顾客价值的载体,通过产品创新去创造顾客价值,这是创造顾客最重要的手段。如今,我国农业资源日益受限,农业发展受到资源瓶颈的制约,企业要突破资源有限的瓶颈,突破竞争的困扰杀出重围,获得生存和发展的资质,唯有创新出"差异化、有价值"的新品。

产品的创新可分为全新产品、革新产品、改进产品和创建新品牌的产品。农产品创新是农产品畅销的源泉,在农产品市场日趋成熟、信息化程度不断提高、农业科技渗透到农副产品生产各个环节等新的大农业环境下,市场上农产品琳琅满目、种类繁多,总体上供大于求,但又缺乏质优价廉的农产品,农产品市场呈现出结构性过剩与结构性不足共存的现象。要想解决农产品供求的结构性矛盾,就必须了解市场需求,改变传统的思维和种植习惯,不断进行农产品的创新。

根据上述农产品整体概念营销思维,所谓农产品创新是指农产品整体概念中所包含的核心产品、形式产品和附加产品三个层次中任何一个方面的改进和创新。如在农产品的核心产品层次,主要是农产品的功能、基本功效等方面,要注重农产品的品质提升,从改进农产品的口味、品质方面着手。而在农产品的形式产品上,它涉及农产品的品牌、包装、外观等内容,这就要求我们要从农产品的形状、大小、颜色、包装、品牌等方面进行改进创新,如日本培育出的方形西瓜,就是从西瓜产品的形式上进行的创新;观赏农产品在节假日出现的形式各异、千姿百态的摆放也是从产品的形式上进行的创新。在农产品的附加产品上,涉及额外增送的利益,这就要改进农产品的服务,如免费运送产品、免费赠送产品的种植技术等。

可见,农产品的创新并不是一定要开发新的产品、品种等,而是要以消费者的需求为出发点、中心点和归宿点。只要消费者需要的、消费者喜欢的,就是农业生产经营者应该努力和创新的方向。

(一)农产品创新方法

一般而言,农产品的创新由于其产品具有同质性特征,使得很难在短时间内进行产品的品种创新。结合农产品的特质,农产品的创新可以从以下几个方面进行:

一是功能上的创新。随着社会经济发展,人们生活水平的提高,人们更加注重健康养生,注重营养保健,对农产品的需求也转向健康保健型的农产品需求。人们现今对五谷杂粮等粗粮的消费需求增加就是最好的体现,如南瓜可减轻脑血管硬化;红薯可以增强肠胃蠕动,增强免疫力,防治肠道疾病。

二是形式上的创新。消费者对新奇产品都有一定的好奇心与满足感,我们可以从产品的外形上对其进行改变。如现在带有图案或文字的苹果、迷你黄瓜、特小凤袖珍西瓜等,就是在农产品形式上的创新。

三是服务上的创新。这是在给消费者提供产品之外,给消费者提供额外的服务,让消费者感受到物超所值。如现在买米时,一般米是20斤一袋,此时的卖家就会给消费者提供免费送米上门服务;又如现在卖菜时,有许多菜都是经营者经过分级、洗净甚至包装好后再出售的,实现了服务上的创新,能够吸引许多的回头客。

(二)农产品创新的策略

随着人们生活水平的提升,人们对农产品的品质要求也越来越高,农产品生产经营者应该不断地进行农产品创新,满足消费者的需求,提供优质、健康的农产品。大体的策略有以下几种:

① 优质化。优质优价,引进、选育和推广优质农产品,以质取胜。

② 多样化。多品种、多规格、小批量、大规模。满足多层次的消费需求,开发全方位的市场,化解市场风险,提高综合效益。

③ 错季化。反季节供给,高价位赚取利润。实行反季节供给,一是通过设施化种养,使农产品提前上市;二是通过贮藏保鲜,延长农产品销售期,变生产旺季销售为生产淡季销售或消费旺季销售;三是开发适合不同季节生产的品种,实现多品种错季生产上市。

④ 净菜化。半成品净菜、半成品家禽越来越受欢迎,且价值较高,市场空间很大。

⑤ 自然化。回归自然,搞好地方传统土特产的开发,发展品质优良、风味独特的土特产品,以新、特、优产品抢占市场、开拓市场,不断适应变化着的市场需求。

⑥ 绿色化。绿色农产品不仅有利于健康,还能改善生态环境,应大力发展绿色、有机农产品。

⑦ 品牌化。要树立品牌意识,一是以质创牌,二是以面树牌,三是以名创牌,四是以势创牌,以名牌产品开拓市场。

【小思考5.1】

如果把我国的农产品质量分级做好了,是不是就不需要按农产品品质标准对其进行分类了?为什么?

第二节　农产品的品牌营销

一、农产品品牌

随着市场经济的发展,经济全球化进程的不断加快,企业竞争十分剧烈,特别是在产品同质化现象严重的今天,消费者对产品的满足不仅仅只限于产品的质量与功能,他们更追求自我,追求个性,突出差异化。如何针对消费者的特点,在竞争中找到企业自身的突破点,让顾客忠于企业的产品是企业急需解决的问题,企业的产品品牌建设正好解决了上述问题。

（一）农产品品牌概念

品牌是用以识别某个销售者或某群销售者的产品或服务,并使之与竞争对手的产品或服务区别开来的商业名称及其标志,通常由文字、标记、符号、图案和颜色等品牌的元素来组合构成。在食品安全问题十分突出的当今社会,消费者更加注重农产品的品质,农产品品牌是农产品营销的延伸与运用,是农产品经营者及其产品产地和质量的识别标志,代表着农产品经营者的信誉及其对消费者的承诺,所以,提升农产品的品质,提高农产品市场竞争力的重要途径就是实施农产品的品牌战略。

农产品品牌与工业产品有一定的不同,它更注重产品的产地、品种、质量等要素,以名称、商标、包装、广告、个性价值等表现形式与竞争产品相区分,来帮助消费者识别和购买。农产品品牌是由农产品的内在属性、文化价值、营销沟通、渠道配送、售后服务等要素综合而成,是竞争对手难以效仿的市场竞争力和便于消费者识别的统一体。

品牌则植根于广大消费者心中。品牌不仅仅是一个名称和标志,还是产品和服务在市场上通行的牌子,有着丰厚的内涵,它强调与产品及其相关的质量、服务等之间的对等关系,蕴含着生动的精神文化层面的内容。品牌体现着人的价值观,象征着人的身份,抒发着人的情怀。品牌巨大的价值及市场感召力来源于消费者对品牌的信任、偏好和忠诚,如果一个品牌失去信誉,失去消费者的信任,就一文不值。例如,秦池、春都就是因为产品质量问题,失去了消费者的信任,结果虽然它们曾经风光一时,但最终难逃很快覆灭的厄运。品牌经营实质上是在建设一座"立于现在、功于未来"的商业信用宝库。例如可口可乐的品牌内涵远不止是"可口可乐"

这几个字构成的标志和名称,它体现着美国几代人"乐观向上"的美国文化;奔驰则象征着拥有者的"成功和地位",这些品牌商标也都受到本国法律的保护。

(二)品牌的功能

一般来说产品的品牌是能够为企业的发展带来超额经济效益的,一个品牌通常应具备如下基本功能。

1. 识别功能

这是品牌最基本、最原始的功能。在产品消费同质性很高的竞争时代,品牌代表着产品的品质、特色和承诺,代表着一定的质量和服务水平,使其与竞争对手的产品发生自然差异,具有不可替代性与专用性的特征,成为产品差异化的重要手段。消费者能够根据自己的经验和收集到的信息,简单识别其他企业的同类产品,重复购买某个品牌,形成消费者的品牌忠诚度,稳定品牌消费者群与产品的市场份额,保障产品不被其他同类产品替代。品牌已成为现代社会一个强有力的营销工具,未来的市场营销是拥有市场比拥有工厂更重要,而拥有市场的最佳途径就是拥有具有市场优势的品牌。

2. 稳定功能

在竞争激烈的市场条件下,品牌代表着它能够提供稳定的产品服务与质量,也不会随意地降低产品的服务或质量,这是品牌给予消费者的承诺及其产品的魅力所在。同时品牌产品价格可以不与其他同类产品的价格相比较,它可以自主地确定较高的产品价格,并保持价格的长期稳定,不随市场的变化而变化,以维持较高的市场收益率。

3. 促销功能

企业宣传品牌,远比宣传企业名称和产品质量更为方便。品牌是产品品质、特色、档次的象征,是消费者选择商品的主要依据。品牌还有助于人们建立起对企业产品的印象,在实际生活中,有的产品人们可能不知其生产者,但却知道其品牌的名称和品牌标记,特别是在新产品进入市场时,依据品牌效应可以在短时间内获得消费者认同,减少市场开发费用,有效提高新品在市场上的成功率。如"娃哈哈"这一品牌成功地延伸到了该公司生产的八宝粥、果奶、纯净水等产品上,使其一下就拥有了稳定的消费者群,取得了较好的市场效益。可见,品牌最大的作用是能够促进销售,销售业绩的扩大又会促进品牌价值的提升,从而进一步促进产品销售。

4. 增值功能

品牌作为一种无形资产,随着企业规模的扩大,市场占有率的提高,产品知名度、美誉度和忠诚度的提升,消费者对品牌的认可,价格的高低对消费者来说就会显得次要,消费者愿意花更多的钱购买该品牌,享受该品牌带来的个性化的服务。好的品牌产品附加值很高,即使在市场不景气时一样不用担心亏本。如"壹号土猪"即便在猪肉市场价格低迷时,同样能卖到超过一般猪肉一倍以上的价格。这就是消费者对该品牌产品价值的认同,品牌本身的价值也会溢价增值。

一般而言,产品都有一个生命周期,会经历从投放市场到被淘汰退出市场的整个过程,包括投入、成长、成熟和衰退四个阶段。但是品牌却不同,它会超越生命周期。品牌一旦拥有一定的知名度,拥有一定数量的忠诚"粉丝",其领导地位就可以经久不变,即使其产品已历经改良和替换,品牌都可以超越,从开始依附在产品身上慢慢地发展到从具体的产品中相对独立开来,使消费者长期保持对它的认同和偏好,形成品牌的无形资产。农产品是大众日常消费品,市场竞争较大,其同类产品及其供货商、销售商众多,产品的种类、价格、质量、标准也各不相同,面对如此众多的农产品供货商,消费者一时无法通过比较来准确判断产品的好坏。有了品牌,就能缩短消费者的购买决策过程,减少消费者的选择成本,让生产者在众多的产品中更具有特色,更容易被选择,更具有市场竞争力。我国不少地方特色农产品在今天的市场竞争中依然有品牌优势,如"碧螺春"茶叶、"阳澄湖"螃蟹等品牌。

(三)品牌基本要素

品牌要素是指那些用以标记和区分品牌的商标设计,是独立于产品及其营销方案的决策之外,却对营销方案的实施效果能够产生重大影响的品牌元素。一般来说,每个品牌都具有以下基本要素:

1. 名称

"词有其意而名有其力",品牌名称是品牌的核心要素,它简洁地反映了产品本质,使消费者对其产生关键的联想与定位。理想的品牌名称应该做到记忆方便,能够体现产品类别及特质、优点等具有准确的定位性说明的内涵;具有个性化的价值取向,呈现特定的文化内涵;有趣味,富有创造力,易于向更广泛的产品种类和地域背景转换;含义持久,在法律和竞争上都能获得强有力的保护。根据这些要求,品牌命名时应遵循以下要求:

首先,品牌名称简明朴实、易读易写。名称易读性是人们口口相传的关键,而口口相传对于建立某种记忆联系是十分有价值的。比如"太太"口服液这个名称就比较符合这样的要求,它满足了许多中国已婚女性潜在的心理需要——希望自己成为一个雍容华贵的太太,并且在发音上也朗朗上口,易于被大多数消费者接受和传播;还有如"方太"厨具满足了中国家庭贤妻良母的形象需要。这些品牌能在当今激烈的市场竞争中脱颖而出,获得极大的成功,它们依据人们"趋易避难"心理的命名,是品牌成功的主要因素之一。

其次,品牌名称应亲切熟悉并且富有含义。对于自己熟悉的东西,消费者总会很容易地记住并很随意地传播出去。为什么每年的春节晚会上赵本山的小品台词总是那么快地在全国范围内传播开来?就是因为他所表演的东西就是我们的日常生活,他的经典"语录"本身就存在于我们的潜意识之中。在这个方面,"娃哈哈"是个比较成功的案例,这个名称既通俗易懂,又雅俗共赏,消费者一眼就明白它代表了儿童需求,很容易让人联想到快乐无忧的年少时光,也隐含了作为家长希望自己的孩子快乐成长的心愿,这些因素为其在国内成功传播奠定了良好的认知基础。当然在品牌名称中也可以加入一些抽象信息。比如"联想"电脑、"雕牌"洗衣粉等等,这些品牌名称与产品的功能性毫不相干,但都取得了不错的传播效果。这些品牌名称都是消费者所熟悉的事物或者经常用到的词汇,都符合简洁明了的命名原则。

2. 标识与图标

品牌标识和图标属于品牌视觉感知,选择一个恰当的品牌标识、符号或者字符对于品牌的推广与传播具有重大作用。标识有几种形式,一种是文字标识,即采用独特的文字形式书写的标识,比如可口可乐标识、联想品牌标识、美的品牌标识等,都采用这种形式。还有一种是抽象标识,这种标识可能与公司名称或公司从事的活动毫无联系,比如梅赛德斯的星星、劳力士的皇冠、海尔的海尔兄弟标识等等,这些没有文字的标识通常称为图标。抽象标识有利有弊,标识抽象一些显得独特,进而也容易被识别,但抽象标识缺乏具体标识所体现的明确含义,所以,要结合营销宣传来解释抽象标识。如海尔集团就曾采用动画片的形式来推广其海尔兄弟的品牌标识,效果明显。更多的标识则介于这二者之间,由文字与图标组成。品牌标识往往被设计成图标,用来强调和修饰品牌。相对于品牌名称而言,标识和图标具有3个优点:一是容易识别,标识和图标具有视觉印象的特性,是表明产品的有效方式;二是有效的传播渗透,这是由其非语言的性质所决定的,使得标识能够通畅地进行跨文化传播渗透;三是易于修改,标识可以在运用一段时间之后进行适当的修正,加入一些时尚性因素,紧紧跟随时代步伐,而品牌名称一般是固定不变的。通过品牌标识,凭借其内在含义和支持它的营销计划来激发人们的联想,即使较为抽象的标识,都可以改变消费者对公司的感知和理解,获得不同的评价。

3. 形象代表

形象代表是品牌图标的一个特殊类型,往往取材于人类本身或现实生活。品牌形象代表有许多不同形式,可以是某种动画人物,如海尔兄弟、北京奥运会的福娃系列卡通形象等;也可以是活生生的人物,比如万宝路牛仔、麦当劳叔叔、肯德基上校、康师傅等;也可以是某种动物,如七匹狼、雕牌、标致的雄狮形象等。形象代表通常通过广告展现,在广告和包装设计中起了非常重要的作用,它们往往色彩丰富,充满想象力,容易激发人们的兴趣。品牌形象在建立品牌认知方面有着巨大的影响,让消费者容易产生丰富的想象。

品牌形象代表一般包含两方面的含义:一方面是品牌形象的有形内容,代表着"品牌的功能性"形象,体现着品牌产品或服务具有的基本功能。例如,洗衣机具有洗衣的功能,可以减轻家庭成员洗衣的负担;照相机具有留住人们美好瞬间的功能等。有形内容是品牌形象最基本的内容,它能把产品或服务提供给消费者的功能性满足与品牌形象紧紧联系起来,使人们一接触品牌产品,便自然将其功能性特征与品牌形象有机融合起来,形成感性认识,形成品牌形象的基础,这就是消费者偏好形成的基础条件。另一方面是品牌形象的无形内容,主要指品牌的独特魅力,是营销赋予品牌的、并为消费者所感知和接受的品牌个性化特征。随着社会经济的发展,商品的极大丰富,人们的消费水平和消费需求也不断提高,人们需要商品带来更多的无形感受和精神寄托,品牌形象的无形内容则迎合了人们的消费心理,满足了人们身份、地位、情感等个性化要求。比如七匹狼品牌所传递出的强势狼性文化,在现代竞争激烈的中国社会中很容易被大部分有理想、有抱负、有野心的男性所接受,其一系列男性服饰受到消费者的极大青睐,取得了良好的市场业绩。

4. 广告语

广告语是用来传递品牌的描述性或说服性信息的短语。广告语能帮助消费者抓住品牌的含义,了解该品牌是什么,有哪些特别之处,迅速地实施品牌宣传,有效地建立品牌资产。广告语除了在广告中出现,在产品包装和营销方案中也发挥着重要的作用。比如2003年3月伊拉克战争爆发期间,统一润滑油抓住中央电视台所进行的前所未有的大规模直播报道的机会,迅速出击,推出"多一些润滑,少一些摩擦"的经典广告,形成了空前的品牌影响力,也为统一润滑油带来了优秀的销售业绩。广告语有多种不同的方式设计表达,可以通过各种不同的语言组合进行。有的广告语比较含蓄委婉,比如飞亚达手表的广告词"一旦拥有,别无所求";有的比较坦白直接,比如脑白金的广告词"今年过节不收礼,收礼只收脑白金";有的广告语结合品牌名称来加强认知,比如才子男装的广告"煮酒论英雄,才子赢天下";有的广告语则直接把一个品类和品牌紧密地联系在一起,比如"果冻布丁,喜之郎";有的则和某种特殊的感情联系起来,比如"水晶之恋,一生不变"的果冻广告;有的广告语则把产品与使用感受联系起来,比如"晶晶亮,透心凉"的雪碧,"农夫山泉,有点甜"的农夫山泉等,这些广告语对品牌形成了空前的影响力。

广告语作为品牌要素之一,在运用一段时间后,要结合时代与消费特点进行适当的修改与变动。但过于频繁变动或者一成不变都是不可取的。广告语在修改时要注意:首先,要分析广告语是通过何种方式来加强品牌认知和提升品牌形象的,这种方式是否依然有效;其次,确定在多大程度上还要加强此种认知;最后,要尽可能多地保留广告语中有价值的成分,同时注入所需要的新含义,增强对品牌的认知。在大多数情况下,对现行广告语进行适当的修改可能比引入一个全新的广告语更有效。

5. 包装

"买椟还珠"说明产品的包装设计由来已久,现代社会,包装已成为品牌产品的重要组成部分,融汇了品牌的品位和文化的感性信息,能够激发消费者强有力的联想。为了实现营销目标,满足消费者的欲望,品牌包装要满足美学要求,在包装的尺寸、形状、材料、颜色、文字和图案等方面应符合当代人的审美观点,要具有时代气息,给消费者带来精神上的愉悦。品牌产品包装与普通产品的最大差异不在于包装形式上的变化,而是在于包装设计是否融汇了品牌品位和文化。

品牌要素构建起了品牌特征,品牌特征反映了所有品牌要素对品牌认知和形象的贡献,要素是基础,品牌是终点,品牌的创建与品牌要素有着密不可分的关系。品牌每个要素的融合匹配,使得彼此之间能够衬托呼应,优势互补,彰显品牌的独特魅力与传播效果。品牌要素的科学构思和取舍,既能加强品牌认知,又可促成消费者形成强有力的、独特的品牌联想,提升消费者对品牌的正面认可,是品牌保持基业常青的关键,对于品牌的成长壮大具有重要意义。

【随堂测试 5.2】

以某一农产品品牌为例,对其进行分析,说明其品牌内涵。

二、农产品品牌塑造

美国营销学权威菲利普·科特勒认为,品牌是一种营销沟通的手段或工具,塑造品牌将使营销沟通更为有效。品牌所传达的产品信息是立体的、全方位的,主要包括产品的品牌识别、品牌形象与品牌个性。品牌识别将品牌与其他企业生产的同类产品区分开来;品牌形象则表明了品牌的价值与服务的水平;品牌个性则是品牌的独特性的体现,是消费者对品牌独特文化的认知归属。品牌形象是品牌个性的载体,品牌个性是品牌形象的灵魂。在现代市场竞争的环境下,品牌塑造的重要性和紧迫性使品牌成为企业发展的必备武器,成为促进市场规范的有力手段。

目前,在我国农村的非规模化、分散化、非集约化的小农生产模式下,农户热衷于追求产量的提升,在生产中过度使用农药、施用过量化肥,使得农产品的质量存在严重的缺陷,农产品的高价、低质、假冒伪劣现象层出不穷,食品安全问题时有发生。这与农产品企业或农产品种植户缺乏品牌产品、缺少内部约束、生产行为短期化、机会主义盛行有关。截至 2014 年底,全国共有绿色食品企业 8 700 家,产品 21 153 个;认证有机产品企业 814 家,产品 3 342 个;无公害农产品认证产品达 7 万多个,农产品地理标志登记总量达到 1 588 个,品牌标准化程度显著提升,但能够走出国门的品牌农产品却是少之又少,与我国地大物博的丰富农业资源国地位很不相称。农产品的品牌正日益成为现代企业核心竞争力,蕴含着巨大的经济价值和竞争优势,建设自主农产品强势品牌已是大势所趋。一般来说,农产品品牌塑造的主要内容如下:

(一)清晰准确的品牌定位

因为当今消费者的消费偏好越来越个性化,企业所面临的市场也是越来越细分化,为此企业必须选择特定的消费者群体作为自己的客户,或者某一产品选择特定的消费者群体作为自己的客户,通过市场定位,向消费者清晰地传递产品品牌信息,使品牌的价值特征和宣传点符合消费者的购买动机。如德国奔驰与宝马同属高级车,但定位是各有特色,奔驰品牌注重理性实用,承诺"使搭乘者无论坐在前位还是后位,都会觉得安全舒适",因此备受各国稳健持重的人士青睐;宝马品牌强调的是"赋予驾驶的愉悦",强调感性、浪漫的色彩,由此赢得了众多年轻消费者的好感。通过清晰的品牌定位,两个品牌都独具魅力,成为当今世界的著名品牌。

(二)一流的质量保障

这里的质量是一个相当宽泛的概念,包括产品品质、配送、售后服务的质量等要素,以及能够满足客户潜在心理需要及期望的能力。企业在塑造品牌时,一定要树立强烈的质量意识,把产品质量放在首位,严格质量管理;建立以质量否决权为主的奖惩考核制度,完善产品设计监控网络,实行全过程、全方位的质量安检制度;以一流的技术,保证一流的产品;按照质量体系列标准组织生产,使产品符合国际标准。对于农产品企业,农产品的质量品质要优,在满足消费者的功能需求基础上,还要考虑产品的特色与营养,满足消费者感官、个性化等方面的要求。农产品的品质已成为农产品品牌诸多要素中最基本的要素,农产品品牌必须要能提供消费者所期待的稳定的、有效的、优良的产品品质,从而丰富消费者心目中的品牌印象。

（三）较高的知名度

俗话说"好酒不怕巷子深"，但是，在现代竞争激烈的市场条件下，企业要想塑造成功的品牌，高知名度是必不可少的要素。一个产品再好，没有好的宣传和促销策略，没有对品牌内涵的精辟分析和对客户的到位宣传，是难以提高知名度的，即使其他要素再好，也难以成功。通过对品牌内容宣传强化，可以使品牌的特色内涵等印象深刻地烙印在客户的脑海中。广告不失为目前营销中提高产品知名度最常见、最有用的一种方式。

（四）畅通的销售渠道

农产品的生物学属性本身要求其营销渠道高效通畅，营销中的畅通渠道能够方便客户购买或享受服务，无形中能够起到排斥其他竞争对手的效果。农产品企业要基于信息科技，满足竞争激烈、瞬息万变的市场，实现销售渠道的网络化与即时化，打造畅通的销售信息渠道，创新营销模式，缩短流通环节，提高效率，降低成本，使农产品能够以最快速度到达消费者的手中。

品牌是企业及其产品各方面信息的综合体，是企业产品整体形象的高度集中反映与典型体现。品牌只有注入具有生机的个性，在同类产品中具有自己的特色，才有可能抓住消费者的心理，获得市场的认同。品牌起名和标志设计只是品牌建设的基础，要塑造一个卓越品牌，必须要完成产品的品牌调研诊断、品牌规划定位、品牌传播推广、品牌调整评估等各项工作，还需要提高品牌的知名度、美誉度、忠诚度，积累品牌资产，并且年复一年，持之以恒，进行必要的维护与更新，坚持自己的品牌定位，信守对消费者所作的承诺，才使品牌形象深入人心，历久不衰。

【随堂测试5.3】
我国农产品品牌塑造的主体应该是谁？为什么？

三、农产品的品牌经营

农产品品牌在使用过程中，根据企业经营的目标，农产品品牌经营的基本前提与直接结果就是要对品牌进行科学的定位，具体的品牌定位主要有以下几种策略：

（一）无品牌的农产品营销

历史上，许多产品都不用品牌，生产者和中间商直接从桶、箱子等容器内取出产品销售，产品上也没有用于辨认的凭证。随着商品经济的日益发展和商品的不断丰富，现在无品牌的产品已经越来越少，像水果、蔬菜、鸡蛋和肉类制品等过去不使用品牌的产品，现在也开始使用特色包装，冠以品牌出售，以获得品牌化的收益。

但是,这并不意味着现代市场上所有的商品都应建立品牌。对于某些产品,如果使用品牌对识别商品、促进销售的作用不大,就可以不使用品牌。因为在获得品牌带来的好处的同时,建立、维护、保护品牌也要付出巨大的成本。不使用品牌的产品一般有生产简单、选择性不大、一次性或临时性生产、产品质量差异不大等特征。

(二) 统一品牌或多个品牌营销

根据经营主体的不同情况,企业生产的各种不同产品可以使用一个统一的品牌,也可以使用不同的品牌进行营销。统一品牌,即所有产品都使用一个品牌,可以利用已经成功的品牌推出新产品,容易使消费者产生信任感,节约建立品牌的费用。需要注意的是,只有在该品牌已经在市场上享有较高声誉,而且使用该品牌的各种产品质量相同时,才能使用这一策略。个别品牌,即各种不同的产品使用不同的品牌,其优点是能严格区分不同质量水平的产品,便于消费者识别和选购所需要的产品,当个别产品出现信誉危机时,对其他产品的信誉影响较小,缺点是费用较高。另外还有分类品牌。使用这种策略一般是为了把各个不同大类的产品区别开来,同时,可以兼具统一品牌和个别品牌的优点。还有一些企业将企业名称与个别品牌名称并用,即在个别品牌名称之前冠以企业名称,其优点是既可以使产品能够借用企业已经建立起来的信誉,又可以反映每一种产品的特色。

(三) 品牌扩展营销

品牌扩展指将成功品牌推广使用到新产品或改进产品上。这样可以节约大量的新产品促销费用,产品也能迅速地得到市场认可;但是,如果新产品或改进产品不能令顾客满意,则会影响品牌的信誉。

(四) 品牌重新定位营销

品牌重新定位是指改变或调整品牌在市场上的初始定位。一般来说,如果品牌的初始定位错误,或者虽然品牌的初始定位正确,但是后来由于市场环境变化,如竞争对手品牌定位接近本企业品牌定位、消费者偏好转移等,导致本企业产品市场份额下降,这时就有必要对本产品的品牌进行重新定位。

(五) 品牌归属不同主体营销

使用品牌,要决定品牌归谁所有,一般有三种选择:一是使用生产者自己的品牌,从传统上来看,绝大多数生产者都使用自己的品牌;二是使用中间商的品牌,随着现代商业的发展,一些实力雄厚、信誉很高的大型零售商和批发商,为了取得更大的利润,也纷纷建立自己的品牌,当生产者在自己不熟悉的市场上销售产品,或者自己的市场信誉远不及中间商的信誉时可以考虑使用中间商的品牌,以增强自己产品的市场竞争力;三是混合品牌,即混合使用生产者品牌和中间商品牌。

【随堂测试 5.4】

列举几种品牌经营策略,并说明它们分别被哪种农产品所采用。

【小思考 5.2】

我国农产品品牌经营中的最大瓶颈是什么?如何去改变它?

第三节　农产品的包装营销

一、农产品包装

(一)农产品包装概念

从字面意义上讲,"包"就是包裹的意思,是用特定的材料把东西包裹起来,其目的是使东西不易损坏又方便运输。"装"就是装饰的意思,就是把物品包裹并装饰起来,指事物的修饰点缀,是对包装好的东西用不同的手法进行美容装饰,使包装的产品看上去更加漂亮。产品包装起源很早,最初人们只是使用芦苇叶、竹筒、兽皮等包装商品,现在产品包装已成为整体产品的一个重要的组成部分,具有保护商品、传达商品信息、方便使用与运输、促进销售、提高产品附加值等功能,是产品营销策略的重要内容,绝大多数产品经过包装后生产过程才算完成。在当今社会,厂家对产品包装设计要求更严格,目的是为了占有市场,从各个方面吸引大众的眼球,达到扩大销售的目的。

所谓农产品的包装是指采用适当的包装材料、容器和包装技术,对农产品实施装箱、装盒、装袋、包裹、捆扎等包裹方式,使农产品在运输和仓储过程中避免碰撞、破坏价值、减少损失,保持产品原有功能或营养价值状态。

农产品的包装按其在流通过程中作用的不同,可分为运输包装和销售包装。运输包装又称为外包装或大包装,是指产品最外面的包装;销售包装则又称内包装或小包装,是随产品进入销售环节并与消费者直接接触的内层包装。

随着包装在农产品上的运用与发展,目前农产品包装已成为我国农产品在市场流通与营销实践中赢得竞争优势的一种重要手段。但由于对包装认识的不同,我国农产品包装主要有两种发展方向。其一是豪华包装,过高地估计包装的作用,认为"货卖一张皮",只要包装好,东西就不愁卖,甚至出现一些包装挺好看,而里面的农产品质量并不好的情况,在一定程度上直接影响着农产品的销售。其二是与之相反的不注重包装,认为只要农产品质量好,包装无所谓。如我们经常在收获的季节,看到橘子、柚子等水果零散地堆放在路边,或以印刷粗糙、简单的纸箱包装,以低廉的价格出售。

由于我国农产品的包装规模化和集约化程度不高,"一等产品,二等包装,三等价格"的状况始终没有得到彻底改变。俗话说"好马配好鞍",一些好的农产品由于没有配上科学得体的包装,也就无法实现增值作用。农产品经营者须充分考虑农产品的生物学属性、销售市场的特点、消费者的消费心理等因素,使包装与农产品完美地结合,以实现开拓销售市场、提升农产品档次和在国际市场上的竞争力、提高经济效益的目标。

(二)包装作用

包装是整体产品的重要组成部分。特别是随着新零售的发展,出现了消费者自助服务的销售模式,在没有销售人员的特别推销时,农产品的包装就成了"无声的推销员"。人们第一眼看到的往往是产品的包装,所以,农产品的新颖包装能够吸引消费者的眼球,从而增加农产品的出售率。

随着市场经济的发展、消费新观念的形成,包装的重要性逐渐地被我国企业所认同。

具体地说,农产品的包装具有以下四个方面的作用。

一是保护产品。保护产品是包装的原始功能。在农产品转移到消费者手中,以及被消费者消耗的过程中,良好的包装可以防止产品毁损、变质、散落等。

二是便于储运。不少农产品没有固定的形状或形状特殊,不包装则难以进行储存和运输。有些液体的农产品,如果汁、牛奶等,必须有严格的包装才能储运。此外,整齐的包装可以方便储运时的点检等管理工作。

三是促进销售。包装已被越来越多的厂家用于产品促销。通过包装,可以改进产品的外观形象,提高顾客的视觉兴趣,便于消费者携带,促进消费者的购买。同时利用包装上的说明,能够增进消费者对产品知识的理解。包装是一种少花钱或不花钱的广告载体。

四是增加盈利。良好、美观的包装可以提升农产品的身价,使消费者愿意以较高的价格购买,随着生活水平的提高,这种趋势在不断上升。同时,由于包装完好可以减少产品的毁损、变质等损失,等于为企业节省了成本,包装材料本身也包含着一部分的利润。

【随堂测试 5.5】
以自己家乡某一知名农产品为例,分析其包装情况及在营销中的应用。

二、农产品的包装设计

包装是现代产品的重要组成部分,是经营活动的重要内容,是产品进入市场之前的最后一道工序。包装通过保护商品、方便流通、宣传商品、塑造商品形象、增强产品美感来改变消费者的需求偏好,增加商品的销售量和市场占有份额,为产品创造更多的商机。随着农产品市场的不断发展,同类产品的差异性减少,品牌之间使用价值的同质性增大,任何一种产品都会有很多生产者生产销售,产品使用价值的可识别性差异越来越模糊。为了通过有效的包装塑造产品形象,延长产品货架寿命,提升产品附加值,进行农产品的包装设计就显得十分必要了。

(一)农产品包装设计的内容

包装设计作为人类智慧的结晶,广泛应用于生产、生活中。时至今日,包装已不仅仅停留于保护商品的层面,它还给人类带来了艺术与科技完美结合的视觉愉悦以及超值的心理享受。包装由标示产品信息的标签和包装容器两个部分构成,它是标签的载体和外在体现,在进行包装设计时要将产品的信息标签和包装容器融合起来,将产品带给消费者物质与精神的利益需求用文字与图像清晰地表达出来。

我国农产品包装与农产品的发展十分不相称,简陋、低档的包装制约着农产品在市场流通过程中销售量的增加,降低了优质农产品的附加值,对农产品进行包装优化设计,具有很重要的现实意义。农产品包装的改进,必须在材料选择、包装设计上充分考虑农产品特性、销售市场特点、消费者心理等因素,使包装与产品完美地结合,提升产品的竞争力与附加值,达到促进销售的目的。一件成功的包装设计,除了能充分体现商品和艺术完美结合的理念,还应具备货架印象、可读性、外观图案、商标印象、功能特点说明等五要点,具体的农产品包装设计主要包含以下四方面内容:

1. 外形

外形就是商品包装展示面的外形,包括展示面的材质、大小、尺寸和形状,具体包括造型与色彩两部分内容。其一,包装设计外形的造型要能准确地传达商品内容,要与所选择的包装材料相符合,并符合农产品在包装上要满足的保护性、安全性与方便性的基本要求。其二,色彩是突出和美化产品的重要因素,在包装设计中占据着重要的位置,色彩的运用与整个画面设计的构思、构图紧密相联。包装设计中的色彩要求醒目、对比强烈,有较强的吸引力和竞争力,以激发消费者的购买欲望,使产品品牌形象深入人心,发挥促进销售的作用。

2. 构图

构图是将商品包装展示面的商标、图形和文字组合排列成完整画面,它们构成了包装设计的整体效果。商品包装设计构图要素中的商标、图形、文字和色彩运用得正确、适当、美观,就能得到优秀的设计作品。首先,图形的设计至关重要,图形主要指产品的形象及其辅助装饰形象等,作为设计的语言,图形要把产品形象的内在、外在构成要素展现出来,以视觉形象传达给消费者。商品的性能、商标、品名的含义等诸多因素都要准确地通过图形展示,实现图形设计与产品内容相统一,创造出反映时代精神、民族风貌的适用、经济、美观的包装作品。其次,文字是包装设计的重要组成部分,在商品包装上,可以没有图形,却不能没有文字。农产品包装上的文字设计本身就是一幅成功的画面,包装上的产品的品质、产地、使用方法、企业性质等文字介绍,必须作为包装整体设计的一部分来统筹考虑。

3. 包装材料

包装材料的不同组合与配置,可以带来不同的视觉效果,给消费者以新奇、质朴或豪华等不同的感觉,不同材料的表面变化或表面形状可以达到商品包装的最佳效果。无论是纸类材料、塑料材料、玻璃材料,还是金属材料、陶瓷材料、竹木材料以及其他复合材料,都有不同的质地肌理效果。材料要素是包装设计的重要环节,它直接关系着包装的整体功能和经济成本、生产加工方式及包装废弃物的回收处理等多方面的问题,恰当地选用包装材料,并妥善地加以组合,会给消费者带来不同的审美感受。

4. 文化个性元素

不同的地域有着不同的审美风俗,我国地域辽阔,城市与农村、沿海与内地以及各民族之间,审美观的差异性显著。因此,包装设计要想得到不同地域消费者的接受,就更应注意产品特性的表现。首先,包装设计应充分发挥自己的民族特色,只有民族的才是世界的。我国是一个有着悠久历史的文明古国,有着深厚的民族文化底蕴,如果能充分发掘我国的民族文化遗产,必将大幅度推动我国包装设计的发展与进步。其次,不同年龄、不同阶层的顾客对包装的要求也有所不同。儿童多喜欢动物卡通和影视人物形象;年轻人普遍喜欢色彩鲜艳、时尚个性的包装;高收入阶层的人士喜欢款式讲究、色彩高雅的包装;老年人一般选购经济、安全、耐用的包装。所以,农产品的包装应根据消费对象的不同审美特点来设计相应的风格,要体现产品的个性或地方的文化特色,实现文化价值的认同与心动,树立良好形象,达到销售目的。

以上就是农产品包装必不可缺的内容,其对于农产品销售的影响自然也是不言而喻的,因此我们的农产品在出厂营销时就应当做好以上各个方面的包装工作。

(二)农产品包装设计的因素

包装作为一门综合性学科,具有商品和艺术相结合的双重性。成功的包装设计必须具备货架印象、可读性、外观图案商标印象、功能特点说明。包装设计也是产品市场营销推广的重要组成部分,其不仅展示产品的美观外表,更重要的是透过包装的视觉语言介绍产品的特色,引导人们的日常生活审美方式和价值取向,激发消费者的购买欲望,实现销量增加。农产品的包装设计,是打造同类产品在包装上的差异化,是提高农产品档次、开拓销售市场、提高经济效益的重要途径。一般而言,包装设计时要考虑到对产品销售有影响的成本、包装外观、装配、环保、物流、防伪等相关因素。

成本是影响包装设计的首个因素,包装设计时要考虑到包装材料成本、运输成本、包装作业成本等综合成本对包装设计的影响。环保是产品包装面临的一个现实问题,产品包装作为一次性的消耗品,其包装废弃物要考虑到环境的承受力,农产品包装时要有前瞻性,实现简洁包装,使用环保材料包装,符合环保的要求。包装外观是产品的无声广告,通过包装外观可以展示产品的形象,引导消费者的购买,增加人们对产品的信任和认同感。包装要方便装配,在包装设计时要考虑包装作业尽可能地机械化,减少包装环节,提高包装装配效率。包装要有利于物流,包装设计时要考虑包装标准化,增加缓冲材料、防腐技术等特殊处理,保护产品,促进各个流通环节顺畅。包装还要兼顾防伪,包装防伪是产品防伪的重要途径,可通过提升包装质量,增加模仿难度,使用破坏性包装、防伪标签、电话或网络查询真伪等信息手段进行防伪。

(三)农产品包装的基本要求

产品的包装要符合相关法规的基本要求,采用合适的包装材料,选用先进的包装技术,运用人文、绿色、品牌的包装设计理念。农产品隶属农业范畴,在国民经济中占有重要的地位,是社会绝大多数消费品的最终来源,直接关系到国计民生,基础性作用尤为明显。农业部2006年9月30日第25次常务会议审议通过的《农产品包装和标识管理办法》对农产品包装的内容、方式、监督主体、标识方法作了明确的规定,表明我国从立法角度明确了包装在农产品经济中的重要地位。但是在实际生活中,农产品在市场上的交易形态仍然以裸物为主,农产品从产户到用户的过程中包装功能没有得到发挥,相反由于农产品的自然理化反应和视觉效果引发产品价值降低。农产品中的水果、蔬菜、花卉类的生物特性各不相同,个体差异较大,对包装要求也各不相同,包装材料和包装工艺也不相同。

为了保证提供的农产品安全卫生,国家的《食品安全质量法》对食品属性的农产品包装作出了明确的规定。具体的要求如下。

① 农产品生产企业、农民专业合作经济组织以及从事农产品收购的单位或者个人,应当对其销售农产品的包装质量和标识内容负责。

② 农产品包装应当符合农产品储藏、运输、销售及保障安全的要求,便于拆卸和搬运,包装农产品的材料和使用的保鲜剂、防腐剂、添加剂等物质必须符合国家强制性技术规范要求,包装农产品应当防止机械损伤和二次污染。

③ 对包装销售的农产品,应当在包装物上标注或者附加标识标明品名、产地、生产者或者销售者名称、生产日期。有分级标准或者使用添加剂的,标明产品质量等级或者添加剂名称。未包装的农产品,应当采取附加标签、标识牌、标识带、说明书等形式标明农产品的品名、生产地、生产者或者销售者名称等内容。农产品标识所用文字应当使用规范的中文,标识标注内容准确、清晰、显著。

④ 销售无公害农产品、绿色食品、有机农产品等认证的农产品必须包装,但鲜活畜、禽、水产品除外。省级以上人民政府农业行政主管部门规定的其他需要包装销售的农产品,对规定包装的农产品拆包后直接销售的,可以不再另行包装。

⑤ 农产品质量符合国家规定的有关优质农产品标准的,生产者可以申请使用相应的农产品质量标志。对销售获得无公害农产品、绿色食品、有机农产品等质量标志使用权的农产品,生产者可以申请使用无公害农产品标识,并标注相应标志和发证机构。禁止冒用无公害农产品、绿色食品、有机农产品等质量标志。

三、农产品包装策略

包装是构成农产品的重要组成部分,是实现农产品价值和使用价值的手段,是农产品生产与消费之间的桥梁,它和人们的生活密切相关。包装策略是产品策略的重要组成部分,一个好的商品需要好的包装来与之配套。而一个好的包装不仅有赖于独特的设计,还要运用正确的策略方法,通常有以下几种包装策略可供选择:

(一)分类包装策略

分类包装策略是指企业的各种产品都有自己独特的包装。在设计上不同的产品采用不同的风格、不同的色调、不同的材料。这种包装策略的优点是不会因某一商品营销的失败而影响其他商品的市场信誉;缺点是包装设计、推广的费用比较高。

(二) 类似包装策略

类似包装策略是指企业所生产的各种不同产品,在包装上采用相同的图案、近似的色彩或其他共同的特征,使顾客一看包装就知道其生产者是谁。采用这一策略可以壮大企业声势,扩大影响,同时还可以节省包装材料及包装设计费用。但这一策略一般只适用于信誉较高的企业和同一品质的产品。

(三) 多用途包装策略

多用途包装策略是指原来包装的商品使用完后,包装物可以移作他用,以此带给消费者额外的利益。这种策略一方面可以刺激消费者的购买欲望,使消费者得到多种满足;另一方面印有品牌、商品的包装物,能够发挥广告的作用,增加重复购买的可能性。采用此策略时,必须特别注意研究时尚、风俗和消费者的心理需求。

(四) 组合包装策略

组合包装策略是指根据消费者的购买和使用习惯,将多种相关的商品组合包装在同一包装物中。这种包装便于顾客配套购买商品,增加销售。农产品中的蔬菜、水果和各种小杂粮、小食品比较适合采用此包装策略。但是采用这种包装策略时不能把毫不相干的产品搭配在一起。

(五) 更新包装策略

更新包装策略是指为了克服现有包装的缺点,或为了吸引新的顾客而改变原来包装的策略。更新包装相当于产品创新,但是产品质量是营销的基础,如果产品质量欠佳,即便改变包装也无济于事。另外,更新包装应事先告知中间商和顾客,以免引起误会。

(六) 附带赠品包装策略

附带赠品包装策略指在商品包装物上或包装物内附带奖券或实物,目的是引起重复购买,扩大销售,如伊利牛奶包装上附有兑奖券就属于这种策略。附带赠品包装策略是流行于西方国家的一种重要包装策略,其实质是一种让利行为,因此,很受中低收入者的欢迎。因为采用这一策略要拿出一定的奖金,所以对于企业来说应量力而行,还要考虑法律法规的限制。

【小思考5.3】

以某一农产品包装为例,从营销角度对其进行分析,如何对其进行包装优化?

四、发展农产品包装对策

农产品包装设计是产品价值提升的有效手段,加快农产品包装设计改进的步伐刻不容缓。

(一)加快技术创新,采用分级包装

现代科技的飞速发展和产品技术含量的增加对传统包装产品构成威胁,同时,人们消费观念的变化也对包装产品使用价值的提升提出了进一步的挑战。如我国粮食大量采用塑料编织袋包装,这种包装材料的主要成分是一种高分子聚合材料,虽然强度高、成本低、耐腐蚀,但对人体有害,包装玉米等原粮问题不大,而包装大米、面粉等直接入口的粮食则存在一定风险。同时,塑料编织袋透气性差,粮食易变质,不宜长时间贮存。包装技术落后仍然是困扰农产品包装的重要问题。要普及农产品的包装技术,利用科技力量提高农产品的包装技术,让农产品包装远离落后局面,让包装后的农产品为农民创造更多收益。同时,要采用分级包装。分级包装是指对一种商品根据不同层次的消费者采用不同形式的包装,满足不同层次消费者的购买需求。消费者层次主要以购买水平和购买心理而定。消费者购买产品的动机不尽相同,有的消费者将购来的物品用于自己消费,对于商品包装看得并不重要,因此对这些消费者包装要尽可能简化。而有的消费者购物的目的则是将其作为礼品馈赠亲朋好友,这些消费者就十分注重商品的外包装。因此,针对不同消费者对商品包装的要求不同,分级包装更能促进商品的销售。

(二)改善农产品包装材料,发展绿色包装

包装材料发展的趋势是多功能化、高机能化。所谓高机能化,是指包装材料具有高阻隔性、耐热性、选择透过性、保鲜性、保香性、保风味性、可吸湿性、抗菌性,以及具有一些特殊的功能。对于农产品,在包装设计中,要考虑维持生态平衡,保护自然环境,在满足包装功能的前提下,应尽量减少包装物对环境的污染,在包装设计中突出绿色发展理念,图案内容健康简洁,对产品质量、环保标志、使用方法明确标注,并尽可能说明包装废弃物回收处理方法。应使用易于回收利用和再循环的材料,使其除具备使用功能外,还具有可焚烧利用热能、肥化改善土壤等既不污染环境又能充分利用资源的功能。另外,应使用可自行降解而且降解周期短的新型材料,避免造成垃圾不可回收利用。对于有地域特征的农产品,地域自然材料的应用更能凸现产品的自身特点,自然材料是最常见、最普遍、无污染且能方便处理的材料。农产品有很强的地域特征,把木、竹、棉麻、草等自然材料根据地方特色合理加工运用于包装,既能很好体现产品特色,又能减少成本。如编织的小竹篓、玉米叶等等,都能够用来包

装农产品。

（三）改善农产品包装设计，美化艺术包装

尽管消费者评判商品优劣的根本标准是商品本身的质量，但包装作为商品的外观，以第一印象进入消费者的视觉，的确影响着消费者对商品的取舍。消费者一般会通过熟悉、记忆、引发联想，产生感情定势，建立消费信心这一过程，作为长久性或习惯性购买的重要依据。所以，作为产品，首先吸引消费者的便是它的包装设计。农产品作为众多生产资料和消费资料的基础来源，在市场的占有率是非常高的。而其包装的审美功能往往被忽视。在市场经济下，包装已经从最初的以使用功能为主导转移到以信息传播的功能为主导，尤其是超级市场的出现，改变了以往的销售模式，包装自身成了"无声的推销员"，一个具有设计感的包装，不但具有实用功能，更重要的是能够引导消费者在众多商品中的倾向性。一个优秀的产品包装设计，要充分考虑商品的实用性和艺术性，二者完美结合，还要围绕材质、色彩、图形、文字等设计要素，强调包装的美化装饰功能，以新、奇、美的形式给消费者以强烈的视觉刺激，使其产生心理上的美感，也使包装具有强烈的吸引力，促使潜在购买变成现实的购买行为。对于农产品来说，要注重图形、标志等方面的运用，使其品牌化、系列化，强调其与众不同的特征，以区别于其他同类产品。农产品的地域性特色鲜明，即使是同一品种的农产品，在不同的区域其品质也相差很大，在包装设计时要将地域特色充分考虑进去，如传统图形、民族元素的运用。满足消费者的审美情趣和情感消费需求，强化包装的美化装饰功能，对于树立产品的品牌文化都具有很高的文化价值。

（四）自主创新改进包装，树立和完善品牌构建

为了选择经济有效的包装来延长农产品的货架寿命，要对农产品的性质（耐湿性、脆弱性、糜烂性、侵蚀性等）、农产品的形态（成型的、颗粒的、粉状的）、农产品的用途和运输条件（长途、短途、陆运、空运等）进行研究；对包装本身进行研究，如包装本身所运用的包装材料的性能及其运用范围，重点考虑包装材料的质地、强度等。在CIS导入包装后，则应在包装的创意定位策略上下工夫，找出其在同类产品中所具有的独特性，如用芦苇编制的盛装庐山云雾茶的几何曲面包装具有整齐、理智感；用仿铝盒盛装的信阳毛尖向消费者表白它也有温柔；用泥坛型容器盛装的孔府宴酒、四特酒，给人回溯历史、展望未来的遐想；小瓶装的五粮液酒瓶上雕有翠竹，给人以回归大自然的感觉；通过防伪标签，渲染一种货真价实的氛围。寻找产品在销售对象、销售目标、销售方式等方面的差异，注意包装图形、色彩、文字、编排上消费群体的喜好和心理。寻找产品在包装外型、包装结构设计方面的特色，如选择什么样的纸盒来突出产品的特色和视觉冲击力。

品牌是企业和产品的核心,是质量的依托和载体。品牌构建有利于消费者识别农产品品质,提高农产品的档次。农产品具有季节性强、地域性明显、易腐易烂等特点,使它的包装品牌策略不同于其他产品而更加复杂。树立品牌观念,首先要提高农产品的质量,树立品牌意识。质量是保证,品牌是依托。在提高科技含量、保证产品质量的前提下,树立品牌,形成产业链,是农产品发展的长远趋势。比如我国几大粮油食品经销商之一的中粮集团,就是以生产、经营农产品为主,树立品牌,形成以农产品贸易、生物能源开发、食品生产加工为主,涵盖了地产、物业、酒店经营以及金融服务等多项目的产业链。而中粮旗下的品牌如福临门等也被大众所熟知。

【项目小结】

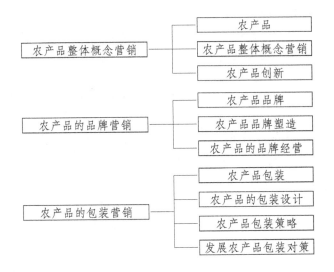

【重要概念】

农产品　农产品整体概念　农产品创新　绿色农产品　有机农产品　地理标志农产品　农产品分级　农产品创新　农产品包装　品牌　广告语

【测试题】

(一) 单选题

1. 消费者日常购买水果时,主要是依据农产品的(　　)特质,从水果的外观是否破损、色泽是否新鲜、果形是否饱满等来判断水果的品质优劣。

　　A. 搜寻品　　　　B. 经验品　　　　C. 信任品　　　　D. 特色品

2. 消费者日常购买水果时,一般的摊主都允许消费者买前试吃,这主要是依据水果具有典型的(　　)特质。

A. 搜寻品　　　　B. 经验品　　　　C. 信任品　　　　D. 特色品

3. 可以通过颜色、大小、形状、光泽度、透明度等因素判断苹果的( )。
   A. 感官品质　　　B. 卫生品质　　　C. 营养品质　　　D. 加工品质

4. 通过对农产品表面的清洁,把农产品中的重金属、农药残留量等有害特质控制在允许的范围以内,从而使农产品的卫生品质达到( )的标准。
   A. 安全、价廉、卫生　　　　　　　B. 便宜、优质、干净
   C. 营养、优质、卫生　　　　　　　D. 安全、优质、卫生

5. 彩色迷你南瓜、五彩辣椒、樱桃番茄等农产品给人们展现的是农产品的( )。
   A. 核心产品　　　B. 形式产品　　　C. 附加产品　　　D. 延伸产品

6. 对用于出口的红星苹果,山东、河北按照苹果的直径从65~90 mm每相差5 mm为1个等级,共分为5等,这种苹果的分级在农产品整体产品概念中属于( )的内容。
   A. 核心产品　　　B. 形式产品　　　C. 附加产品　　　D. 以上都是

7. 农产品品牌的核心要素是( )。
   A. 品牌标识　　　B. 品牌名称　　　C. 品牌符号　　　D. 品牌广告语

8. 农产品品牌的运营基本前提与直接结果是( )。
   A. 品牌设计　　　B. 品牌定位　　　C. 品牌组合　　　D. 品牌传播

9. 农产品包装包括若干因素,( )是最主要的构成要素,在整体包装上应居突出地位。
   A. 商标或品牌　　B. 图案　　　　　C. 包装材料　　　D. 形状

10. 附在产品包装上的文字、图形、雕刻以及印制的说明是( )。
    A. 产品说明　　　B. 包装标签　　　C. 运输标志　　　D. 包装标志

11. 宝洁公司的洗发水产品使用了海飞丝、潘婷、飘柔、沙萱等品牌,这种决策称为( )。
    A. 品牌质量决策　　　　　　　　　B. 家庭品牌决策
    C. 品牌扩张决策　　　　　　　　　D. 多品牌决策

12. 三叉星圆环是奔驰的( )。
    A. 品牌名称　　　B. 品牌标志　　　C. 品牌象征　　　D. 品牌图案

13. 将原产品的品牌名称毫无变动地运用到延伸产品上的延伸被称为( )。
    A. 单一品牌延伸　　　　　　　　　B. 亲族品牌延伸
    C. 主副品牌延伸　　　　　　　　　D. 以上都是

14. 为使包装成为激发消费者购买的诱因,客观要求在农产品包装设计中注重( )。
    A. 差异性　　　　B. 安全性　　　　C. 便利性　　　　D. 艺术性

15. 品牌最基本的含义是品牌代表着特定的( )。
    A. 消费者类型　　B. 文化　　　　　C. 利益　　　　　D. 产品属性

16. 白酒的酒瓶属于( )。
    A. 运输包装　　　B. 销售包装　　　C. 配套包装　　　D. 标签包装

17. 对于生产苹果的某农业企业,对该企业生产的苹果应采用( )包装策略。

A. 类似 B. 等级 C. 配套 D. 再使用

18. 在应用（　　）时,必须注意市场需求特点、消费者的购买能力和产品本身的关联程度大小。
    A. 更新包装策略 B. 附赠品包装策略
    C. 配套包装策略 D. 再使用包装策略

19. 销售牛奶时,买整箱送奶杯属于（　　）。
    A. 更新包装策略 B. 附赠品包装策略
    C. 配套包装策略 D. 再使用包装策略

20. （　　）是品牌中可以用语言表达的部分。
    A. 品牌标志 B. 服务标志 C. 商标 D. 品牌名称

21. 纸包装、木包装、塑料包装等是按包装的（　　）进行分类的。
    A. 产品性质 B. 产品内容 C. 材料 D. 形态

22. 人们购买空调所获得的核心产品是（　　）。
    A. 空调机 B. 制造新鲜空气
    C. 购买心理因素 D. 温度调控

23. 包装好的干净的大葱属于农产品整体概念中的（　　）
    A. 有形产品 B. 附加产品 C. 核心产品 D. 以上都是

24. 小王卖的西瓜又大又甜,还给顾客送到家,这属于营销观念中的（　　）。
    A. 有形产品 B. 附加产品 C. 核心产品 D. 以上都是

25. 农产品在市场上出现的具体物质外形,是（　　）。
    A. 核心产品 B. 有形产品 C. 附加产品 D. 心理产品

（二）判断题

1. 农产品的味道、酸甜度等指标属于农产品品质中的信任品特质。（　　）
2. 绿色农产品在生产加工过程中可以使用农药、化肥、激素等人工合成物质,但禁止使用基因工程技术。（　　）
3. 农产品的质量属于产品整体概念中的核心产品层次。（　　）
4. 品牌巨大的价值及市场感召力来源于消费者对品牌的信任、偏好和忠诚。（　　）
5. 品牌形象表明了品牌的价值与服务水平,品牌个性则是品牌独特性的体现,品牌形象是品牌个性的载体,品牌个性是品牌形象的灵魂。（　　）
6. 销售包装称为外包装,是指农产品最外面的包装。（　　）
7. 农产品包装是独立存在的,它不属于营销角度中农产品整体概念的内容。（　　）
8. 品牌中的标识与图标能简洁地反映农产品本质,使消费者对其产生关键的联想与定位。（　　）
9. 包装设计主要考虑商品和艺术的结合,而不需要考虑包装材料成本、运输成本、包装作业成本等综合成本对包装设计的影响。（　　）
10. 包装由标示产品信息的名称和包装的外形构图两部分构成。（　　）

（三）简答题

1. 什么是农产品的"三品"特质？
2. 简述农产品整体概念的三个层次的内容。
3. 农产品创新的方法和策略是什么？
4. 品牌的功能是什么？
5. 简述品牌要素的内涵。
6. 农产品品牌塑造的内容是什么？
7. 农产品品牌经营的策略有哪些？
8. 简述农产品包装的作用。
9. 简述农产品包装设计的内容。

【拓展实训】

（一）项目名称：特色农产品创新

1. 实训目标：掌握农产品创新的途径和方法。
2. 实训要求：以4～5人小组为单位，对本地的某一特色农产品进行调研，分析其产品的整体概念，并针对该农产品的竞争和营销现状提出改进方案。具体要求：(1)每组完成调研，形成×××农产品整体概念营销分析报告；(2)每组完成交流汇报PPT，并进行交流发言；(3)每个学生完成实训报告。

（二）项目名称：特色农产品的包装设计

1. 实训目标：加深对包装构成及包装材料的认识。
2. 实训要求：以4～5人小组为单位，以本地某一特色农产品为例，调查了解其目前所用的销售包装，分析其包装材料，并对其进行评价，提出完善或优化其包装设计的实施意见。具体要求：(1)每组完成×××特色农产品包装设计分析报告；(2)每组完成交流汇报PPT，并进行交流发言；(3)每个学生完成实训报告。

【自我总结】

序号	内容	
1	本章主要知识点	
2	本章主要技能	
3	完成本章学习后最大的收获	

第六章　农产品价格策略

【知识目标】

1. 了解农产品价格的含义及分类；
2. 掌握蛛网理论与农产品价格波动特征；
3. 掌握影响农产品定价的因素；
4. 了解农产品定价目标；
5. 了解农产品定价程序；
6. 掌握农产品定价方法；
7. 掌握农产品定价策略。

【能力目标】

1. 能利用蛛网理论解释特定农产品价格波动规律；
2. 能够给农产品进行科学定价；
3. 能根据市场情况及时调整农产品价格。

【情景案例】

今年"姜你军"还会再现吗？

生姜是人们生活中常用的调味品，也是农民种植的重要的经济作物。全国大约有60万农户种植生姜，而生姜与其他经济作物相比，投入高收益也高，价格波动十分频繁。

我国山东、河北、辽宁、湖南、安徽等地都适宜种植生姜，卓创资讯提供的数据显示，从2013年开始，我国生姜的种植面积逐年增加，2017年，我国生姜的种植面积为383万亩，比2016年增加9%左右。从主产区来看，2016年山东产区生姜种植的总面积是113万亩，2017年的面积为128万亩，同比增加13.27%。河北、辽宁产区生姜种植的面积由2016年的4.36万亩增加至2017年的5.52万亩，同比增加26.61%。但是，由于受到天气等自然因素的影响，产量整体减少，2017年生姜的总产量为893万吨，比2016年减少5%左右。

生姜的价格会怎样走向呢？从卓创资讯等机构联合发布的价格指数来看，进入2018年以后，全国22个地区市场生姜价格上涨迅猛，种植户、储存户、批发商等各环节人群对价格上涨认同程度较高。这是为什么呢？第一，受天气影响，2017年生姜产量比2016年稍微有所减少，供应量减少,同时优质生姜的量也减少。第二,2018年生姜种植面积再次扩增,姜种用量增大,而姜种都是使用质量较好的生姜,这也促使优质生姜价格的推高,带动了整体生姜价格的上涨。第三,在减产的大背景下,种植户、储存户、贸易商都认为后期价格会继续上涨,并不急于出货,要价强硬。

姜价会持续上涨吗?2010年至2011年"姜你军"事件至今历历在目,产地市场批发价格从最高的9.6元/公斤暴跌至0.7元/公斤,达到近10年的最低水平。生姜作为高产作物,平均亩产量达到10 000斤左右,种植收益比其他蔬菜类产品更有优势。尤其是近几年,生姜种植户收益都很不错,例如,2014年种植户的平均利润就达到4.40元/斤。从目前的行情来看,农户亩收益也能达到9 000~13 000元,因此,农户的种植热情都很高,不少农民都转移到生姜种植中来,使得种植面积持续增大,若再继续扩增下去,生姜行情可能出现波动,带来行情下行。

(资料来源:http://www.371zy.com/zzzt/shucai/17121.html)

【案例讨论】

1. 根据以上案例分析生姜价格波动有什么特点?
2. 影响生姜定价的因素有哪些?

第一节　农产品价格分析

一、农产品价格的含义

农产品价格是指农产品的标价,是消费者为了获得和使用农产品的利益而支付的货币数量,是顾客对农产品价值的市场认知。

价值是形成价格的基础,农产品价格实质是农产品价值的货币表现。农产品价值是由消耗的生产资料价值、劳动者为自己创造的价值以及劳动者为社会创造的价值三部分组成。其中,生产中消耗的生产资料价值表现为原材料、工具、固定资产折旧等,劳动者为自己创造的价值表现为工资,这两部分构成了社会再生产过程的全部成本。这两部分构成的全部成本按生产领域和流通领域又分为生产成本和流通费用。劳动者为社会创造的价值用货币表现为盈利,包括税金和利润。所以,农产品价格的形成是以农产品价值为基础,在价格构成上由生产成本、流通费用、国家税金和利润四部分构成,可用以下公式表示:

$$农产品价格 = 生产成本 + 流通费用 + 税金 + 利润$$

农产品价格一头关乎农民利益,另一头关乎消费者利益,农产品价格的合理与否,很大程度上决定了购买者的购买意愿,直接影响农产品和企业形象,影响企业在竞争中的地位,它是企业能否走向成功的重要因素,所以农产品的定价一直是企业的重要决策之一。因价格策略的复杂之处在于它不仅仅是简单的成本和利润的计算,而且还受到各种非成本因素的影响,如果农产品价格定得高,会影响消费者特别是低收入群体的生活;如果农产品价格定得低,会挫伤农民积极性,影响农业发展。因此,企业不仅要制订合理的价格策略,还必须随着环境的变化而不断地对其进行修改和完善。

二、农产品价格的分类

我国农产品价格改革随着市场经济的发展也在不断地推进和深化,为了确保粮食安全、保持农产品价格稳定及提高农民收入,国家出台了一系列农产品价格支持政策。为贯彻落实党的十八届三中全会精神,按照国务院第69次常务会议部署,从2014年11月25日起至12月25日,国家发展改革委会同有关部门先后印发了8个文件,放开24项商品和服务价格,下放1项定价权限。其中,放开烟叶的价格,标志着我国农产品领域已没有政府定价项目,全部放开由市场形成价格。目前已形成了农产品由市场配置、价格由市场形成的现状,但是农产品价格的放开并不是"一放了之",而是充分发挥市场机制作用的同时,将市场调节和政府调控相结合,不断加强和完善农产品价格宏观调控体系。例如,从2004年开始,国家对稻谷和小麦实施最低收购价政策,当市场价格低于国家最低收购价格时按国家最低收购价执行;2014年,我国率先在黑龙江、新疆推行目标价格补贴政策。国家对农产品价格的调控基本覆盖大宗农产品。

综合考虑过去我国农产品价格支持政策实际效果、先行国家类似发展阶段农业支持政策实践经验、"十三五"时期我国农业发展基本方向和农业支持政策空间等多种因素,重构"十三五"时期农产品价格支持政策体系的总体思路是:"价补统筹、水平适度、一品一策、精准发力、分步实施、央地分担。"这对稳定粮食生产、增加农民收入和提高农业发展方面具有重要意义。根据不同的标准,农产品价格主要有以下几种分类:

(一)农产品收购价格

农产品收购价格是指商业经营者向农业生产者收购农产品的价格,即农业生产者的产品出售价格。农产品收购价格不仅决定着直接投入市场或经过简单加工后进入市场的那部分农副产品的销售价格,也在很大程度上决定着以农产品为原料的工业消费品的出厂价格和销售价格。

（二）农产品批发价格

农产品批发价格指以一定数量为起点，大宗买卖农产品时的价格。其处于收购价格之后，零售价格之前，是流通过程中间环节的价格。它又可以分为产地批发价格和销地批发价格。

（三）农产品零售价格

农产品零售价格是商业经营者直接向消费者出售农产品时所采用的价格，是农产品流通过程中的最终价格。

（四）农产品调拨价格

农产品调拨价格是指国有农业企业在不同地区、不同部门，或部门内部不同企业之间调拨农产品的结算价格。它又分为产地调拨价格和销地调拨价格。农产品实行内部调拨价格，有利于调节产销两地企业内部的经营利润，便于销地合理安排销售价格，促进地区之间农产品的正常流通。

【随堂测试6.1】
农产品价格完全由市场决定，政府不做任何干预？

三、农产品价格波动特点

（一）蛛网理论定义

蛛网理论是在完全竞争条件下，某些产品价格和供求变动周期循环现象所揭示的经济特征的理论概括，是1930年由美国的舒尔茨、荷兰的丁伯根和意大利的里奇各自独立提出。由于价格和产量的连续变动用图形表示犹如蛛网，1934年英国的卡尔多将这种理论命名为蛛网理论。

在新古典经济学中，蛛网理论引进时间变化的因素，通过对属于不同时期的需求量、供给量和价格之间相互作用的考察，用动态分析的方法论述生产周期较长的商品的产量和价格在偏离均衡状态以后的实际波动过程及结果。蛛网理论考察的是生产周期较长的商品，而且生产规模一旦确定不能中途改变，市场价格的变动只能影响下一周期的产量，而本期的产品则取决于前期的价格，因此，蛛网理论有以下基本假设：

① 完全竞争，每个生产者都认为当前的市场价格会继续下去，自己改变生产计划不会影响市场；

② 商品本期的产量取决于前期的价格，本期价格由本期供应量决定；

③ 生产的商品不是耐用品。

(二)蛛网理论的模型

根据蛛网理论的基本假设,商品本期的产量 Q_{ts} 取决于前一期的价格 P_{t-1},即供给函数为:

$$Q_{ts}=f(P_{t-1})$$

商品本期的需求量 Q_{td} 取决于本期的价格 P_t,即需求函数为:

$$Q_{td}=f(P_t)$$

蛛网模型可以用以下3个方程来表示:

$$Q_{ts}=-\delta+\gamma P_{t-1}$$
$$Q_{td}=\alpha-\beta P_t$$
$$Q_{ts}=Q_{td}$$

式中:α、β、δ、γ 均为常数且大于零。

由于需求弹性、供给弹性不同,价格和产量的变化可分为以下三种情况:

1. 发散型蛛网

当商品的供给弹性大于需求弹性时,市场由于受到外力的干扰偏离原有的均衡状态后,实际价格和实际产量上下波动的幅度会越来越大,偏离均衡点越来越远,相应的蛛网被称为"发散型蛛网"。这种情况意味着产量可以无限供给,价格可以无限提高,具体如图6-1所示。

假定,在第一期由于某种外在原因,如气候条件比较好,实际产量由均衡水平 Q 增加为 Q_1,生产者为了出售全部的产量 Q_1,根据需求曲线,接受消费者所愿意支付的价格 P_1,于是,实际价格由 P 下降为 P_1。根据第一期较低的市场价格水平 P_1,生产者将第二期的产量减少为 Q_2。

在第二期,全部的产量为 Q_2,根据需求曲线,消费者愿意支付 P_2 的价格,于是,实际价格上升为 P_2。根据第二期较高的价格水平 P_2,生产者将第三期的产量增加为 Q_3。

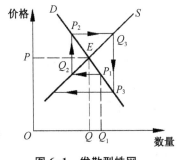

图6-1 发散型蛛网

在第三期,生产者为了出售全部的产量 Q_3,根据需求曲线,接受消费者所愿意支付的价格 P_3,于是,实际价格下降为 P_3。根据第三期较低的价格水平 P_3,生产者又将第四期的产量减少为Q_4。

如此循环下去,如图6-1所示,实际产量和实际价格的波动幅度越来越大,越来越偏离均衡点E所代表的水平。

2. 收敛型蛛网

当商品的供给弹性小于需求弹性时,市场由于受到干扰偏离原来的均衡点后,实际价格和实际产量会围绕均衡水平上下波动,但波动的幅度越来越小,最后会恢复到原来的均衡点。因为需求弹性大于供给弹性,对于每一个价格变动,生产者的反应程度要比消费者小,进而由价格引起的供给变化小,再进而由供给引起的价格变化则更小,如此反复,实际价格和实际产量回到原来的均衡点,相应的蛛网被称为"收敛型蛛网"(图6-2)。

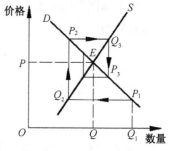

图6-2 收敛型蛛网

3. 封闭型蛛网

当商品的供给弹性等于需求弹性时,市场由于受到外力的干扰偏离原有的均衡状态后,实际产量和实际价格始终按同一幅度围绕均衡点上下波动,既不进一步偏离均衡点,也不逐步趋向均衡点,相应的蛛网被称为"封闭型蛛网"(图6-3)。

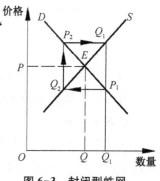

图6-3 封闭型蛛网

[随堂测试6.2]

蛛网定理能够说明偏离均衡点的商品供求数量和价格的变化吗?

(三)蛛网理论与农产品价格波动

农产品市场接近完全竞争市场,而大部分农产品生产周期长,生产规模一旦确定,不能中途改变,本期的产量取决于前期的价格,本期的价格由本期的供给量决定,且农产品不是耐用品,所以蛛网理论适用于农产品价格分析。

从长期看,农产品供给弹性大于需求弹性。以蔬菜为例,供给可以分为生产和流通两个环节,任何一个环节的问题都会对市场供给产生巨大影响。从生产方面来看,由于蔬菜具有较强的时效性,容易腐烂,储存有难度,因此菜农对成本和收益更为敏感,成本的上升和收益的下降容易导致蔬菜下一期的供应量发生巨大变化;从流通方面来看,蔬菜流通环节过长且结构不合理,导致流通渠道相对脆弱,很难经得起价格的冲击,所以,蔬菜的供给受到很多因素的影响,供给弹性很大。与此相对,在需求方面,居民蔬菜需求弹性小,所以,发散型蛛网模型适用于农产品价格

分析。基于蛛网理论,农产品的价格波动具有如下特点:

1. 价格波动幅度大

农业生产性服务业不发达、农产品金融化趋势和能源化趋势、生产的季节性和区域性以及供求规律变化等都促使农产品价格波动的幅度较大,不稳定性因素增多。国家统计局数据显示,近年来农产品生产价格指数进入持续的"高价格"阶段,从波动幅度来看,2002—2018年农产品生产价格指数方差达46.38,波动幅度明显。以禽蛋为例,2018年第二季度的生产价格指数为127.4%,第三季度为118.6%,第四季度为106.1%,2019年第一季度为92.7%,累计下跌34.7个百分点,波动幅度大[①]。

2. 价格波动具有周期性

农产品从生产到上市需要较长的生产周期,而且生产规模一旦确定,在生产过程未完成前,不能中途改变,因此市场价格的变动只能影响下一周期的产量。例如猪肉,其市场价格的变化只反映当前的供求关系,而不能反映未来一段时间的供求关系,所以农户往往只是以当期的市场价格来安排来年的养殖规模,若猪肉价格走高,农户就会扩大养殖规模,等猪出栏时就会出现供过于求,价格下降,这时农户就会因为价格下降而相应减少养殖规模,来年又出现供不应求,价格上涨,由此呈现周期性循环变化。

3. 价格波动频繁

农产品的价格不仅受到经济环境及消费者需求等因素的影响,还受到季节、气候、病虫害及进出口贸易等一系列不可预测因素的影响,所以在变动上非常频繁。例如农产品中的油料价格波动比较频繁,原因之一就是近年来我国油料市场对外依赖程度持续加大。

根据蛛网理论,生产者在决定生产规模时,首先,要关注本期的实际价格;其次,决定下一周期生产规模时不能因为当前市场价格高于均衡价格而盲目过大提高生产规模,也不能因为市场价格低于均衡价格而过分压缩生产规模;最后,认真对以往产品的价格变化与生产规模之间的关系进行研究,正确分析价格走向,理性地作出生产规模的决策。

但是单纯依靠农户本身对市场的反应来应付蛛网困境必然是行不通的,需要政府部门进行指导。政府相关部门可用支持价格等经济手段对市场进行宏观调

---

① 数据来源:中华人民共和国国家统计局。

控；加强信息披露，合理引导生产，尽量减少因盲目种植造成的供需不平衡现象；健全农业生产保险制度，支持农业生产者投保，建立风险救助机制；建立完善的农产品流通体系，取消不合理的中间收费，降低流通成本；疏通产销环节，建立产地直通零售的对接模式等。

【随堂测试6.3】
蔬菜价格波动规律适用哪种蛛网模型进行分析？

【小思考6.1】
哪些生活中具体的农产品价格波动符合发散蛛网模型规律？

四、影响农产品定价的因素

价格是营销组合中十分敏感又难以控制的因素，它直接决定企业市场份额的大小和利润高低，但是，影响企业定价的环境因素十分复杂，无论想要达到什么样的定价目标，都要受到内外环境中诸多因素的制约，这些因素包括企业生产经营方面的成本费用、销售数量等；市场需求方面的需求价格弹性等；竞争方面的同类产品竞争状况等。

（一）定价目标

定价目标是企业在对其生产或经营的产品制订价格时，有意识的要求达到的目的，它是指导企业进行价格决策的主要因素。企业的定价目标是以满足市场需要和实现企业盈利为基础的，是实现企业经营总目标的保证和手段，同时，又是确定企业定价策略和定价方法的依据。不同行业的企业，同一行业的不同企业，同一企业在不同的时期以及不同的市场条件下，都可能有不同的定价目标。例如在2017年，广西灵山的荔枝迎来了大丰收，荔枝价格大跌，往年收购价格一般在1.2元/斤左右，当年的荔枝价格下降到0.5元/斤，且荔枝属于鲜食水果，果农急于脱手，为了满足生存目标，多采用低价策略，尽力回本。农业企业的定价目标主要有以下几种。

1. 以保护农业生产者的根本利益为目标

由于历史原因，我国农业生产者的收益水平往往不尽如人意，为了保护农民的根本利益，维系农产品的正常供应和市场价格水平，激发农民从事农业生产的积极性，在由市场决定价格的基础上，政府会对农产品价格进行宏观调控。如从2004年开始国家对稻谷和小麦实施最低收购价政策；2008年国家开始对玉米、大豆、稻谷、油菜籽等实行临时收储政策；2011年后又分别把棉花、食糖也纳入临时收储政策;2014年,我国率先在黑龙江、新疆推行目标价格补贴政策。

【随堂测试6.4】
为了保护农业生产者的根本利益,某些农产品可以实施政府定价?

2. 以最高利润为目标

获取利润是企业或个人从事农产品生产经营活动的重要目标。农产品定价中以最高利润为目标是指在农产品定价过程中,在考虑投入成本的基础上,以农产品生产经营者较为满意的利润来确定价格。这种定价目标只有该农产品在市场中处于有利地位时才能选用,例如,深圳兰科中心将高科技、生物技术应用于培养和研究兰花当中,取得了惊人的成绩,他们用了8年时间培育出一株兰花,花期长达4~5年,最后拍出了168万元的天价。

3. 以保持和提高市场占有率为目标

农产品市场占有率在很大程度上决定着生产经营者的竞争力和经营绩效,从长远看,甚至决定着生产经营者的命运。为了保持原有市场份额或提高市场份额,需要生产经营者在较长时期内维持低价,进行促销,力求与竞争对手抗衡,保持其农产品的销售量和销售额稳步增长,或者应付竞争对手的进攻,防止新的竞争对手进入市场。以市场占有率为定价目标,农产品生产经营者需要分析自身的竞争实力和市场条件。若没有足够的资金和成本优势为基础,其生产能力与市场份额的扩大不相适应、所生产的农产品生命周期过短、市场需求容量不大等,就不宜采用这一定价目标。

4. 以生存为目标

当农产品生产经营者受到生产能力过剩、市场竞争激烈和消费需求变化等因素困扰时,往往会把求生作为主要的追求目标,此时,常以低于竞争者的价格出售,必要时,还会以低于成本价的价格销售。这种定价目标是在激烈的竞争中经营者处于不利的市场环境时实行的一种缓兵之计,只能作为短期行为目标。例如在2018年,唐山乐亭甜瓜迎来了大丰收,却价格大跌,仅为2017年同期的三分之一,而甜瓜属于鲜食水果,容易腐烂,因此即使赔钱瓜农也要尽快售卖出去,为了满足生存,多采用低价策略,尽力回本。

5. 以树立企业或产品形象为目标

价格不仅体现农产品价值,而且还体现生产经营者的企业和产品形象。高价策略是为塑造企业或产品高端、质优及独特性等形象,而平价或大众化价格策略则是为了塑造企业或产品物美价廉、亲民等形象。例如,在超市新上架的"带字苹果",苹果身上"写着"如"吉祥如意""万事亨通"等祝福语,价格也比普通苹果高好几倍,塑造了"带字苹果"优质名品的形象。为了实现这一目标需综合运用多种营销策略与价格策略相互配合,不仅使价格水平与消费者对价格的预期彼此相符,而且力求使这一信息得以广泛传播。

【小思考6.2】
作为一名农产品营销人员应该如何选择适当的定价目标?

(二)产品成本

成本是产品价格构成中最基本的要素,也是产品价格制订的下限。在一般情况下,产品的成本高,其价格也高,反之,其价格也低。例如,如2018年各类化肥的价格普遍上涨15%~20%,这会直接推动各类农产品价格上涨。从经济学的角度讲,农产品成本可分为农产品总成本、农产品边际成本以及农产品边际贡献。

1. 农产品总成本

农产品总成本是农产品生产和销售环节的总支出,它等于固定成本与变动成本之和。其中,固定成本是指农产品生产及营销过程中,在一定时期和一定业务范围内基本不变的费用,如农业机械设备折旧、管理人员基本工资、保险费等;变动成本是指那些在一定范围内随着业务量的变动而发生变动的成本,如购买农药、化肥等生产资料的费用。

2. 农产品边际成本

农产品边际成本是指在一定的农产品产量和销量下,每多生产和销售一单位农产品所对应引起的农产品总成本的增加量。经济学中边际成本公式可以表述为:

$$MC = \frac{\Delta TC}{\Delta Q}$$

式中:MC 为边际成本,ΔTC 为农产品总成本增量,ΔQ 为生产和销售农产品增量。

农产品边际成本是农产品生产者短期经营的下限。当生产者预期产品价格不足以或者只能弥补单位可变成本时,如果投入的是初级农产品生产,就会减少对肥料、灌溉和劳动等追加投入;如果投入的是初级养殖业生产,由于畜禽具有生产资料和生活资料的双重特征,为保证价格以单位可变成本为下限,甚至会处理部分作为生产资料的畜禽使其变为生活资料。

当然,低于可变成本的价格在特定时期或特定产品销售中经常采用,这是由农产品鲜活性、难储存和集中上市等特性决定的,它也是一种最大限度降低生产者损失的方法。

3. 农产品边际贡献

农产品边际贡献又称边际利润,是从销售收入中减去变动成本之后的余额。在产品销售过程中,一定量的边际贡献首先是用来弥补企业生产经营活动所发生的固定成本,在弥补了企业所发生的所有固定成本后,如有多余,才能构成企业的利润。边际贡献一般可分为单位农产品边际贡献和全部农产品边际贡献,其计算公式为:

单位农产品边际贡献＝农产品销售单价－单位农产品变动成本

全部农产品边际贡献＝全部农产品销售收入－全部农产品变动成本

在农产品定价决策中,首先要保证边际贡献不为负数,这样就保证了边际贡献可以用来弥补固定成本;当全部农产品边际贡献超过固定成本时,就产生了盈利。因此,在实际定价工作中,边际贡献是否大于零成为价格能否被接受的底线。

(三) 市场供求

供给与需求规律是市场经济中最基本的经济规律。一般来讲,了解农产品成本是为了确定价格底线,而了解供求关系,则是为了制订一个合理的市场价格进而获得利润,其中,需求决定了农产品价格的最高限度。

1. 农产品需求及需求弹性

农产品需求是指消费者在既定的时间和地点,以适当的价格所购买的农产品的数量,它包括两个条件,即消费者愿意购买和有支付能力。从市场角度讲,这种需求又可以分为现实需求和潜在需求。一般来讲,农产品需求越大,其价格越高,正所谓"物以稀为贵",而需求下降也会导致价格下降。如图 6-4 显示的玉米价格和购买数量之间的对应关系,可以看出,玉米需求是随价格的下降而上升的,其需求曲线是一条向右下方倾斜的曲线①。

需求弹性是指在一定时期内商品需求量的变动相对于该商品价格变动的反应程度。作为生活必需品的农产品需求弹性小,降低价格也难以实现销量的大幅度提升,提高价格也难以减少需求量,且当消费者货币收入增加时对这些产品的需求量的增加幅度也是有限的;反之,作为高档食品的农产品需求弹性大,在收入既定的情况下,提高价格会减少销量,且消费者货币收入增加时对这类产品的需求量会

---

① 蒲式耳(英文为 Bushel,缩写 BU)是一个计量单位,1 蒲式耳相当于 35.238 L。

图 6-4　玉米需求与价格关系图①

增加。

2. 农产品供给与供给弹性

农产品供给是指在一定时间、地点和市场价格下,市场可以销售的农产品数量。一般来讲,价格越高,意味着市场需求旺盛,有利可图,供给或愿意供给的数量就会越多;反之,价格越低,表示相对应的市场低迷,供给数量就越少。如图6-5显示的玉米价格与供给之间的关系,它和需求曲线相反,是一条向右上方倾斜的曲线。

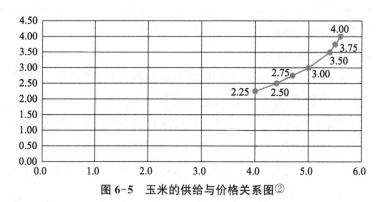

图 6-5　玉米的供给与价格关系图②

农产品供给弹性是指某种农产品的市场供给量对其价格变化反应的灵敏性。从短期看,由于农产品生产周期较长,短期内生产设备、劳动等生产要素无法大幅度增加,从而供给无法大量增加,供给弹性小。但是受蛛网定理的影响,本期农产品的实际价格会影响下一周期农产品的生产规模,即从长期看农产品的供给弹

---

① 理查德·库尔斯.农产品市场营销学[M].北京:清华大学出版社,2006:118.
② 理查德·库尔斯.农产品市场营销学[M].北京:清华大学出版社,2006:118.

性大。

3. 农产品均衡价格

农产品均衡价格是农产品供给量与需求量相等时的价格,也可以认为是农产品供给价格和需求价格相等时的价格。从市场角度看,农产品供给与需求在相互作用过程中,会经历一个此消彼长的过程,并逐渐趋向一种均衡,形成相对稳定的市场均衡价格,所对应的农产品数量就是均衡数量。需要注意的是,农产品均衡价格不是政府指导价,而是在没有外部干涉情况下由农产品市场供求双方所自发决定的。如图6-6,其中 S 为供给曲线,D 为需求曲线,两线交点 E 为均衡点,即需求与供给相等的点,E 所对应的价格即为均衡价格。

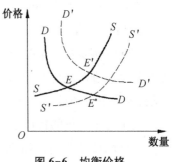

图6-6 均衡价格

一般来讲,农产品需求增加,需求曲线会上移,由 D 移到 D',其均衡点会上升,由 E 到 E',相应的价格和均衡数量会增加;反之,农产品需求下降,均衡价格也随之下降,均衡数量也会随着减少。结论是:一般情况下,农产品需求变动会引起农产品均衡价格与农产品均衡数量同方向变动。

如果农产品供给增加,供给曲线会下移,由 S 移到 S',其均衡点会下移到 E^*,此时,均衡价格下降会引起均衡数量增加;反之,农产品供给减少,其均衡价格会上升,均衡数量会减少。结论是:农产品供给变动会引起农产品均衡价格反方向变动,农产品均衡数量同方向变动。

(四)市场竞争

市场竞争是影响农产品价格的关键性因素之一,尤其是当农产品同质化时,价格竞争成为取胜的决定性因素。例如,同是在淘宝网上售卖的四川丑柑,谁的单价便宜一些,消费者就更愿意买谁的,谁就能赢得客户。实际上,这种竞争取决于竞争环境和竞争者两方面,具体包括竞争者产品价格及质量、市场结构和非价格竞争策略。

1. 竞争者产品价格及质量

营销中的竞争者包括四大类型:欲望竞争者、形式竞争者、行业竞争者和品牌竞争者。这里讲的竞争者主要是指品牌竞争者,即以相同或相近价格向相同客户提供不同品牌的相同产品和服务的竞争者,他们之间的竞争往往是最为直接的竞争。所以在农产品定价中,企业要了解这类竞争者所提供的农产品品质及价格,进行横向比较,如果与自己的产品质量差别不大,则定价趋同;如果自己产品的品质明显较好,则价格可定得高些;反之,则价格低些。例如,随着人们生活水平的提高,人们开始更多关注有机农产品,所谓有机农产品是指纯天然、无污染、高品质、高质量、安全营养的高级食品,也可称为"AA级绿色农产品"。有机农产品在生产加工过程中禁止使用农药、化肥、激素等人工合成物质,并且不允许使用基因工程技术,在土地生产转型方面有严格规定,且在数量上须进行严格控制,所以基于这些特性,这种农产品与同类产品相比定价可以高些。

2. 市场结构

市场结构是指一个行业内部买方和卖方的数量及其规模分布、产品差别的程度和新企业进入该行业的难易程度的综合状态,一般分为完全竞争市场、垄断竞争市场、寡头市场和垄断市场。

完全竞争市场的特征包括:市场上充斥着为数众多的消费者和生产者,而他们都是价格的接受者,而不是控制者;不同厂商提供的产品是同质的;厂商可以自由进入或退出该行业;所有消费者和生产者都具有完备的信息。依据这些特征,在完全竞争市场上的农产品企业只能随行就市,依照现行市场价格来定价。

垄断竞争的特征包括:生产集团中有大量企业生产着有差别的同种产品,这些产品之间有较强的替代性;由于厂商的数目众多,所以每个单独的厂商都认为自己的行为影响很小,不会引起其他厂商的任何反应;进入或退出这一行业比较容易。依据这些特征,在垄断竞争市场上有较大的定价空间和选择自由,农产品企业可以通过调整销售价格来实现利润最大化,还可以通过展开品质竞争和广告竞争等非价格竞争手段来谋取更多的利润。

寡头市场的特征包括:在一个行业中,只有若干家企业控制了产品的极大部分供给;产品同质或异质;其他企业进出该市场比较困难。由于寡头厂商的产量在全行业中占有较大的比重,从而每个寡头厂商的价格都会对其他竞争对手乃至整个行业的价格产生举足轻重的影响,因此,每个寡头厂商在采取行动前,都必须考虑到竞争对手的反应,并据此采取最有利的行为。

垄断市场的特征包括:市场上只有唯一一家厂商生产和销售该商品;该厂商的商品没有任何替代品;进出该行业是极为困难或不可能的。垄断厂商常常采取差别定价,又称价格歧视,即一家厂商在同一时间对同质产品向不同的购买者索要两种或两种以上的价格,或对销售给不同购买者的同一种产品在成本不同时索要相同的价格。同时,在法律和政策允许下,会形成一定程度的"垄断价格"。

3. 非价格竞争

企业的竞争策略可以分为价格竞争和非价格竞争两种。价格竞争是依靠低廉的价格争取销路、占领市场、战胜竞争对手的一种竞争形式,尤其是当企业与企业之间的产品在性能、效用、样式、包装、服务等各方面相近时,价格竞争被较多地采用。非价格竞争是指企业通过不断地采用新技术、新工艺,提高管理水平,改进产品质量,改善包装和外观式样,加强售后服务,注重广告促销效果,以提高产品的市场占有率,实现盈利目的。非价格竞争所强调和突出的是产品价格以外的因素。现代农产品企业之间的竞争越来越倾向于非价格竞争,非价格竞争的实质就是通过整体的营销活动扩大需求,开展竞争。例如,"褚橙"将商品特性与创业者的励志人生故事相结合,并借助"互联网+"的模式,实现了果树上的橙子还没有落地就已经被预订一空的销售奇迹。

(五) 消费者心理因素

无论哪种消费者,在消费过程中,必然会产生种种复杂的心理活动,支配着消费者的消费过程。因此,消费者的心理也是农产品定价时必须考虑的因素。

在现实生活中,很多消费者存在"一分钱一分货"的观念,面对不太熟悉的农产品,常常从价格上判断产品的好坏,从经验上把价格同产品的使用价值挂钩。但消费者心理上的反应是很复杂的,某些情况下可能会出现完全相反的反应。例如,在一般情况下,涨价会减少购买,但有时涨价反而会引起抢购。因此,在研究消费者心理对定价的影响时,要持谨慎态度,仔细了解消费者心理及其变化规律。

1. 自尊心理

这类消费者希望得到精神上的满足,愿意购买比较高档的产品,愿意出高档次的高价格,不愿意出低档次的高价格。如宁愿出 10.1 元买,也不愿出 9.9 元买,虽然只差 2 毛钱,但好像差一个档次。针对这种心理,要采取整数定价法和高档次定价法。

2. 实惠心理

这类消费者希望花较少的钱而买到称心如意的商品,对日用品尤其如此。对于这类消费者,一件商品定价为 0.98 元要比 1 元好卖得多。

3. 名牌心理

这类消费者十分重视商品的品牌,认为"一分钱一分货",是名牌,价格高点也无所谓;而没什么名气的商品,即使价格便宜也不会轻易地购买。针对此类消费者,不宜采取薄利多销的方法,而应注重产品质量和运用质量差价的方法。

4. 惜时心理

有这种心理的人比较珍惜时间,为图方便不大计较价格。针对此类消费者应采用整数价格,如在机场出售的商品、节日用品等。

5. 反馈心理

当某种商品降价时,消费者由此推断该商品还会降价,持币观望推迟购买;反之,当某种商品价格上涨时,消费者就推断还要上涨,便进行抢购。针对此类消费者,降价时一定要谨慎,宁可增加附加产品和服务也不要选择直接降价。对于某些高档商品,也不要忽视这种心理,"买贵不买贱"就是这种心理的反映。

(六)国家有关的政策法规因素

价格关系到国家、企业和消费者三者之间的利益,与人们的生产生活和国家的安定息息相关。特别是农产品,是国民经济的基础,工业经济的原材料,老百姓的米袋子、菜蓝子,"牵一发而动全身",为了调控整个国民经济的健康、稳定发展,政府有时会对农产品的市场价格进行调控干预,保证农民利益不受损害。如为了刺激农民种粮的积极性,增加农民种粮收益,国家连续几年都在提高粮食收储价格。除此之外,国家还通过制定物价工作方针和各项政策、法规,对价格进行管理、调控或干预,利用税收、金融、海关等杠杆间接地调控价格。因而,国家的有关方针政策对市场价格的形成具有重要的影响。

第二节　农产品价格制订及调整

一、农产品定价方法

农产品定价方法是农产品生产经营者在已经确定定价目标的基础上,利用定价程序对农产品进行科学定价的具体操作方法。农产品定价是影响市场需求和购买行为的重要因素之一,直接关系到农产品生产经营者的收益水平。如果农产品价格制订得恰当,会促进农产品销售,提高农产品生产经营者的盈利;反之,则会制约需求,降低收益,因此,农产品定价是农产品市场营销活动的重要组成部分。农产品经营者往往需要根据不同的情况、不同的定价目标,采取不同的定价方法。

(一)成本导向定价法

这是一种以农产品单位成本为基本依据,再加上预期利润来确定价格的方法。

这种以成本为核心的定价方法优点在于简单易用,只需要在成本核算的前提下加上适当预期利润就可以了;而且这种方法在考虑农业生产者合理利润的前提下,当顾客需求量较大时,价格显得更公道些,双方的利益都得到了保障,对于稳定农产品市场有一定的帮助。

但是它的缺点也比较明显,以成本为导向,没有考虑市场价格、需求及竞争的问题,农产品的替代品多而复杂,这种只考虑自己成本的定价方法不能在激烈的市场竞争中取得优势;而且从长远来看,这种定价方式也不利于农产品经营者降低产品成本,无法在市场中取得竞争优势。

常用的成本导向定价法有以下几种具体的方法:

1. 成本加成定价法

这是一种最简单的定价方法,以产品的单位成本加上预期的利润来确定价格,又称成本添加法。据成本测算的标准不同,可以分为平均总成本加成定价法和变动成本加成定价法。

① 平均总成本加成定价法,即平均总成本加上预期利润,平均总成本包括生产经营一单位农产品时所花费的固定成本和变动成本,其计算公式为:

$$单位产品价格=单位产品成本+单位产品预期利润$$

② 变动成本加成定价法,即在定价时只计算变动成本,而不计算固定成本,在变动成本的基础上加上预期的边际贡献。由于边际贡献会小于、等于或大于变动成本,所以企业就会出现盈利、保本或亏损三种情况。这种定价方法一般在竞争激烈时采用,因为这时如果采取平均总成本加成定价法,必然会因为价格太高影响销售,出现产品积压。采用变动成本加成定价法,一般价格要低于平均总成本加成定价法,所以容易迅速扩大市场。其计算公式为:

$$单位产品价格=单位产品变动成本+单位产品边际贡献$$

2. 盈亏平衡定价法

盈亏平衡定价法也叫保本定价法或收支平衡定价法,是指在销量既定的条件下,企业产品的价格必须达到一定的水平才能做到盈亏平衡、收支相抵。其核心就是全部销售收入等于全部成本时的产量及价格,高于这个保本价格会盈利,低于这个价格会亏损。科学地预测销量和已知固定成本、变动成本是盈亏平衡定价的前提。

盈亏平衡定价法的计算公式为:

$$P = \frac{FC/Q + VC}{1 - T_s}$$

式中：FC 为固定总成本，Q 为销量，VC 为单位可变成本，T_s 为营业税率。

【随堂测试 6.5】

某养殖场共有鲤鱼 300 条，年度固定成本总额为 3 000 元，每条鲤鱼的变动成本为 10 元，预计鲤鱼成活率为 80%，税率为 5%，求该养殖场保本时的价格。

3. 目标利润定价法

目标利润定价法又称目标收益定价法、目标回报定价法，是根据企业预期的总销售量与成本，确定一个目标利润的定价方法。目标利润定价法的要点是使产品的售价能保证企业达到预期的目标利润率。其计算公式为：

产品价格＝（总成本＋目标利润）/预计量

【随堂测试 6.6】

某鲍鱼养殖场总固定成本是 300 万元，每只鲍鱼的变动成本是 4 元，预期销售 50 万只，目标利润率为 20%，请利用目标利润定价法确定鲍鱼的价格。

（二）需求导向定价法

需求导向定价法又称顾客导向定价法、市场导向定价法，是指农产品在定价时以消费者对农产品价值的理解和需求为基础制订价格的方法，这种定价方法可以帮助农产品在激烈的市场竞争中取得竞争优势。

1. 理解价值定价法

理解价值定价法又称感受价值定价法或认知价值定价法，是以消费者对农产品的价值感受及需求程度作为定价的基本依据。消费者在购物时，往往会根据他们对产品的认识、感受或理解的价值水平，再综合对市场行情及同类产品的了解对价格作出判断，所以当价格水平与消费者对商品价值的理解大体一致时，消费者会接受这个价格；反之，消费者就不会接受这个价格，商品就可能卖不出去。

例如，国际权威有机农业研究机构瑞士有机农业研究所（FiBL）和 IFOAM 国际有机联盟对全球范围内有机农业发展进行调研和数据分析，目前已连续 19 年发布《世界有机农业概况与趋势预测》，其 2018 年发布的研究数据显示（调查研究数据截至 2016 年底），以有机方式管理的农地面积为 5 780 万公顷（包括处于转换期的土地），与 2015 年相比增长了 750 万公顷（增长了 15%），其中有机农地面积最大的三个国家分别是澳大利亚（2 740 万公顷）、阿根廷（300 万公顷）和中国（230 万公顷)。全球有机农产品的销售总额从最初150亿美元增长到2016年的900亿美元。有机农产品售价比普通农产品高出20%以上。之所以有机农产品售价比较高,得益于消费者购买农产品时总会在同类商品之间进行比较,选购那些既能满足其安全、营养需要,又在其消费能力以内的农产品。尽管有机农产品售价比较高,但仍然得到市场的认可,这是与消费者收入水平提高、消费安全意识增强以及国家安全消费教育与引导息息相关的。

因此,农产品生产经营者要设法加深消费者对农产品特别是高价优质农产品价值的理解,提高其愿意支付的价格。

2. 需求差异定价法

需求差异定价法又称差别定价法,是指根据消费者需求的差异,对相同的产品采取不同价格的定价方法。这种定价法可以使农产品最大限度地符合市场需求,有利于企业获得最佳的经济效益。

① 基于消费者差异的差别定价。这是根据不同消费者的消费身份、消费水平和消费习惯等差异,制订不同的价格。例如,2019年3月在昆山举办的郁金香花展,其普通门票是60元,学生和70岁以上老年人则是半价。

② 基于不同地理位置的差别定价。由于不同地理位置间生活水平、消费理念、产销地距离以及市场环境的差异,同一产品在不同地区销售时,可以制订不同的价格。例如,蔬菜商情网发布的数据显示,2019年2月天津大白菜的平均批发价格为0.9元/公斤,浙江为1.75元/公斤,新疆为3元/公斤[①]。

③ 基于产品差异的差别定价。基于产品差异的差别定价是指对于同类农产品,根据外观和式样等不同来定价。例如,带礼盒和不带礼盒的水果,虽然产品质量差异不大,但价格往往相差很大。

④ 基于时间差异的差别定价。农产品有较强的季节性,而且同一农产品在不同时间里的品质也存在差异,消费者的需求强度也不相同。例如,超市新上架的蔬菜较新鲜,菜的品质就是促销招牌,这时的定价比较高;到了夜间,水分蒸发后蔬菜的品质下降,这时候超市一般会进行折价销售,以吸引购买者。

(三)竞争导向定价

竞争导向定价是指在激烈的市场竞争中,农产品经营者通过研究竞争对手的生产条件、服务状况、价格水平等因素,根据自身的竞争实力,参考成本和供求状况来确定农产品的价格。

---

① 数据来源:http://www.shucai123.com/baicai/

1. 随行就市定价法

随行就市定价法又称流行水准定价法，一般是以本行业的平均价格水平为标准的定价方法。这种方式适用于质量差异不大、竞争激烈的农产品，或者成本不易测算、市场需求和竞争者反应难以预料的农产品。例如坚果就属于竞争非常激烈的农副产品，知名的品牌非常多，例如三只松鼠、百草味、良品铺子及洽洽等等，而且消费者能感知到的产品差异不大，所以这种农产品的定价就可以采用随行就市定价法，既容易被消费者接受，又使自己获得平均利润，还能避免挑起激烈的价格战。

2. 差别定价法

差别定价法就是通过努力使同质农产品在消费者心中树立不同的形象，通过产品的形象差异实现产品价格差异。例如，"褚橙"其实就是云南的一种冰糖橙，起初由于产品同质化而销售困难，但随着其创业者的励志人生故事广泛传播，顾客对褚橙产生好感和信任感，"褚橙"也就变成了"励志橙"，价格比普通冰糖橙高好几倍。

二、农产品定价程序

在选择了农产品的定价目标之后，农产品生产经营者需要通过一系列程序来最终确定农产品价格。主要程序包括：

（一）选择定价目标

企业的定价目标是多样化的，也是农产品价格决策的重要参考因素，所以在定价过程中首先应根据目标市场选择，特别是利用 SWOT 分析法明确定价目标。

（二）确定市场需求

当企业确定了定价目标之后，并不意味着很快可以制订出正确的价格，还必须确定产品的需求状况。一是要确定影响需求变动的因素，如产品的独特性、替代品的知名度、产品与替代品间质量的可比性、占消费者支出的比重等；二是要确定需求的变动方向，即定价方式的不同是否会引起竞争对手的连锁反应；三是确定需求的价格弹性。

（三）估计成本

在定价的过程中，需求决定了产品价格的上限，而成本则决定了价格的下限，除非是企业有特定的短期竞争性目标，一般情况下，任何企业所制订的价格必须"保本"。企业要系统分析农产品生产经营中的成本构成，包括生产、分销和促销成本，确保所定价格的盈利性。

(四)分析竞争对手

通过对竞争对手产品与价格的比较分析,可以为自己产品的定价提供参考,赢得竞争优势。可以通过派出相关人员对竞争对手的产品进行专业分析,也可以向消费者调查了解其对各个竞争对手产品和价格方面的意见。

(五)选择定价方法,确定最终价格

企业根据调查情况,结合自身特点,确定价格区间,选择合适的定价方式,进行科学定价,使价格尽可能地体现农产品价值。同时,定价要符合国家的相关法规、政策,充分考虑各个因素后,确定最终价格。

三、农产品价格策略

农产品价格策略是在定价目标的指导下,根据农产品特征和市场条件,综合考虑影响价格的各种因素,运用具体的定价方法,对农产品价格进行调整。

(一)折扣定价

折扣定价是为了鼓励消费者尽早付清货款、大量购买、淡季购买而低于基本价格的价格策略。

1. 现金折扣

现金折扣又称销售折扣,是为了促使消费者尽早付清货款而提供的一种降价优惠。例如超市在夜间时一般会对一些生鲜食品进行打折,鼓励消费者及时购买这些产品,减少损失。同时这种定价策略还可以改善农产品销售的现金周转,减少赊账和坏账损失,这主要是针对大批量农产品采购。例如,购买者本应该在30天内付清货款,但如果在交货后10天内提前付清的话,则可以享受2%的折扣。

2. 数量折扣

数量折扣又称批量定价,是农产品生产经营者对大量购买农产品的消费者提供的降价优惠。数量折扣可激励顾客从某一特定的销售者那里购买更多的农产品,这对于大宗农产品采购有很大的吸引力,但是折扣额不能超过销售者大量销售所节省的成本。数量折扣的关键在于合理确定折扣的起点、档次及折扣率。

数量折扣可分为累计数量折扣和一次性数量折扣两种类型。累计折扣是对一定时期内累计购买超过规定数量或金额所给予的价格优惠,目的在于鼓励消费者与农产品生产经营者建立较为稳固的客户关系,以取得长期的利润。这种折扣适用于长期交易、大批量销售以及需求相对稳定的农产品。

一次性数量折扣是对一次购买超过规定数量或金额而给予的价格优惠,目的

在于鼓励消费者增大单次购买量。这种折扣适用于短期交易、季节性、过时、滞销、易腐和易损的农产品。

3. 功能折扣

功能折扣又称贸易折扣,是农产品生产经营者向中间商提供的一种折扣,根据各类中间商在农产品营销中功能的不同而给予不同的折扣。一般来说,批发商折扣较大,零售商折扣较小。对不同功能的中间商给予不同的折扣,使他们在不同的环节上都能得到合理利润,乐意经销农产品。

(二)心理定价

心理定价策略就是企业在制订产品价格时,运用心理学的原理,根据不同类型消费者的消费心理来制订价格,是科学和艺术定价的结合。

1. 尾数定价

尾数定价是指在农产品定价时,取尾数而不取整数,使消费者购买时在心理上产生商品特别便宜的感觉。尾数定价策略以暗示效应为基础,它暗示消费者这种商品的价格是商家经过认真核算制订的,可信度高。例如,超市的蔬果价格往往都是采用尾数定价,如定价1.99元/斤,使消费者产生一种便宜感及信任感。

2. 整数定价

根据消费者自尊心理及虚荣心理的需要,对一些高级农产品采取整数定价,因为这种定价能满足顾客的虚荣心。例如日本东京有家水果店叫千疋屋,被称为日本最贵的水果店,这里的水果堪比珠宝,都采用整数定价。

3. 习惯定价

许多日用农产品,由于消费者经常购买,形成了一种习惯价格,这一类商品不应轻易改变价格,以免引起顾客不满。由于消费者对这类农产品价格变动较为敏感,所以企业对这些产品定价时要充分考虑消费者的习惯倾向。对消费者已经习惯了的价格,不宜轻易变动,降低价格会使消费者怀疑产品质量是否有问题,提高价格会使消费者产生不满情绪,导致购买的转移。在不得不提价时,应采取改换包装或品牌等措施,减少抵触心理,并引导消费者逐步形成新的习惯价格。

4. 最小单位定价

最小单位定价其实是利用了消费者的心理错觉,因为小包装的价格容易使消费者误以为低廉。例如,超市里的猕猴桃往往是按个计价;还有一些高档茶叶,它的计价方式不是以斤为单位,常常是以150克为单位。

5. 招徕定价

招徕定价是利用消费者对低价的兴趣,将少数几种农产品的价格降到市价以下甚至低于成本,以招徕顾客,增加消费者对其他商品的连带性购买,以达到扩大销售的目的。例如大润发超市常常会在其 DM 单上印上今日低价的农产品,吸引顾客到超市购买的同时,也带动了更多其他正价农产品的销售。

6. 声望定价

声望定价是指利用消费者仰慕名牌商品或名店的声望而故意把价格定成整数或高价的定价方法。一些消费者具有崇尚名牌的心理,往往以价格来判断产品质量,认为价高质必优,这种定价策略既补偿了提供优质产品或劳务的商家的必要耗费,也有利于满足不同层次的消费需求。例如超市里出现了品牌精品蔬果、品牌精品肉类、有机蔬果,这些农产品比同类产品价格高,但更能使消费者产生信任感和安全感。

(三)撇脂定价

撇脂定价指新产品进入市场后经营者有意识地把产品价格定得大大高于成本,使其能在短时间内把开发新产品的投资和预期的利润迅速收回。当经营的新品供不应求,或是培育的是新、奇品种时常常会采用撇脂定价,其价格要高出同类产品几倍到几十倍,以获得最大利润。例如"写"着吉祥语的带字苹果,随着春节的日益临近,这些"喜庆果"在市区一些水果店和超市上架,由于新颖奇特,身价也比普通苹果飙升数倍。

(四)渗透定价

渗透定价是指将投放市场的农产品价格定得低些,以迅速打开和扩大市场,在价格上取得竞争优势。具体在农产品的应用上可以采用高质中价定位,提供优质农产品,但价格却定在中等水平上,以价格的优势吸引众多的消费者,使消费者感到花中等的价格获得高品质消费;也可以采用中质低价定位,指以较低的价格,向消费者提供符合一般标准的农产品;还可以采用低质低价定位,农产品没有质量优势,唯一有的是价格优势,针对的是对价格敏感的消费者。

(五)地理定价

地理定价是指根据消费者所在地理位置不同,考虑公司运输相关成本的差异,以此作为农产品定价调整的基础。根据这种定价方法,价格是由货物成本加上调整后的运费构成的。

1. FOB 产地定价

FOB 又称离岸价,卖方须负责将货物运到产地某种交通运输工具上交货,并承担一切风险和费用,而交货后的一切风险和费用(含运费)由买方承担。这种定价可以让每一个顾客都各自负担从产地到目的地的运费,比较合理。但由于一些农产品如蔬果等具有易腐性,远距离的顾客就可能不愿购买这个企业的农产品,而购买其附近企业的农产品。

2. 统一交货定价

统一交货定价是指对全国不同地区的消费者,不论远近,企业都实行统一价格,运费按平均运费计算。这种定价的优点是简便易行,易于管理,有利于开拓异地市场;但对近距离的客户不利。

3. 区域定价

区域定价又称为分区定价,即把农产品的销售市场划分为两个或两个以上的区域,在每个区域内定一个价格,不同的区域市场采用不同的价格。商品由卖方统一运送,运费按该区域内所有顾客的平均运费计算。

4. 基点定价

基点定价是指企业选定某些城市作为基点,然后按一定的厂价加从基点城市到顾客所在地的运费来定价。农产品产地比较集中,分立的生产商可以先把它们集中到某个固定的地点,再从那里向全国各地运送。这样的固定发货地点称为"基点",而农产品在基点的发货价叫"基点价"。接着,当农产品从基点运送到各地后,要加上相应的运费,才成为当地的售价。离基点较近的地区,售价就较低;离基点较远的地区,售价就较高。

5. 运费免收定价

运费免收定价是指买方只需要支付农产品价款,由卖方负责运费。采用运费免收定价可以使企业加深市场渗透能力,并且在竞争日益激烈的市场上站住脚。但使用的前提是要保证销售的规模经济,因为销售的规模经济可以降低农产品平均成本,将运输成本内部消化掉。

【随堂测试6.7】

果蔬农产品一般采用什么价格策略?请举例说明。

四、农产品价格调整

农业企业为某种产品制订出价格以后,并不意味着大功告成。随着市场营销环境的变化,产品价格的剧烈波动,企业随时都可能要对现行的市场价格予以适当调整。当企业自身产品或成本具有优势时,将价格作为竞争的利器,主动发起价格调整,称为主动调价;当企业出于应付竞争的需要,针对竞争对手主动调价,而不得不被动地调整价格,称为被动调价。一般来说价格调整有降价及提价两种策略。

(一)农产品价格调整反应

农产品价格的变动最主要的是对消费者与竞争对手的影响。一般价格的变动在不同的市场会有不同的市场反应。

1. 同质农产品市场反应

在同质产品市场上,消费者又很熟悉市场,那竞争对手的反应就很重要。如果竞争对手降价,其他企业也必须降价,否则消费者会购买竞争对手的产品。如果某企业提价,其他企业不一定随之提价,最先发动提价的企业也不得不取消提价。企业适应竞争对手价格变动的最佳反应,要视具体情况而定。如果竞争对手的目标是提高市场占有率,它就可能随着本企业产品价格的变动而调整价格。如果竞争对手的目标是获取最大利润,它就可能采取其他如增加广告预算、加强广告宣传,或提高产品质量等策略。受到进攻的企业要考虑自己的优势、竞争对手的价格和质量、竞争对手的意图和资源、市场对价格的敏感性、其产品在整个生命周期中所处的阶段、成本费用随销售量和产品的变化情况,以及企业的其他机会等,从而将价格定在一个合适的、对竞争对手有竞争力的水平。面对竞争对手已发动的变价战,企业花很多时间去研究最佳反应方案是不可能的,必须在几天甚至几小时内明确果断地作出反应。缩短这种价格反应决策时间的有效途径,是事先预测竞争对手价格变动,准备好恰当的对策。总之,企业在发动价格调整时,必须善于利用各种信息来源,掌握竞争对手的心理反应,以便及时采取适当对策。

2. 异质农产品市场反应

在异质产品市场上,企业对竞争对手价格变动的反应有更多的自由。在这种市场上,消费者选择卖主时,不仅要考虑产品价格高低,而且还要考虑产品的质量、服务、可靠性等因素,因而他们对于较小的价格差异并不介意。消费者对调价的反应,主要看消费者的价格意识,即消费者对商品价格高低敏感性的强弱程度。一般而言,价格意识和收入呈负相关关系,即收入越低价格意识越强,收入越高价格意识越弱,价格调整一般对需求不会产生较大影响。除此之外,消费者对那些经常要买的价格高的产品的价格变动较敏感;对花钱少、不经常购买的小商品,价格较高也影响不大。最后,消费者还会考虑取得、使用和维修产品的总费用。当某种产品这方面的总费用低于产品价格的变动,即使价格比竞争对手高,对销路的影响也不大。可见,当价格变动在消费者可接受的价格范围内,则对消费者的影响不大;如提价幅度超过可接受的价格,则会引起消费者不满,产生抵触情绪,不愿购买企业产品;降价幅度低于下限,有时也会使消费者产生种种疑虑,对实际购买行为产生抑制作用。

【随堂测试6.8】

你理解的同质农产品与异质农产品是什么？请举例说明。

（二）降价

产品降价,可以扩大销售,增强竞争能力,促使经营者加强管理。一般来说,除产品滞销、陈旧变质等原因外,经营者要降价销售的基础是要降低产品的成本,增加总收入。为了防止消费者对降价产生不利于企业的猜测或误解,经营者在加强管理、降低消耗、提高劳动生产率的同时,在进行降价时,应运用一定的技巧,让各方面都感到满意,实现企业的预期营销目标。

1. 产品降价原因

一般而言,在市场经济条件下,生产者降低价格的原因主要有:

① 供过于求。生产能力过剩,但又不能通过产品改进和加强销售工作等来扩大销售,在这种情况下,生产者只能降低价格进行销售。

② 竞争激励。竞争压力使得市场占有率下降,迫使生产者通过降价来扩大市场占有率。

③ 成本优势。成本费用比竞争对手低,通过降价来掌握市场或提高市场占有率,从而扩大生产和销售。

④ 产品需求弹性大,降低价格可以扩大销售量。

⑤ 在通货紧缩背景下,市场的总价格水平降低,可以采取降价措施。

2. 降价方式

降价最直接的方式是将企业产品的目录价格或标价进行降价出售。但更多的企业是采用间接的方式来进行降价,如通过各种折扣形式来降低价格。此外,变相的降价形式还有赠送样品和优惠券,实行有奖销售;给中间商提取推销奖金;允许顾客分期付款;赊销、免费或优惠送货上门、技术培训、维修咨询;提高产品质量,改进产品性能,增加产品用途等。由于这些方式具有较强的灵活性,在市场环境变化的时候,即使取消也不会引起消费者太大的反感,同时又是一种促销策略,因此在现代经营活动中运用越来越广泛。除此之外,在销售实践中,还常采用如下降价方式:

（1）零头降价

即根据消费者的求廉心理,将产品的整数价格变为尾数价格。

（2）自动降价技巧

如美国一家商店规定,店内出售的商品如12天后卖不出,就自动降价25％出售;再过6天卖不出,就自动降价50％出售;再过6天卖不出,就自动降价75％出售；再 6 天卖不出，就将产品送人或抛弃。该店这样做，开始时亏了本，但时间长了，受到了消费者的普遍欢迎。另外一些易腐、易变质、必须当天售完的产品，如蔬菜、瓜果等，收市时就会降价促销，若收市还未售完超市也会及时处理掉。

（3）弹性降价

即根据购物的不同数量，确定不同降价幅度的一种降价技巧。如一次购物在 100 件以内，产品按原价出售；一次购物 100~500 件，按原价的 95% 出售等。产品的弹性降价技巧，一般也称产品的折扣定价技巧，它可促使消费者多购买产品。

（4）赠送降价技巧

如购买某种商品达到规定的量时，就有相应的礼品赠送。如铁棍山药特产店，贴着"每购买 2.5 kg 山药，赠送礼品盒一个"的促销告示，这就是出售铁棍山药采取的赠送降价技巧。经营者为吸引消费者购买产品，一般采用 3 种赠送降价技巧：搭配奉送，即顾客买一样东西，店方送一个小纪念品；配套发奖，即顾客在店里买了东西后，可凭发票到指定地点领奖，奖品大都是一些实用的或有纪念意义的物品；降价优惠，即顾客买了东西后，可得到商店发放的优惠券，顾客凭券可在指定地方买到低价的产品。

（5）逆反降价技巧

一般情况下，产品降价出售，总是由高到低，如 100 元降为 90 元。但有的经营者在对产品进行降价时，却登出"100 元可买 110 元产品"的广告，这种降价从表面上看是没有任何区别，但折扣的大小却不同，"100 元可买 110 元产品"折扣率 90.91%，"100 元产品卖 90 元"折扣率 90%，两者相差 0.91%，对经营者来说就增加了 1% 的利润。"100 元可买 110 元产品"一次的销售收入为 100 元，"100 元产品卖 90 元"一次实现的销售收入为 90 元，实现的销售收入显然前者比后者高 10 元。可消费者的反应心理却不同，"100 元可买 110 元产品"使消费者产生货币价值提高的心理反应，产生"与产品降价无直接关系"的错觉，"100 元产品卖 90 元"消费者的直觉反应是降价求售。

（6）全面降价技巧

杭州市解放路百货商店在报纸和电视台登出一则广告："凡本店出售的产品，其价格一律低于杭州市同类商店，如有顾客买到的产品价格高于本店的，均可持货物和单据到本店领取高出部分的差额。"在这里，该店就是采用了全面降价（低价）的技巧，从表面看，商店似乎减少了利润，其实并非如此，该店采用此法后，前来购买商品的人渐渐增加，当月销售额同比增加 45.7%，资金周转加快 10.36 天，利润增加 44.9%。

确定何时降价是调价策略的一个难点，通常要综合考虑企业实力、产品在市场生命周期所处的阶段、销售季节、消费者对产品的态度等因素。比如,进入衰退期的产品,由于消费者失去了消费兴趣,需求弹性变大,产品逐渐被市场淘汰,为了吸引对价格比较敏感的购买者和低收入需求者,维持一定的销量,降价就可能是唯一的选择。由于影响降价的因素较多,企业决策者必须审慎分析和判断,并根据降价的原因选择适当的方式和时机,制订最优的降价策略。

但在制订降价策略的同时,也要明白,通常情况下,消费者会把产品的价格与他们对产品质量的认识联系起来,即低价意味着低质量,造成的结果就是高质量的产品加上低价格就等于低质量。故而,农产品的价格必须与希望建立的形象保持一致。高价格有利于树立产品和企业形象,如绿色农产品、有机农产品的价格通常在一个较高的位置,即使是降价也比一般农产品的价格高,而且常常采用间接降价的方式。同时在制订低价格策略时,也要保障产品的质量。

【小思考6.3】
农产品降价的方式一般有哪些?请举例说明。

3. 降价要求

为使农产品降价取得理想的效果,经营者必须努力做到以下几点。

① 降价的幅度要适宜。经营者产品的降价,应根据具体原因、目的和要求进行,降价的幅度既不宜过小也不宜过大。过小不足以引起消费者的兴趣,达不到降价的目的;过大既会给经营者带来一定的利益损失,又会引起消费者的猜疑。

② 降价的时机要恰当。一般来说,对新鲜产品,如蔬菜、水果、水产品等,在落市前就应降价;对时尚产品,流行周期一过就应降价;对季节性产品,季末就应降价;对一般产品,应尽可能在陈旧、变质前降价。

③ 降价的次数应适当控制。总的要求是经营者产品降价的次数不宜太多,一个产品降价的次数多了,会使消费者生产观望等待心理,不利于经营者的产品销售,也不利于经营者经销工作的正常开展。

④ 降价的标签应显示出来。产品降价后,应将降价后的价格标签立即显示出来,制作降价的价格标签。一种方法是划去原标价,再填写降价后的价格;另一种方法是换上降价后的新标签。一般来说,国家定价的产品,一律使用红色标签;国家指导价的产品,一律使用蓝色标签;经营者定价的产品,一律使用绿色标签。

降价要慎重,因为价格是有刚性的,一般降下去容易,但是很难再涨上去,因此,在经济形势不好和竞争激烈等情况下,企业可以采用赠送一些附加产品或者服务的形式变相降低价格,尽量避免直接降低价格。在降价的时候,一定要一步降到位,最好能产生震撼效果,让消费者感觉商品是真的便宜了,优惠了。

(三) 提价

通过提价,可增加效益,改善经营管理,即在产品成本一定的情况下,产品提价可提高经营者的盈利水平,增加效益。一方面,如产品的售价不变,成本提高,时间长了,经营者就会缺乏足够的承受能力,就会产生亏损;另一方面,消费者对提价有一种本能不满的反感,产品提价会带来销售量的减少;同时,根据价值规律,无论产品是供大于求,还是供小于求,在产品质量一定的前提下,谁的产品价格低,谁就能吸引更多的买者。因此,经营者在提价问题上要进行认真分析,然后再决策。

一般农产品提价的因素有以下几点。

1. 产品提价原因

① 通货膨胀,货币贬值。此时产品价格低于其价值,生产经营者就不得不涨价,以弥补贬值造成的损失。

② 产品供不应求。当产品供不应求时,物以稀为贵,消费者就会哄抬物价,生产经营者就会趁机提高产品价格,以缓解市场压力。

③ 竞争力增强。当产品的功能增加,"人无我有",可以提高产品价格,以突显实力。

④ 在市场环境下,由于消费者专业知识不足,往往以价格高低作为评价产品好坏的依据,此时维持高价可以提高竞争力。

⑤ 成本费用增加。这是生产经营者对产品提价的最主要原因。

2. 提价的要求

无论是因经营者的费用增加而提价,还是经营者根据市场情况提价,都有一定的风险,搞不好会适得其反。因此,经营者在提价时,必须遵循如下要求。

(1) 提价的幅度要适宜

产品提价的幅度不宜过大,一般应考虑两点:一是不宜高于经营者生产经营费用增加的幅度;二是不宜高于同类产品经营者提价的幅度。

(2) 提价的形式要灵活

可对产品直接提价,如从 2 元直接提到 2.2 元;可以对产品间接提价,如改变结算方法、减少折扣;也可对产品搭配提价,如一种产品提价,另一种产品降价相配合。

(3) 提价的手法要巧妙

有些产品可通过改变其形状、材质、包装等手法提价,使用户易于接受;有些产品可通过增添附加物或增加服务项目,或赠送礼品等方法提价,使用户感到实惠。

(4) 选择好提价的时机

对产品性能改变等造成的技术性提价,应在用户需求量最迫切、反感程度较小的时候进行。如某种仪器经过改进,功能有所提高,用户又急等使用,则可适当提价。对产品成本提高造成的费用性提价,应对用户广泛宣传解释,取得广大用户谅解后再进行提价。

(5) 控制提价的次数

产品提价要尽可能一步到位,不宜多次提价。在一定的时间内(如一年内),经营者产品提价的次数不宜多于一次,否则容易遭到广大消费者的抵制。

(6) 提价后要进行情况跟踪

产品提价后,经营者的有关部门,如经销部门或财务部门,要对用户进行跟踪调查,对用户对产品提价的承受能力、提价引发消费替代效应的情况进行跟踪,从该产品提价与相关产品或代用品价格之间的关系中,分析产品提价的合理性。

(7) 提价的回落要慎重

随着经营者外部环境的改变和内部条件的改善,产品提价后,经营者还要适时考虑价格的回落,设法将提高的价格再降下来。要回落价格,就要做好两项工作:一是挖潜,才能减少消耗,降低成本,使价格回落;二是慎重。

企业的价格不是一成不变的,而且价格的制订只是一个开始,企业必须根据市场需求的变化不断地调整价格。例如,新产品在最初上市的时候,消费者一般都有好奇、攀比、炫耀等心理,因此,可以制订较高的价格;但是随着产品的更新换代和替代品的不断出现,企业要不断地降低价格,增加一些促销活动,促进产品的销售。提价一般是暗提,而且一定要分步提价,每次的提价不能高于消费者差别感觉的上限;只有在迫不得已的情况下,才能明提,可以通过开发新产品、改变产品的规格、增加产品的功能等进行提价。在整个社会商品的成本材料价格整体提升,导致企业的生产费用大幅度上涨,在这种大的经济形势下,企业可以采用明提的方法,这样能够得到消费者的理解,但是要注意,不要趁乱提价和胡乱提价,比如方便面企业成本上涨5%左右,但是在明提和暗提交替使用下,提价20%左右就很不合理了。

【项目小结】

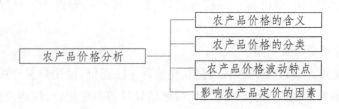

第六章 农产品价格策略

【重要概念】

农产品价格　蛛网理论　定价方法　撇脂定价　渗透定价　功能折扣　最小单位定价

【测试题】

(一) 单选题

1. 决定农产品价格最高限度的因素是(　　)。
   A. 成本　　　　　B. 供给　　　　　C. 需求　　　　　D. 竞争
2. 决定农产品价格最低限度的因素是(　　)。
   A. 成本　　　　　B. 供给　　　　　C. 需求　　　　　D. 竞争
3. 作为生活必需品的农产品的需求价格弹性(　　)。
   A. 大　　　　　　B. 小　　　　　　C. 无弹性　　　　D. 不确定
4. 从长期来看,农产品价格波动适用(　　)。
   A. 发散型蛛网　　B. 封闭型蛛网　　C. 收敛型蛛网　　D. 不确定
5. 从短期来看,农产品的供给弹性(　　)。
   A. 比较小　　　　B. 比较大　　　　C. 为 0　　　　　D. 不确定
6. 一般情况下,农产品需求变动会引起农产品均衡价格与农产品均衡数量(　　)。
   A. 同方向变动　　B. 反方向变动　　C. 不变动　　　　D. 不确定
7. 在完全竞争市场上,农产品企业可以采用(　　)。
   A. 撇脂定价策略　　　　　　　　　B. 渗透定价策略
   C. 随行就市定价策略　　　　　　　D. 满意定价策略
8. 在激烈的竞争中经营者处于不利的市场环境时实行的、只能作为短期行为目标的是(　　)。
   A. 以获利为目标　　　　　　　　　B. 以保持和提高市场占有率为目标
   C. 以生存为目标　　　　　　　　　D. 以树立企业或产品形象为目标
9. 某养殖场养殖牛蛙总固定成本是 20 000 元,每只牛蛙的变动成本是 10 元,预期销售 1 000 只,平均每只重约 150 克,目标利润率为 20%,利用成本加成定价法确定牛蛙的价格是(　　)。
   A. 38 元　　　　　B. 36 元　　　　　C. 37 元　　　　　D. 39 元
10. 下列农产品在采用成本加成定价法时可以加比较高的加成率的是(　　)。
    A. 坚果　　　　　B. 酱油　　　　　C. 智利樱桃　　　D. 米
11. 为鼓励农产品大宗购买的中间商及时付款,应该规定购买者在 30 天内付清货款,但如果在交货后10天内提前付清的话,则可以打2%的折扣,这属于( )。
  A. 现金折扣　　　　　　　　　　　B. 心理定价策略
  C. 声望定价策略　　　　　　　　　D. 渗透定价策略

12. 高档的茶叶常常采用的计价单位为150克,这种小单位的计价方式属于( )。
  A. 尾数定价　　B. 整数定价　　C. 最小单位定价　　D. 习惯定价

13. 在同质农产品市场上,当竞争对手提价时,企业应该( )。
  A. 提价　　　　B. 降价　　　　C. 视具体情况而定　　D. 不作为

14. 消费者的价格意识与收入的关系是( )。
  A. 正相关　　　B. 负相关　　　C. 无关系　　　　　D. 弱关系

15. 生产能力过剩,但又不能通过产品改进和加强销售工作等来扩大销售,在这种情况下,生产者可以( )。
  A. 降价　　　　B. 提价　　　　C. 不作为　　　　　D. 增加库存

16. 生产者降价的原因包括供过于求、竞争激烈、成本优势、产品需求弹性大和( )。
  A. 通货膨胀　　B. 通货紧缩　　C. 供小于求　　　　D. 货币贬值

17. 根据消费者的求廉心理,将产品的整数价格变为尾数价格,这被称为( )。
  A. 零头降价　　B. 弹性降价　　C. 赠送降价　　　　D. 逆反降价

18. 赠送降价的技巧包括搭配奉送、配套发奖和( )。
  A. 降价优惠　　B. 自动降价　　C. 逆反降价　　　　D. 弹性降价

19. 为了使农产品降价取得理想的效果,经营者必须努力做到降价幅度要适宜、时机要恰当、次数要控制和( )。
  A. 降价标签应显示出来　　　　　　B. 降价后价格覆盖原价格
  C. 幅度较大　　　　　　　　　　　D. 频率大

20. 产品提价的原因可能是( )。
  A. 通货紧缩　　　　　　　　　　　B. 产品供不应求
  C. 成本降低　　　　　　　　　　　D. 竞争力降低

21. 为了使农产品提价取得良好的效果,经营者在提价时可以( )。
  A. 幅度较大　　B. 分步到位　　C. 赠送礼品　　　　D. 频繁提价

22. 低档食品的需求价格弹性( )。
  A. 较大　　　　B. 较小　　　　C. 为负　　　　　　D. 为零

23. 买主和卖主只能接受价格而不能决定价格的市场条件是( )。
  A. 完全竞争　　B. 垄断竞争　　C. 寡头竞争　　　　D. 纯粹垄断

24. 制造商往往会给某些批发商或零售商一种额外折扣,促使他们愿意执行某种市场营销功能,这种折扣方式叫做( )。
  A. 让价策略　　B. 现金折扣　　C. 数量折扣　　　　D. 功能折扣

25. 随行就市定价法是( )市场的惯用定价方法。

    A. 完全垄断   B. 异质产品   C. 同质产品   D. 垄断竞争

（二）判断题

1. 营销中的需求是指有效,即消费者能够且愿意购买的产品数量。（ ）
2. 一般情况下,玉米等农产品需求越多,价格越高,反之,价格越低。（ ）
3. 作为高档食品的农产品需求价格弹性比较大,提高价格会减少销量。（ ）
4. 一般来讲,农产品价格越高,意味着市场需求旺盛,有利可图,供给或愿意供给的数量就会越多。（ ）
5. 受蛛网定理影响,从长期来看,农产品供给弹性比较大。（ ）
6. 农产品供给变动会引起农产品均衡价格反方向变动,农产品均衡数量同方向变动。（ ）
7. 成本导向定价法以产品单位成本为依据,再加上预期利润来确定价格,这种方式对于农产品来说是最恰当的定价方法。（ ）
8. 当农产品经营者经营的新品弹性较大,价格低销量就显著增大,价格高销量就显著下降,这种农产品适合采用渗透定价策略。（ ）

（三）简答题

1. 请简述影响农产品定价的因素主要有哪些?
2. 请简述农产品的定价目标主要有哪些?
3. 请简述农产品的定价策略有哪些?

【拓展实训】

项目名称:农产品价格波动分析

1. 实训目标:分析农产品价格波动规律,探索应对措施。
2. 实训要求:以4～5人小组为单位,选择一种生活中常见的农产品,通过收集数据,分析其价格波动规律及原因,探索应对价格波动的措施。具体要求:(1)每组完成调研,形成×××农产品价格波动分析报告;(2)每组完成交流汇报PPT,并进行交流发言;(3)每个学生完成实训报告。

【自我总结】

序号	项目	内容
1	本章主要知识点	
2	本章主要技能	
3	完成本章学习后最大的收获	

第七章　农产品营销渠道策略

【知识目标】

1. 了解营销渠道的含义及作用；

2. 掌握营销渠道的分类；

3. 熟悉农产品直接营销渠道与间接营销渠道；

4. 了解现代物流特性及农产品物流特点；

5. 掌握农产品配送的含义及一般流程；

6. 熟悉农产品配送的合理性要求；

7. 了解农产品供应链的含义；

8. 掌握农产品供应链的组成。

【能力目标】

1. 能够对某一农产品营销渠道进行分析评估，并对其营销渠道实施优化调整；

2. 对某一农产品的物流现状进行分析，能够根据农产品特点，合理选择运输方法及配送方案。

【情景案例】

永春县湖洋合兴鹌鹑专业合作社壮大发展经验

永春县湖洋合兴鹌鹑专业合作社前身为"永春县鹌鹑饲养和管理技术协会"，创建于2003年3月，于2007年9月9日工商注册登记为"永春县湖洋合兴鹌鹑专业合作社"。合作社现有会员28家，成员135人。2009年，淘汰雌鸟30万羽，生产蛋135万斤，产值750万元，实现利润160万元，提取公积金5万元，风险金4.5万元。现有存栏35万羽，每天可生产蛋3 700斤左右。合作社被列入农业部2009年农民专业合作组织示范单位。合作社在生产方面以"六统一分"为运行机制，即统一调种、统一孵化、统一饲料、统一防疫、统一运输、统一销售、分散饲养。

合作社成立以来，按照上级要求，依照《章程》规定，积极拓宽服务领域，健全服务网络，完善运行机制，提升服务水平，不仅使合作社本身得到发展壮大，而且使社员收入不断增加，深受社员信赖，现有30多户申请入社。合作社经过几年的努力，坚持抱团发展，初步形成了集约化、规模化、标准化、专业化、生态化生产的现代养殖产业模式。合作社创建时只有15个场，现在发展到 28 个场;年产量由 30 万斤发展到现在 135 万斤;产值由原来的 70 万元上升到现在的 750 万元;原来代销网点只有 8 个,现在有 4 个市 55 个代销点,本省市场占有率由 35%上升到 60%;目前已在仙游、莆田等地成功进入超市。国内市场不断开拓,产品流通渠道进一步拓展,社会效益和经济效益进一步提高,合作社步入了良性循环轨道。合作社坚持"自愿、合作、集约、共赢"经营理念,使全体社员共享技术、共打市场、共创品牌、共得实惠。

(资料来源:http://gxs.liuzhou.gov.cn/tszs/201507/t20150720_808149.htm)

【案例讨论】
1. 永春县湖洋合兴鹌鹑专业合作社成功的经验是什么?
2. 在销售渠道建设上给了我们什么启迪?

第一节 农产品营销渠道分析

一、农产品营销渠道概述

营销渠道有时也称销售网络、销售通路和流通渠道。绝大多数生产商依靠中间商渠道将他们的产品带到市场上去,营销渠道是市场营销组合中的重要组成部分。对农产品生产者来说,在营销组合四大因素中,最重要的还是渠道。产品再好、价格再优惠,找不到客户,建立不起渠道,那么一切都成了空谈。

(一)营销渠道含义

美国著名营销专家菲利普·科特勒认为:营销渠道是指与提供产品或服务以供消费者或商业用户使用或消费这一过程有关的一整套相互依存的机构。销售学家斯特恩和艾尔·安塞利认为:营销渠道是促使产品和服务顺利地被使用或消费的一整套相互依存的组织。而美国市场销售协会(AMA)认为营销渠道是企业内部和外部的代理商和经销商(批发和零售)的组织机构,通过这些组织动作,商品(产品或劳务)才能得以上市行销。

虽然上述的营销渠道定义表述各不相同,但其本质是共同的。即营销渠道一般由处于渠道起点的生产商、处于渠道终点的消费者,以及处于生产商和消费者之间的经销商、代理商和经纪商等营销中介构成,它包括生产者、经销商、代理商、经纪商、批发商、零售商以及最终消费者或用户,是产品从生产者到消费者的市场通道。

营销渠道商要对产品从生产者转移到消费者所必须完成的工作加以组织,从

而消除产品或服务与使用者之间的距离。一般营销渠道在农产品营销过程中除了承担销售的通道外,还发挥以下的功能:

一是传递信息。收集和传递营销环境中参与者的调查和情报信息,用于制订计划和帮助交易。

二是促销。进行关于所供应货物的说服性沟通。

三是接洽。寻找可能的购买者并与其进行沟通。

四是配货。使所供应的货物符合购买者需要,包括制造、评分、装配、包装等活动。

五是谈判。为了转移所供货物的所有权,而就其价格及有关条件达成最后协议。

六是物流。从事商品的运输、储存。

七是融资。为补偿渠道工作的成本费用而对资金的取得与支用。

八是风险承担。承担与从事渠道工作有关的全部风险。

(二)营销渠道的作用

农产品渠道商在帮助农产品从生产者向消费者转移的过程中,会赚取利润或收取佣金,但也会在如何销售农产品和销售给谁等方面有所控制,这在一定程度上降低了农产品生产商的利润,对农产品的有效销售是不利的。那么,农产品生产者为何还要使用营销渠道呢? 这主要是因为营销渠道在农产品营销中具有不可替代的作用。

1. 降低交易频率,减少交易成本

如图7-1(a)所示,3个农产品生产者与3个消费者之间进行交易,每个农产品生产者用直接营销方式得到3个顾客,这个体系需要9笔不同的交易;但如图7-1(b)所示,如通过1个中间商来交易,这个体系里只有6笔不同的交易。可见,使用营销渠道,一方面可以降低交易频率,缩短农产品流通时间,相应地缩短再生产周期,直接促进生产的发展;另一方面可以减少与消费者直接沟通所带来的交易成本,并能减少在流通中积压的农产品和资金,加速资金周转,节省流通费用。

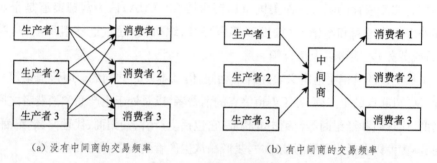

(a) 没有中间商的交易频率　　　　(b) 有中间商的交易频率

图 7-1　分销商的经济效益

这样,通过中间商,可以减少达成一桩产品销售所需的市场接触的次数,渠道可以使交易过程变得十分便利。

2. 促进生产,引导消费

农产品只有通过市场沟通交换,才能到达消费者手中,生产者才能盈利。营销渠道可以完成农产品从生产者到消费者的转移,发挥桥梁作用。农产品营销渠道连接生产和消费,既是生产的排水渠,又是消费的引水渠。排水渠不通,农产品就不能及时销售出去,资金周转困难,农业再生产就无法顺利进行;引水渠不畅,农产品就不能及时顺利地到达消费者手中,消费需求就得不到满足。因此,对于生产者来说,不仅要生产满足消费者需要的农产品,还要正确地选择自己的营销渠道,做到货畅其流,发挥促进生产、引导消费的作用。

3. 吞吐商品,平衡供求

农产品营销渠道是由一系列商业中间人联接而成的,这些商业中间人类似于大大小小的蓄水池,在农产品供过于求的季节,将农产品贮藏收集起来,在供不应求的地区或季节销售出去,发挥吞吐商品、平衡供求的作用。农产品市场具有明显的地区性和消费的季节性,供给与需求在品种上、数量上不平衡等矛盾,营销渠道的中间人可以缓和这种矛盾,通过调研、促销、物流等功能,适时适地适量地为消费者提供产品,极大地方便了消费者的日常购买。

4. 扩大销售范围,提升产品竞争力

农业企业仅仅依靠自己的力量直接向消费者出售产品,其销售范围和销售数量是非常有限的;若是能选择合适的营销渠道,将产品交给中间商销售,则可以运输到很远的地方,从而扩大产品的销售范围。同时,一些商业中间人为了自身的利益也乐于为产品做广告,这样就有可能增加销售数量,从而提高产品的市场竞争力。

对于农产品而言,在销售上要快速地把农产品销售出去,使用中间商不失为一种行之有效的途径,因为中间商凭借其在市场上的营销优势,可以用更高的效率把商品提供给目标市场的消费者。中间渠道凭借其业务往来关系、经验、专长和经营规模能为企业提供更多利益,这是企业凭借自己的力量远远不能达到的。

二、农产品营销渠道分析

农产品的营销渠道有生产商、批发商、代理商、零售商;新型的营销渠道有电子商务、网上直销、连锁经营、特许经营、生产企业自营营销组织等。通过技术领先和创新保持,企业维持在市场中的竞争力已变得越来越难,在大家都认识到营销渠道系统创造的资源对生产企业发展具有弥补作用后,各生产经营者都十分重视营销渠道的搭建与维护。

(一)农产品营销渠道分类

1. 直接渠道与间接渠道

根据营销渠道的长度结构类型,一般根据营销网络中是否有中间商的参与分为直接渠道和间接渠道。

直接渠道是指没有中间商参与,由生产者直接把农产品转移到消费者手中的营销渠道。具体形式有:农业企业直接接受用户订货、农业企业的经销机构设立的分支机构、农业企业通过网络销售产品。网络营销是充分利用信息时代网络通讯传播速度快、传播范围广的特点,发布产品营销信息、办理结算等经济活动。网络营销可以节约成本,方便快捷,但要加强防范网络风险的意识。

间接渠道是指农产品从生产者转移到消费者手中需要经过中间商的营销渠道。间接渠道有抗风险能力强、利于夺取市场份额的特点。同时,可以节约生产企业用于人力、物力、财力和时间的销售成本,是农业企业普遍采用的一种渠道模式。利用间接渠道方式时,可以选择中间商。中间商可以是批发商,也可以是零售商。当今一些发达国家的许多大型零售商店不仅在本国各地开设分店,形成连锁集团,而且将其业务拓展至国外,零售业国际化趋势日益明显,因此,选择农产品进入这些国家的渠道,必须充分考虑这些零售商的特点和优势,以获取最有效的零售渠道。间接渠道可以根据渠道层次的数目划分为一级、二级、三级等,如图7-2所示。

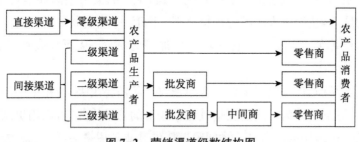

图7-2 营销渠道级数结构图

2. 长渠道和短渠道

按农产品到达最终消费领域所经过的中间环节的多少,流通渠道可分为长渠道和短渠道。长渠道的优点是渠道长、触角多、商品销售覆盖面大、市场风险小;缺点是由于中间环节多,商品价格一般较高,不利于市场竞争。短渠道中产品流通经历的中间环节相对较少,一般是经过一个中间环节便可转移到消费者手中,流通时间短、速度快,节约流通费用。

不同的渠道模式各有利弊,企业要根据自身产品结构、经济实力、市场地位、竞争状况等因素综合考虑,选择适宜的渠道策略。

3. 宽渠道与窄渠道

根据生产者在同一层次上并列使用的中间商的多少,可将营销渠道分为窄渠道和宽渠道。宽窄渠道都是相对的,最窄的渠道只有一个中间商来销售自己的产品。宽渠道是指生产者通过两个或两个以上的中间商来销售自己的产品。农产品大多是重复消费的鲜活产品,营销渠道一般不宜过窄。渠道的宽度结构具体可分成如下三种类型:

① 密集型营销渠道,也称多渠道营销,是指制造商在同一渠道层级上选用尽可能多的渠道中间商来经销自己产品的一种渠道类型。密集型营销渠道,多见于消费品领域中的便利品,比如新鲜水果等。

② 选择性营销渠道,是指在某一渠道层级上选择少量的渠道中间商来进行商品分销的一种渠道类型。比如高档盆景等。

③ 独家营销渠道,是指在某一渠道层级上选用唯一的一家渠道中间商的一种渠道类型。比如特殊种苗等。

【随堂测试7.1】
根据营销渠道的分类,农产品的销售渠道应该采用哪种?

(二)影响农产品营销渠道构建的因素

生产者在构建农产品的营销渠道时,必须对农产品的性质、市场情况、生产者自身因素及中间商情况等因素进行综合分析和判断,才能作出合理的构建选择。

1. 市场因素

渠道设计深受顾客人数、地理分布、购买频率、平均购买数量以及对不同市场营销方式的敏感性等因素的影响。顾客众多就用宽渠道,否则采用窄渠道。

市场因素对营销渠道的影响较直接,主要有:

① 目标市场类型。不同类型的市场要求有不同的渠道与之相适应。如消费者购买大米与生鲜蔬菜的行为不同,所以就需要不同的消费渠道。

② 目标市场的大小。若该产品的目标市场面大,营销渠道就应该宽而长;若市场潜在客户少,则应派销售人员进行推销。

③ 消费者的集中程度。在顾客数量一定的条件下,如果顾客集中在某一地区,则可由企业派人直接销售;如果顾客比较分散,则必须通过中间商才能将产品

转移到消费者手中。

④ 消费者购买批量的大小。如消费者每次购买的数量大，购买频率低，可采用直接营销渠道；如每次购买数量小，购买频率高，则宜采用宽而长的渠道。

⑤ 销售的季节性。对销售季节性强的农产品，一般采用中间商较长的营销渠道，以便均衡生产。

⑥ 竞争者状况。如果自己的产品比竞争者有优势，可选择与其相同的渠道，反之则应尽量避开。

2. 产品特性

产品特性也影响着农产品的营销渠道的选择，主要涉及4个方面：

① 产品价格。一般而言，产品单价越低，营销渠道越宽，越长，以追求规模效益；反之单价越高，路线越短，渠道越窄。如种子种苗可以采用窄渠道，而生鲜水果蔬菜可以采用宽渠道。

② 产品的重量和体积。体积庞大、重量较大的农产品要采取运输路线最短、流通过程中搬运次数最少的渠道，以节省物流费用。

③ 产品的易毁性或易腐性。易腐易烂、保质期短的产品，如新鲜蔬菜、水果、肉类等农产品，一般要求较直接的分销方式，因为时间拖延和重复搬运会使产品的损耗率提高。

④ 产品的标准化程度。产品的标准化程度越高，采用中间商的可能性越大。如大豆、小米等，单价低、毛利低，通常是通过批发商转手。

3. 中间商特性

选择渠道时，还必须考虑执行不同任务的市场营销中间机构的优缺点。比如水果在水果店销售，鲜花在花店销售。

一般来讲，中间商在执行运输、广告、储存及接纳顾客等职能方面，以及在信用条件、退货特权、人员训练和送货频率方面，都有不同的特点和要求，因此，选择营销渠道时，还必须考虑执行不同任务的营销中间商的优缺点。

4. 企业特性

生产者自身因素是营销渠道选择的立足点，主要包括4个方面：

① 生产者的规模、实力。规模大、实力强的生产者，往往有能力担负起部分商业职能，如仓储、运输、设立销售机构等，有条件采取短渠道；而规模小、实力弱的生产者无力销售自己的产品，只能采用长渠道。

② 生产者的营销管理能力和经验。管理能力较强和经验较多的生产者往往会选择较短的渠道，甚至直销；而管理能力较弱和经验较少的生产者一般将产品的

分销工作交给中间商去完成,自己则专心于产品的生产。

③ 生产者提供服务的能力。如生产者有能力为最终消费者提供各项服务,可取消一些中间环节,采用短渠道,如一些高价值保健品的生产者。

④ 生产者控制渠道的愿望。有的生产企业希望控制营销渠道,以便有效控制商品价格和进行宣传促销,因而倾向于选择短渠道;而有些生产企业则无意控制营销渠道,因此采用宽而长的营销渠道。

5. 环境因素

影响营销渠道决策的环境因素既多又复杂,包括政治、经济、技术、自然条件等。如科学技术发展可能为某些农产品创造新的营销渠道,食品保鲜技术的提升使得水果、蔬菜等的营销渠道有可能从短渠道变为长渠道,以及自然环境条件对农产品生产和销售的影响很大,必须予以高度重视。

三、农产品直接营销渠道

农产品直接营销渠道又称农产品直销,它是指农产品生产者直接将农产品销售给消费者和用户,不经过任何中间环节转手的销售方式,也称"零级渠道"。农产品直销没有任何中间商的介入,起点是生产者,终点是消费者,它的优缺点也十分明显。

农产品直销的优点:一是能够了解市场需求。直接面对消费者的销售,可以及时、具体、详尽地了解消费者的需求状况。二是能够控制产品价格。取消了中间环节,减少产品损耗,免去了层层加价,降低了营销成本,进而有利于降低售价,提高产品竞争能力。三是能够提供有效服务。直接为消费者服务,为人们特殊购买需要的实现提供了可能。四是返款迅速。可以及时收回货款,加快生产资金周转。

然而,农产品直销给消费者带来方便的同时,对生产者来说,也存在一些不足:一是分散了生产者的精力。集生产、销售、管理于一身,生产者要承担全部的市场风险。二是增加了销售费用。生产者销售产品时需要花费一定的人力、物力、财力。三是销售受限。自有的销售机构销售能力有限,销售范围和数量受到较大限制。

直接营销渠道的形式主要有人员直销、直复营销、网络直销、生产商自设商店、展销会等。

(一)人员直销

人员直销是指不通过店铺而直接通过销售人员向顾客进行销售的活动。人员直销从直销方式上可以分为电话拜访、上门演示、试用推广、设点促销等。如集贸市场农户自己出售农产品,农民把自己的农产品直接送到用户手中等等。

(二)直复营销

直复营销即直接回应营销,是指一个互动的营销系统,运用一种或多种广告媒介在任意地点产生可衡量的反应或交易。直复营销具有互动性、可衡量性、空间上的广泛性和目标顾客的针对性等特征,其主要形式有以下几种:

1. 直接邮购营销

直接邮购营销简称直邮营销,是指通过信函、样品、彩页等各种"空中推销员",将载有企业产品和服务的信息直接寄发给目标消费者,目标消费者通过寄回邮件或打订购电话进行购物。它具有多样性、个性化、灵活性、高回应率、隐蔽性、效果可测量性等特点。

2. 目录营销

目录营销是指通过给精心挑选的消费者邮寄目录或给商场配备目录来进行销售。从概念上看,目录营销也是直接邮购的一种形式,但与直邮营销相比有信息量大、目录印制精美、目录一般会被消费者保存等特点。随着技术发展,有的企业还会制作光盘、网页等电子产品目录。

3. 电话营销

电话营销是指利用电话直接向顾客销售商品,是主要的直复营销手段。电话营销具有双向性、互动性、普及性、简便性和经济性等特点。但也有如缺乏视频诉求、被访者有被冒犯或被打扰的心理等。

4. 电视营销

电视营销是指营销人员通过电视来详细介绍商品或服务信息,然后接受顾客电话订单,并将商品送上门的一种营销方式。电视营销可通过电脑、有线电视和电话系统等现代化的科技手段实现,表现力强,有很好的营销效果,虽然其营销成本很高,但还是有越来越多的企业使用。

5. 观光采摘直销

观光采摘直销就是通过观光、采摘、垂钓等方式,直接推销自己农产品和服务的一种直销形式。观光采摘能够寓交易于娱乐之中,使消费者直接接触农产品,并在与自然和谐相融的氛围中,引发其消费欲望,促进农产品的直接销售。

6. 农产品订单直销

农产品订单直销是农产品加工企业或最终用户与农产品生产者直接签订购销合同,生产者根据合同安排生产、定向销售的直销形式。如粮食加工企业与农户签订单订购粮食、学校食堂与农户直接签订单购买蔬菜等。订单销售是先找市场后生产,既避免了生产的盲目性,又适应了市场需求,较好地解决了农产品卖出难的问题。

(三)网络直销

网络直销是指生产商通过互联网销售其产品的一种分销模式。目前常见的做法有两种:一是企业委托信息服务商在其网店上发布信息,企业利用有关信息和客户联系,直接销售其农产品,如企业利用淘宝、拼多多等网络平台来直接销售产品;另一种是企业在网上建立自己独立的站点,申请域名,制作主页,由网络管理员专门处理有关产品的销售事务。

(四)生产商自设商店

生产商自设商店,是指生产商不通过其他中间商,而是自己设立商店销售其产品的一种直销模式,主要有两种形式:一种是生产商委托同一公司所属的专门商店销售其产品;另一种是在工厂附近开设零售门市部出售其产品。自设商店的优点是可以缩短分销路径,降低货品价格,存货和资金周转较快;其缺点是市场覆盖面较窄,企业承担的风险较大。

(五)展销会

展销会是指生产企业在一定时间和场所集中展示自己的农产品并签订供销合同的一种营销方式。采用展销会形式推销产品,便于供需双方面对面交流。由于供需方集中,供方容易承揽大宗订单,增加销售量,并能及时了解行业动态,促进企业提高产品和服务质量,提高竞争力;同时需方可以货比三家,现场选择,有利于其购买自己满意的产品。

【随堂测试7.2】
在农产品的直接营销渠道中,哪种直销渠道的效果最好?

四、农产品间接营销渠道

农产品间接营销渠道是指农产品生产商通过中间商将其产品销售给最终消费者,而不是自己销售产品的渠道模式。农产品生产商如果选择间接渠道分销其产品,就必须正确地选择中间商。

中间商是指在生产者和消费者之间参与商品交易业务,促使买卖行为发生和实现,具有法人资格的经济组织或个人。中间商一般包括三类,即经销商、代理商和经纪商,如图7-3所示。

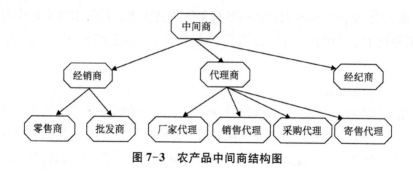

图 7-3　农产品中间商结构图

（一）经销商

经销商属于买卖中间商，其通过买进农产品取得所有权，再出售该农产品，从中获取利益。按照商品销售对象不同，经销商又分为批发商和零售商。

1. 批发商

批发商是指向生产企业购进产品，然后转售给零售商、产品用户或各种非盈利组织，它是联系生产者和零售商及其他用户的桥梁和纽带。在营销网络中发挥着重要的作用。根据其功能可以分为以下几种：

① 商业批发商。又称独立批发商，对其经营的商品拥有所有权，是各种批发商中最大的批发商，其营销约占整个批发业的50%。商业批发商又可分为完全服务批发商和有限服务批发商。

② 农产品经纪商。与商业批发商不同，居间经纪商对商品没有所有权，他们只执行少数几个职能。居间经纪商只为买卖双方提供交易服务，收取一定佣金。主要类型有代理商、经纪人、委托商和拍卖公司等。

③ 制造商分店和销售办事处。它是由买方或卖方自行经营批发业务，而不通过独立的批发商进行。制造商分店有一定的商品储存，其形式如同商业批发商，只不过隶属关系不同；销售办事处没有存货，是企业驻外的业务代办机构，主要办理本公司的采购业务，也兼营批发业务。

2. 零售商

零售商的主要业务是将商品直接销售给最终消费者，是联系生产者、批发商和消费者的桥梁。通过零售活动，可以帮助生产者扩大市场覆盖面，及时反馈市场供求信息，作为生产者营销决策的重要参考依据。

（1）店铺零售

是指在店内零售商品和提供服务。其主要形式有：

① 农资商店。农资商店经营范围广，品种繁多，规格齐全，购物环境舒适，多

设在城市交通中心和商业区中心,能为顾客提供商品咨询、送货、维修等多种服务。比如农资服务公司等。

② 专业品商店。专业品商店经营的产品线较窄,但花色品种较齐全,便于消费者充分选择。其或经营单一新产品线甚至单一品牌,或经营针对某一顾客群的商品。如农药商店、种子店等。

③ 超级市场。超级市场目前已成为消费者光顾最频繁的零售店形式。其特点是商品分类上架,顾客自选为主,集中结算付款。最初超级市场主要经营食品、家庭日用品,但随着市场竞争加剧,许多超级市场经营范围已扩大到家电、服装、五金、农产品、图书等。

④ 便利商店。指的是拥有品种有限、周转率高的小型日常用品商店。便利商店主要设在居民区及活动场所附近。其特点是营业时间长,方便顾客临时性的购买。

⑤ 购物中心。指的是由众多商店组成,集购物、餐饮和娱乐于一体的超级购物广场。其特点是占地面积大,产品花色齐全,满足顾客综合消费需求。

⑥ 农贸市场。农贸市场一般设在居民区附近,其经营特点是营销时间长;零售商多是摊贩,有固定摊贩和流动摊贩;农产品种类多而复杂,价格相对于商店零售要便宜。目前,农贸市场仍然是我国城市居民的蔬菜、水果、水产品、畜产品、禽蛋类等农产品的主要供应场所。

(2) 无店铺零售

无店铺零售采用商品目录、直接邮购、电话销售、电视销售、电子销售服务等方法。无店铺零售包括直复营销、直接销售和自动售货。

① 直复营销。使用多种广告媒体,使之相互作用于消费者,并通常需要消费者作出直接反应。其特点是购物方便、节省时间、购物范围广。主要形式包括直接邮购、电话营销、广播营销、电视营销及电子购物等。

② 直接销售。由生产者或推销人员直接向消费者销售产品。直接销售的长处在于方便了消费者,并易于吸引个人的注意力。但是用于雇用、培训、支付、激励销售人员的费用成本高,导致产品的价格也较高。

③ 自动售货。通过自动售货机销售商品和服务。主要用于一些具有高度方便价值的产品,如饮料、香烟、糖果、报纸、书籍等。农产品方面,果品、蔬菜、肉类、鱼类、禽蛋类、熟制品、南北干货等都用可使自动售货机。自动售货机是一个微型保鲜冷库,食品保鲜货架期可达 10~30 天,能够保持果蔬新鲜的外形、良好的口感和营养,属于绿色储存保鲜。自动售货机为顾客提供了更方便的服务(24 小时自助服务),但是自动售货所需的设备和劳务代价昂贵,使其价格往往比零售店高

15%～20%。

(二) 代理商

代理商是指生产者和消费者之间参与商品交易业务,但不拥有商品的所有权,只是帮助所有权进行转移而获取佣金的中间商。

代理商和经销商的区别主要在于是否从厂家购买产品,取得产品所有权。经销商从厂家购得产品,取得产品所有权,然后销售;而代理商则是代理厂家进行销售,本身并不购买厂家的产品,也不享受该产品的所有权,产品的所有权仍然属于厂家所有。

代理商按委托方的不同,可以分为生产者代理中间商和消费者代理中间商。生产者代理中间商是指受生产者委托的代理中间商,按其规定时间和空间范围内使用的代理商的数目又分为独家代理商和一般代理商。消费者代理商一般是指采购代理商,采购代理商一般与消费者有长期关系,代他们进行采购,为他们进行收货、运货、储存,并将商品运交给买主,如生鲜超市的常驻采购员。

(三) 经纪商

经纪商也称经纪人,是指市场上不占有产品,仅为交易双方充当中介,收取合理佣金并无连续性关系的中间商。经纪商可以是个体、合伙、公司以及其他法人组织。按其所从事的行业性质,可以分为一般经纪商和特殊经纪商。

1. 一般经纪商

一般经纪商是指从事允许交易又不属于特殊行业的商品交易的中间商。其主要经济活动就是为商品的买卖寻求卖方,为卖方寻求买方,为买卖双方牵线搭桥从而促使买卖双方成交。

2. 特殊经纪商

特殊经纪商是指从事金融、保险、证券、期货、科技、房地产等行业的专业经纪商,必须通过专业培训,经考核合格获得专业经纪人员资格证书后才能上岗。如期货经纪商、房地产经纪商、农产品经纪商等。

(四) 连锁经营

连锁经营是指经营同类商品或服务的若干个门店,通过一定的联结纽带,按照一定的规则,组合成一个联合体,在整体规划下进行专业分工,并在此基础上实施集中化管理和标准化运作,最终使复杂的商业活动简单化,以提高经营效益,谋取规模效益的一种经营方式。连锁经营的特点即六个统一:统一采购、统一配送、统一标识、统一营销策略、统一价格、统一核算。连锁经营是由众多企业组成的统一联合体,是当今世界商品流通和服务业中最具活力的经营方式,在我国也已经显示出了巨大的发展潜力。连锁经营可分为三种主要类型:直营连锁、特许连锁和自由连锁。

1. 直营连锁

直营连锁也称公司连锁,是由归属于同一资本系统的若干生产、分销机构组合而成。这些机构的所有权都属同一主体,并受其统一管理。这种连锁形式没有加盟店的存在。

2. 特许连锁

特许连锁,也称加盟连锁、合同连锁,是盟主和众多加盟店之间的一种契约性的联合。通常由主导企业把自己开发的产品、服务和营销系统(包括商号、品牌、商誉等)的经销、使用权以合同形式转让给加盟店,让它们在规定的区域内使用,并按合同规定缴纳一定的特许使用费,承担一定的义务。特许连锁组织成员之间纵向、横向都是独立的,但在经营管理上必须按合同规定接受转让方的制约,制约程度则因特许连锁的具体方式不同而各有差异。

3. 自由连锁

自由连锁,又称自愿连锁,是以自愿为原则组成的独立零售集团。自愿连锁可以由某一批发企业发起,若干零售店参加,从事大规模购买和统一销售;也可以由若干零售企业自己组织起来,成立一个采购中心集中采购,并联合开展销售活动,参加联营的中、小零售商都保持自己的独立性和经营特色。总店与成员店之间是协商和服务的关系,总店主要负责统一进货和配送。

(五)农超对接

农超对接是指农户或农产品生产企业和超市签订意向性协议书,由其向超市直供农产品的一种新兴的农产品流通模式,为优质农产品进入超市搭建了平台。

1. 农超对接的优点

(1)减少了农产品的流通环节,增加了农民收入

农超对接减少了流通环节,通过直接采购可以降低流通成本的20%~30%,给农民增加收入的同时也给消费者带来了实惠,是一种"惠农利民"的流通模式。

(2)按需生产,减少盲目性

农产品对接便于将销售信息及时准确地反馈到生产环节,使农产品生产企业及时调整生产规模和产品结构,真正做到市场需要什么,农民就生产什么,避免了生产的盲目性,有效地降低了市场风险。

(3)能够保障农产品安全

农超对接可使超市获得数量稳定、质量可靠、卫生安全的农产品货源,提高了

市场竞争力,促进了农产品销售。

总之,农超对接稳定了农产品销售渠道,促进了农民增收,市民能买到安全、新鲜、便宜的农产品,超市也提高了盈利水平,是一个农民、消费者、超市三方共赢的流通模式。

2. 农超对接的主要模式

农超对接的模式随着社会发展而不断创新,目前市场主要有以下几种模式:

(1)超市+农业合作社+农户

超市向符合要求的农业合作社进行采购,合作社再组织社员进行生产。

(2)超市+农业龙头企业+农户

超市通过农业龙头企业为中介同农民合作,为合作对象提供专业的农产品种植养殖技术或资金,建立食品安全监督体系等,使其产品达到农产品安全标准。

(3)超市+供销社+合作社+农户

超市不直接和合作社进行对接,而是通过当地的供销社与合作社、农户进行对接,供销社帮助合作社建立标准化的生产基地,合作社再组织农户进行生产。

(4)超市+合作农场

超市入股农业生产企业,合作开发自有农场。农民把土地租给企业,或者以土地入股,由企业直接投资设立农产品生产基地,聘请当地农民为员工进行农业生产,农民只需提供劳务即可。

(5)超市+大户+小户

超市与农业生产大户对接,大户负责小户农产品的集中储运,协调小户农产品种类的选择并上门进行技术指导。

(六)影响选择中间商的因素

在选择中间商时一般要考虑以下几个因素。

1. 中间商的市场范围

市场是选择中间商最关键的因素。首先要考虑预先确定的中间商的经营范围所包括的地区与产品的预计销售地区是否一致,比如,产品在东北地区,中间商的经营范围就必须包括这个地区。其次,中间商的销售对象是否是生产商所希望的潜在顾客,这是最根本的条件。因为生产商都希望中间商能打入自己已确定的目标市场,并最终说服消费者购买自己的产品。

2. 中间商的产品政策

中间商承销的产品种类及其组合情况是中间商产品政策的具体体现。选择时一要看中间商有多少产品线(即供应来源);二要看各种经销产品的组合关系,是竞争产品还是促销产品。一般认为应该避免选用经销竞争产品的中间商,即中间商经销的产品与本企业的产品是同类产品,比如都为 21 英寸的彩色电视机。但是若产品的竞争优势明显就可以选择出售竞争者产品的中间商。因为顾客对不同生产企业的产品作客观比较后,会决定购买有竞争力的产品。

3. 中间商的地理区位优势

区位优势即位置优势。选择零售中间商最理想的区位应该是顾客流量较大的地点。批发中间商的选择则要考虑它所处的位置是否利于产品的批量储存与运输,通常以位于交通枢纽为宜。

4. 中间商的产品知识

许多中间商被规模巨大而且有名牌产品的生产商选中,往往是因为他们对销售某种产品有专门的经验。选择对产品销售有专门经验的中间商就能很快地打开销路,因此生产企业应根据产品的特征选择有经验的中间商。

5. 预期合作程度

中间商与生产企业合作得好就会积极主动地推销企业的产品,对双方都有益处。有些中间商希望生产企业也参与促销,扩大市场需求,并相信这样能获得更高的利润。生产企业应根据产品销售的需要确定与中间商合作的具体方式,然后再选择最理想的中间商进行合作。

6. 中间商的财务状况及管理水平

中间商能否按时结算,包括在必要时预付货款,取决于其财力的大小。整个企业销售管理是否规范、高效,关系着中间商营销的成败。而这些都与生产企业的发展休戚相关,因此,对这两方面的条件也必须加以考虑。

7. 中间商的促销政策和技术

采用何种方式推销商品及运用选定的促销手段的能力直接影响销售规模。有些产品采用广告促销比较合适,而有些产品则适合由销售人员进行推销。有的产品需要有效的储存,有的则应快速运输。要考虑到中间商是否愿意承担一定的促销费用以及有没有必要的物质、技术基础和相应的人才。选择中间商前必须对其所能完成某种产品销售的市场营销政策和技术的现实可能程度作全面评价。

8. 中间商的综合服务能力

现代商业经营服务项目甚多,选择中间商要看其综合服务能力如何。有些产品需要中间商向顾客提供售后服务,有些在销售中要提供技术指导或财务帮助(如赊购或分期付款),有些产品还需要专门的运输存储设备。合适的中间商所能提供的综合服务项目与服务能力应与企业产品销售所需要的服务要求相一致。

【随堂测试7.3】

在农产品的间接营销渠道中,哪种渠道的销售效果最好?

五、农产品营销渠道管理

渠道建设不但取决于生产者的主观努力,还取决于对方的合作态度和热情,且并非一日之工,需要一定时间的积累。渠道的宽度还直接制约着价格。因此,农产品经营者要长期重视渠道的建设和维护,有目的地、主动地与各地客商建立和保持合作关系,充分利用社会资源。当渠道出现堵塞、出现断流,应及时维护并查找原因。所以生产者要为实现公司分销的目标而对现有渠道进行管理,以确保渠道成员间、公司和渠道成员间相互协调和能力合作,其意义在于共同谋求最大化的长远利益。农产品的渠道管理分为:选择渠道成员、激励渠道、评估渠道、修改渠道决策、退出渠道。生产厂家可以对其营销渠道实行两种不同程度的控制,即绝对控制和低度控制。

(一) 农产品渠道管理内容

农产品营销渠道管理应该坚持"利益均沾、风险共担"原则,尽力缓和与中间商的矛盾,密切协作,尽可能地调动中间商的积极性,使之尽力地为生产者服务。一般来说,各渠道成员都会为了各自的利益而努力工作。但是由于中间商是独立的经济实体,与生产者所处的地位不同,考虑问题的角度不同,必然会产生矛盾。生产者要善于从对方的角度考虑问题,了解中间商的需要,对中间商从以下几方面进行有效的管理:

① 对经销商的供货管理,保证供货及时,在此基础上帮助经销商建立并理顺销售子网,分散销售及库存压力,加快商品的流通速度。

② 加强对经销商广告、促销的支持,减少商品流通阻力;提高商品的销售力,促进销售;提高资金利用率,使之成为经销商的重要利润源。

③ 对经销商负责,在保证供应的基础上,对经销商提供产品服务支持。妥善处理销售过程中出现的产品损坏变质、顾客投诉、顾客退货等问题,切实保障经销商的利益不受无谓的损害。

④ 加强对经销商的订货处理管理,减少因订货处理环节中出现的失误而引起发货不畅。

⑤ 加强对经销商订货的结算管理,规避结算风险,保障制造商的利益。同时避免经销商利用结算便利制造市场混乱。

⑥ 其他管理工作,包括对经销商进行培训,增强经销商对公司理念、价值观的认同以及对产品知识的认识。还要负责协调制造商与经销商之间、经销商与经销商之间的关系,尤其对于一些突发事件,如价格涨落、产品竞争、产品滞销以及周边市场冲击或低价倾销等扰乱市场的问题,要以协作、协商的方式为主,以理服人,及时帮助经销商消除顾虑,平衡心态,引导和支持经销商向有利于产品营销的方向转变。

(二) 农产品渠道管理方法

1. 农产品渠道成员激励方法

为了更好地控制渠道,使其发挥应有的作用,需要采取一定的方法激励渠道成员。主要有3种方法。

(1) 目标激励

这是一种最基本的激励形式。厂家每年都会给营销渠道成员制订(或协商制订)一个年度目标,包括销量目标、费用目标、市场占有目标等,完成目标的分销商将会获得相应的利益、地位以及渠道权力。所以,目标对于分销商来说,既是一种巨大的挑战,也是一种内在动力。在目标的制订方面,企业往往存在"失当"的问题,大多表现为目标制订过高的倾向,而过高或过低的渠道目标都不能达到有效激励的效果,过高了遥不可及,过低了轻而易举。因此,要制订科学合理的渠道目标,必须考虑目标的明确性、可衡量性、挑战性、激励性以及可实现性特征。

(2) 渠道奖励

这是制造商对分销商最为直接的激励方式。渠道奖励包括物质奖励和精神奖励两方面。其中物质奖励主要体现为价格优惠、渠道费用支持、年终返利、渠道促销等,这是渠道激励的基础手段和根本内容。而精神激励的作用也不可低估,因为经济基础决定上层建筑,上层建筑也反作用于经济基础,渠道成员同样有较高的精神需求。精神激励包括评优评奖、培训、旅游、"助销"、决策参与等,重在满足分销商成长的需要和精神的需求。

(3) 工作设计

这是比较高级的激励模式。工作设计的原义是指把合适的人放到合适的位置,使他们开心,使他们能够发挥自己的才能。这一思想用在渠道领域,则是指厂家合理划分渠道成员的经营区域(或渠道领域),授予独家(或特约)经营权,合理分配经营产品的品类,恰当树立和定位各渠道成员的角色和地位,互相尊重,平等互利,建立合作伙伴关系,实现共进双赢。

2. 渠道管理的方法

根据对渠道商的影响控制程度,渠道管理的方法可分为下面两种。

(1) 绝度控制

生产企业能够选择负责其产品销售的营销中介类型、数目和地理分布,并且能够支配这些营销中介的销售政策和价格政策,这样的控制称为绝对控制或高度控制。根据生产企业的实力和产品性质,绝对控制在某些情况下是可以实现的。一些生产特种产品的大型生产企业,往往能够做到对营销网络的绝对控制。

(2) 低度控制

如果生产企业无力或不需要对整个渠道进行绝对控制,企业往往可以通过对中间商提供具体支持协助来影响营销中介,这种控制的程度是较低的,大多数企业的控制属于这种方式。

低度控制又可称为影响控制。这种控制包括如下一些内容:

① 向中间商派驻代表。大型企业一般都派驻代表到经营其产品的营销中介中去亲自监督商品销售。生产企业人员也会给渠道成员提供一些具体帮助,如帮助中间商训练销售人员、组织销售活动和设计广告等,通过这些活动来掌握他们的销售动态。生产企业也可以直接派人支援中间商,比如目前流行的厂家专柜销售、店中店等形式,多数是由企业派人开设的。

② 与中间商多方式合作。企业可以利用多种方法激励营销中间商宣传商品,如与中间商联合进行广告宣传,并由生产企业负担部分费用;支持中间商开展营业推广、公关活动;对业绩突出的中间商给予价格、交易条件上的优惠,对中间商传授推销、存货销售管理知识,提高其经营水平。通过这些办法,调动营销中介成员推销产品的积极性,达到控制网络的目的。首先制造商必须在整个市场上塑造自己产品的形象,提高品牌的知名度,也就是必须对分销商提供强大的服务、广告支持。另外,分销商在自己的区域内执行制造商的服务、广告策略时,制造商还应给予支持,为分销商提供各种补贴措施,比如,焦点广告补贴、存货补贴,以换取他们的支持与合作,达成利益的统一体。这一点很重要,制造商必须制订详细的措施,因地制宜地实施各种策略,争取分销商的广泛参与、积极协作。这既能提高自身品牌的知名度,又能帮助分销商赚取利润,激发他们的热情,引导他们正当竞争,从而减少各种冲突,最终实现制造商与分销商的双赢。

(三) 农产品渠道成员的评估

对中间商的工作绩效要定期评估,这样可以及时掌握情况,发现问题,及时采取相应措施,以提高渠道的营销效率。

评估标准一般包括:销售指标完成情况、平均存货水平、向顾客交货的时间、服务水平、产品市场覆盖程度、损耗品的处理情况、促销和培训计划的合作情况、货款返回情况、信息的反馈程度等。其中,一定时期内各中间商实现的销售额是一项重要的评估指标。生产者可将同类中间商的销售业绩进行考核,分别列表排名,目的是鼓励先进,鞭策落后。

企业还可以进行动态的分析比较。因为,中间商面临的环境有很大差异,其各自规模、实力、商品经营结构和不同时期的重点不同,销售额列表排名评估往往不够客观。因此,正确评估销售业绩,应在作上述比较的同时,辅之以另外两种比较:一是将中间商销售业绩与前期比较;二是根据每一中间商所处的市场环境及销售实力,分别定出其可能实现的销售定额,再将其销售实绩与定额进行比较。正确评估渠道成员的目的在于及时了解情况,发现问题,保证营销活动顺利有效地进行。

(四)农产品营销渠道的调整

农业企业的营销渠道在经过一段时间的运作后,往往需要加以修改和调整。原因主要有消费者购买方式的变化、市场扩大或缩小、新的营销渠道出现、产品生命周期的更替等。另外,现有的渠道结构通常不可能在既定的成本下总能带来高效的产出,随着渠道成本的递增,也需要对渠道结构加以调整。渠道的调整主要有三种方式:

1. 增减渠道成员

对现有营销渠道里的中间商进行增减变动,企业要分析增加或减少某个中间商,会对产品分销、企业利润带来什么影响,影响的程度如何。如企业决定在某一目标市场增加一家批发商,不仅要考虑这么做会给企业带来多少直接收益(销售量增加),而且还要考虑这种变化对其他中间商的影响等问题。

2. 增减营销渠道

当在同一渠道增减个别成员也无法解决问题时,企业可以考虑增减营销渠道。这么做需要对可能带来的直接、间接反映及效益作广泛的分析。有时候,撤销一条原有的效率不高的渠道,比开辟一条新的渠道难度更大。

3. 变动分销系统

这是对企业原有的整个分销体系、制度作通盘调整,是企业调整渠道中运作最大、波及面最广,也是最困难的一种。如变间接销售为直接销售。这类调整难度很大,因为它不是在原有渠道基础上的修补、完善,而是改变企业的整个分销政策。它会带来市场营销组合有关因素的一系列变动。

【小思考 7.1】

如何构建有效的农产品营销渠道?

第二节 农产品的物流管理

一、农产品物流概述

农产品经济活动包括生产、流通、消费三大部分。农产品的流通主要包括商流和物流。农产品物流是物流业的一个分支,指的是为了满足消费者需求,实现农产品价值而进行的农产品物流实体及相关信息从生产者到消费者之间的流动过程。这个过程是运输、储存、装卸、搬运、包装、流通加工、配送、信息处理等活动的有机结合。农产品物流的目标是增加农产品附加值,节约流通费用,提高流通效率,降低不必要的损耗,从某种程度上规避市场风险。

（一）现代物流的特性

物流强调物流活动的具体化,追求整体的最优化。现代物流有五方面的特性:

1. 主动性

现代物流活动深入到整个企业管理的全过程中。

2. 系统化

现代物流不再孤立地追求各项功能的效益最大化,而是提倡"供应链管理"的思想。它将包装、装卸、储存、配送、流通加工、物流信息处理等综合在一起,作为一个系统来管理。它从采购物流开始,经过生产物流,再进入销售物流,最后还要考虑回收物流和废弃物物流,从而形成了一种良性的系统化物流循环。物流的系统化可以大大节约流通费用,提高流通的效率与效益。

3. 信息化

由于全球经济的一体化趋势,当前的物流业正向全球化、网络化和信息化方向发展,商品与生产要素在全球范围内以空前的速度自由流动。电子数据交换技术与互联网的应用,使物流效率的提高更多地取决于信息管理技术的发展。计算机的普及和条码技术的普遍应用则提供了更多的需求和库存信息,提高了物流管理水平。

4. 物流服务的社会化

这突出表现为第三方物流与配送中心的发展。随着市场经济和社会化的发展,专业化分工越来越细,且各专业之间的合作越来越密切。生产企业与零售行业所需的原材料、中间产品、最终产品大部分由不同的物流中心、批发中心与配送中心提供,以实现少库存和零库存。现代物流的社会化趋势是社会经济活动发展的必然结果。

5. 物流与商流、信息流一体化

按照一般的流通规律,商流、物流、信息流是三流分离的。商流可以使物质资料的使用价值得以实现,经过商流,物质资料就变更了所有权;物流解决的是物质资料从生产地向消费地的位移,无法变更物质资料的所有权;信息流解决的是流通主体之间的信息传递。

(二)农产品物流的特点

1. 农产品物流数量特别大,涉及面非常广

我国生活消费农产品主要以鲜货鲜销形式为主。农产品的生产基地在农村,而广大的农产品消费者又生活在远离乡村的城市,在分散的产销之间要满足农产品消费者在不同时空上的需求,就必须将大量农产品从产地的农村适时、保鲜、安全地转移到销地的城市,这就使农产品物流面临着数量和质量上的巨大挑战。加上轻工、纺织和化工所用原料农产品,我国农产品物流数量之大、流向之广已居世界各国前列。

2. 农产品物流技术要求高

工业品物流一般关注的是如何高效率地将产品运到目的地,而农产品物流同时还必须保证农产品自身的卫生和安全。新鲜、安全、卫生、营养是农产品的价值所在。由于农产品自身的生化特性,容易感染微生物而腐败变质,因而农产品物流比较特殊,要求绿色物流,这就加大了对仓储、运输、包装、加工等环节的技术要求。

3. 农产品物流专业性强、难度大

农产品的多样性和各具有的生化特性,要求农产品的物流具有较强的专业性,不同农产品在运输储存过程中,各自要求的输送设备、运输工具、装卸设备、质量控制标准各不相同。这就要求农产品流通加工、包装方式、储运条件和技术手段具有专业性。这也加大了农产品物流的难度。

4. 农产品物流季节性和周期性明显

与工业品相比,农产品受自然条件制约大。在农产品成熟期、丰收季节,会出现短时、集中、强大的物流量;而在其成熟季节过后,物流量则迅速减少甚至为零。农民如果在丰收时投资购买一些物流设备,到了平时,这些设备大多是闲置着的,经济上就很不划算。

【随堂测试7.4】
农产品的营销渠道是物流吗？为什么？

（三）农产品物流的目标

农产品物流有7个主要目标：①送货及时，能按顾客需要的时间送到。②准确迅速地完成订单处理和货物发送等工作。③送货的品种、规格、数量可靠。④根据客户需求，保证不间断地供货。⑤技术服务到位，结算方便。⑥运输工具和运输方式的选择符合顾客要求。⑦物流成本较低。

二、农产品物流管理

（一）农产品物流管理内容

农产品物流管理的主要内容包括农产品的包装、运输、仓储、装卸搬运、库存控制、配送、流通加工和订单处理。其中关键环节涉及运输、库存控制和订单处理三个方面。

1. 包装

物流的包装主要指运输包装，要求做到：

① 适合装卸，即人工装卸的要适合人体的承受能力，适合工人操作，包装体过大过小都不好。机械装卸的要求要与机械性能一致。

② 包装要能满足仓库堆码的高度。

③ 要符合商品的性能，适合远距离运输。

2. 运输

物流中的运输问题包括：运输线路、运输工具、运量、运送时间的决策等。

3. 仓储

包括仓库自建与租赁决策、仓库位置、结构、规模、形式决策等。

4. 装卸搬运

包括装卸作业方式、装卸机械类型的决策。

5. 库存控制

库存控制是指合理的库存量，既能满足顾客订货的需要，又能降低库存费用。包括存放点、存放量、进货周期、进货数量的决策。

6. 配送

根据用户要求，对物品进行挑选、加工、包装、分割、组配等，并按时送达指定地点。

7. 流通加工

为了促进销售,提高效率,在保证使用价值不发生改变的前提下,对农产品进行加工。其内容包括装袋、定量化小包装、拴牌子、贴标签、挑选、组装等等。

8. 订单处理

订单处理包括接受订单、记录、整理、汇集订单和准备发运商品等工作。

(二)存货控制

存货控制主要包括 3 方面的内容。

1. 存货管理的目标

在生产和销售预算确定的情况下,企业存货量的大小取决于采购量。存货管理的基本目标是以尽可能小的成本使企业存货量能够维持正常的经营活动。

2. 存货管理的内容

存货管理的内容一般有 4 个方面:①在某一时点上公司的订货量(或生产量)应该是多少单位?②在什么存货水平上的公司应该订货或生产?③什么样的存货项目需要公司加强管理?④公司存货成本变动能够进行套期保值吗?

3. 存货管理的方法

存货管理的方法主要有以下两种。

(1) ABC 控制法

ABC 控制法是意大利经济学家巴雷特于 19 世纪首创的,以后经不断发展和完善,现已广泛用于存货管理、生产管理及成本管理。运用 ABC 法控制存货资金,一般分如下几个步骤:

第一步:计算每一种存货在一定时间内(一般为一年)的资金占用额。

第二步:计算每一种存货资金占用额占全部资金占用额的百分比,并按大小排列顺序,编成表格。

第三步:根据事先测定好的标准,把最重要的存货划为 A 类,把一般存货划为 B 类,把最不重要的存货划为 C 类。

第四步:对 A 类存货进行重点规划和控制,对 B 类存货进行次重点管理,对 C 类存货只进行一般管理。

(2) 经济批量管理

经济批量是指一定时期存货储存成本和订货成本总和最低的采购批量。

① 订货成本。订货成本是指为定购材料、商品而发生的成本。订货成本与订货次数有关,而与订货数量的多少无关。订货成本与订货次数成正比,与每次订货

数量成反比。企业要想降低订货成本,就需要大批量采购,以减少订货次数。

② 储存成本。储存成本是指在物质储存过程中发生的仓储费、搬运费、保险费等。一定时期内的储存成本总额,等于该期内平均存货量与单位储存成本之积。

随着订货批量的变化,储存成本和订货成本此消彼长,确定经济订货批量的目的,就是要寻找这两种成本之和最小化的订货批量,也就是经济订货批量。当企业按照经济订货批量来订货时,可实现订货成本和储存成本之和最小化。

假设:A 为全年需要量;Q 为每批采购量;F 为每次订货成本;C 为每件年储存成本。则经济订货批量计算公式为:

$$Q = \sqrt{\frac{2AF}{C}}$$

【例7-1】 某企业全年需要某材料3 600千克,该材料单位成本10元,单位存储成本为2元,一次订货成本25元。则:

$$Q = \sqrt{\frac{2AF}{C}} = \sqrt{\frac{2 \times 3\ 600 \times 25}{2}} = 300(千克)$$

在实际工作中,由于企业对各种存货的需用量经常会发生变动,交货日期由于某些原因也可能会延误,所以,企业在确定出每一存货的经济批量外,还可以根据实际情况留有一定的保险储备,以防止供应延误、库存短缺造成的损失。

(三)订单处理

订单处理是从接受订单到发运交货,再到收到顾客对货物的反馈意见为止的全部过程。订单处理程序包括如下3个主要步骤:

1. 下达指标

接到订单以后首先要进行审核,如产品名称、规格、包装、数量、价格、交货时间、装运条件、付款方式、订单单证等,审核无误、确能满足订单要求,就可以接收订单,合同即为成立,买卖成交。

2. 备货整装

如用现库存货履行合同,应通知存货管理部门按单配货;如必须另行加工生产,则须通知有关部门安排生产,入库后,统一配货。与此同时还要通知运输部门安排运输工具、运输线路、运量、运输日程。待货配齐后,进行运输包装整理,加刷标记、衡量检验,安排发货。

3. 制单发运

发运前首先要填制发票、办理货物的运输凭证及其他有关证件。出口货物还需办理申请手续、保险,核对货物与合同是否符合。外商用信用证付款的,要仔细审核信用证是否与合同相符。做到绝对准确。

各项单证审核无误后,货物即可发运,并通知接货人。最后收集顾客对货物的反馈信息。

(四)农产品的运输

1. 合理运输的要求

合理运输,就是要按照商品运输的合理流向,以最短的里程、最快的速度、最省的费用,把商品安全完好地送达目的地。合理运输的要求是及时、准确、安全、经济。

所谓"及时",指运送及时,即要求按产、供、销的具体情况,及时地将商品由产地运到销地。及时运送,既能减少商品运输的损耗,而且能把握销售机会。

所谓"准确",指运送准确,即要求切实防止和避免运输过程中可能发生的错发、错收等各种差错。

所谓"安全",指运送安全,即要求在运输过程中不发生损坏、丢失和霉烂等损耗,或把这些损耗控制在最低限度。

所谓"经济",指经济效益较好,即要求选择合理的运输路线和运输工具,降低运输费用。

2. 运输工具和运输方式的选择

目前,我国农产品运输的主要方法有以下几种:

(1) 公路运输

公路运输灵活、方便、快捷,是中短途和部分长途运输常用的运输方式,包括汽车、拖拉机、人(畜)力车运输。保温车或冷藏保鲜车是未来冷链系统的主体,是运输业的发展方向,是在普通货车上加一个类似于集装箱的保温箱或制冷保温箱。冷藏保温车是在普通保温箱内加装制冷设备,机械自动化调节运输中农产品的温度;气调冷藏保温车是在冷藏车的基础上加上气调装置。

(2) 水路运输

水路运输工具包括小艇、木船、机帆船、大轮(渡轮)船、船艇等,其行驶平稳,载运量大,运费便宜,并可以与货车联运,十分方便。

(3) 铁路运输

铁路货车主要有棚车、敞车、保温车(冰保车)或冷藏车(机保车)、平板车和特种专用车等。我国铁路四通八达,运送速度快,运费低,运货量大时可形成专列。

(4) 集装箱运输

集装箱运输适用于多种运输工具。集装箱具有足够强度,能长期反复使用;在途中转运时,无须搬动箱内的货物,可以直接换装;便于货物的装满和卸空;具有较大的容积,因此是农产品运输方法中最有前途的。它能保证最大限度地减少产品的损耗和损伤,缩短运送时间。

(5) 航空运输

航空运输是比较有前途、引人注目的产业,其快捷、损耗小,但运费较高,受气候条件制约。

(6) 冷链运输

目前,在经济发达国家已建立起以低温冷藏为中心的冷藏系统,使果蔬采后损失<5%。这种农产品采后的流通、贮藏、销售中连贯的低温冷藏技术体系称为冷链保藏运输系统。冷链运输是我国农产品运输的主要发展方向。

3. 农产品运输环境条件的选择

良好的运输效果除要求农产品本身具有较好的耐贮运性外,同时也要求有良好的运输环境条件。这些环境条件包括温度、湿度、气体成分、包装、振动要求、堆码与装卸等。

(1) 温度

温度是运输过程中的重要环境条件之一。低温流通对保持水果新鲜度、品质及降低运输中的腐烂损耗十分重要。部分新鲜水果蔬菜、鲜切花在低温运输中的推荐温度见表7-1、表7-2。

表7-1 新鲜水果蔬菜在低温运输中的推荐温度(国际冷冻协会)

果实	1~2日 冷链运输(℃)	2~3日 冷链运输(℃)	蔬菜	1~2日 冷链运输(℃)	2~3日 冷链运输(℃)
苹果	3~10	3~10	石刁柏	0~5	0~2
蜜柑	4~8	4~8	花椰菜	0~8	0~4
甜橙	4~10	2~10	甘蓝	0~10	0~6
柠檬	8~15	8~15	莴苣	0~5	0~2
葡萄	0~8	0~6	菠菜	0~5	—
桃	0~7	0~3	辣椒	7~10	7~8
杏	0~3	0~2	黄瓜	10~15	10~13
李	0~7	0~5	菜豆	5~8	—
樱桃	0~4	—	食荚豌豆	0~5	—
西洋梨	0~5	0~3	南瓜	0~5	—

(续表)

果实	1～2日	2～3日	蔬菜	1～2日	2～3日
	冷链运输(℃)			冷链运输(℃)	
甜瓜	4～10	4～10	番茄(未熟)	10～15	10～13
草莓	1～2	—	番茄(成熟)	4～8	—
菠萝	10～12	8～10	胡萝卜	0～8	0～5
香蕉	12～14	12～14	洋葱	-1～20	-1～13
板栗	0～20	0～20	马铃薯	5～10	5～20

表7-2 鲜切花在低温运输中的推荐温度

切花	1～3日	3～7日	切叶	1～3日	3～7日
	冷链运输(℃)			冷链运输(℃)	
六出花	3～4	—	铁线蕨	0～4	—
鹤望兰	7～8	7～8	文竹	2～4	2～4
香石竹	0～1	-0.5～0	天门冬	2～4	2～4
大丽花	3～5	—	黄杨	2～4	2～4
小苍兰	0～2	0～0.5	山茶	4	4
非洲菊	1～4	1～4	雪松	0	0
唐菖蒲	2～5	2～4	长春藤	2～4	2～4
百合	0～2	0～1	冬青	0～4	0～4
月季	0～2	0.5～2	棕榈	7	
郁金香	-1～1	-0.5～0	罗汉松	7	—

(2) 湿度

湿度对运输的影响相对较小,但是,长距离运输或是运输时间较长时,必须考虑湿度因素。农产品出库后温度较低,有些包装物如纸箱极易吸潮变形,伤及农产品。采用防水纸箱或包装内衬塑料薄膜,可有效防止农产品失水,同时也可防止纸箱吸潮。

(3) 气体成分

国外对有些水果采用气调集装箱运输,但是成本很高。对于较耐二氧化碳的水果,可采用塑料薄膜袋包装运输,也能达到较好的效果。但是,运输对二氧化碳敏感的水果时,应注意包装的通风。

【随堂测试 7.5】

农产品物流就是农产品的运输,对吗?为什么?

(五)农产品生鲜品冷链物流

目前我国生鲜农产品物流发展的重点是冷链物流。要解决好农产品生产地与销售地不一致,以及生产与消费时间上差异的问题,提高销售效率,必须依赖冷链物流。

1. 农产品生鲜品冷链的构成

冷链由冷冻加工、冷冻贮藏、冷藏运输及配送、冷冻销售4个方面构成。

① 冷冻加工,例如鲜花、果蔬的预冷、速冻等。在这个环节上主要涉及的冷链装备是冷却、冻结装置和速冻装置。

② 冷冻贮藏,包括冷却储藏和冻结储藏,以及中高档水果蔬菜的气调贮藏,它保证食品在储存和加工过程中处于低温保鲜环境。在此环节主要涉及各类冷藏库/加工间、冷藏柜、冻结柜及家用冰箱等等。

③ 冷藏运输及配送,包括食品的中、长途运输及短途配送等物流环节的低温状态。它主要涉及铁路冷藏车、冷藏汽车、冷藏船、冷藏集装箱等低温运输工具。在冷藏运输过程中,温度波动是引起食品品质下降的主要原因之一,所以运输工具应具有良好的性能,在保持规定低温的同时,更要保持稳定的温度,这在远途运输中尤其重要。

④ 冷冻销售,包括各种冷链食品进入批发零售环节的冷冻储藏和销售,它由生产厂家、批发商和零售商共同完成。随着大中城市各类连锁超市的快速发展,各种连锁超市正在成为冷链食品的主要营销渠道,在这些零售终端中,大量使用了冷藏(冷冻)陈列柜和储藏库,它们成为完整的食品冷链中不可或缺的重要环节。

2. 农产品生鲜品冷链配送的特点

① 鲜活性。随着人们生活水平的提高,人们对生鲜食品新鲜度的要求也越来越高。生鲜食品中,比如蔬菜、水果在采摘后仍是鲜活的有机体,因此需要采用冷链运输降低蔬菜的呼吸和蒸腾作用,保持蔬菜新鲜度。

② 易损性。蔬菜、水果质地鲜嫩,含水量高,在采收、装卸、配送运输过程中容易受到伤害,受损的生鲜食品容易遭遇病菌的侵袭,造成食品腐烂。在蔬菜、水果采摘之后,除了对包装、配送运输和装卸过程要加强管理之外,还应尽量减少搬运、装卸的次数和缩短运输距离,以减少在路途中的损耗。

③ 时效性。时效性即即时性,消费者对生鲜食品的第一要求就是食品的新鲜,新鲜的生鲜食品不仅可以赢得消费者的喜爱,而且可以使消费者支付较高的价

格。蔬菜、水果从原产地采摘后应该及时地运送到消费者手中,以免对产品品质有所影响,这对生鲜食品物流配送提出了更高的要求。

④ 配送成本所占比重较大。据调查,我国生鲜食品的冷链物流成本在总成本中所占的比重达到58%以上,而且,这一比重仍有不断增加的趋势,因此配送成本占了很大的比例。

3. 农产品生鲜品冷链配送的影响因素

生鲜食品配送模式受多方面因素的影响,结合食品冷链的构成因素及生鲜食品本身的特性,提出生鲜食品配送模式选择的主要影响因素为:效率、环境、成本。

① 效率因素。生鲜食品是一种脆弱的产品,从生产地到消费地的时间越少越能够保证其新鲜程度与品质,这就需要配送系统具有较高的效率。购买专业化冷链配送设备能提高效率,是一种长远投资。越新鲜的食品,越能受到广大消费者的喜爱,拥有更广阔的市场,所以提高生鲜配送的效率,可以使生鲜食品有更好的经营市场。

② 环境因素。拿生鲜食品物流中的海鲜物流来说,它是所有物流种类中要求最高的一种,运送的是需要呵护的产品,温度、湿度、阳光、空间等都有较高的要求,长距离运输生鲜食品,特别是海鲜类时,应避免为了减少运输成本而让其处于有限的空间里,导致在配送途中过大的产品损耗率。因此应提供适应的配送环境,减少生鲜食品在配送中的产品流失。

③ 成本因素。成本是任何企业进行配送时都要考虑的一个重要因素,企业时常通过追求低物流成本获取较高效益,采用低档装备包装新鲜的生鲜产品。在目前国内的生鲜产品市场上,消费者对于高档次、高价位生鲜产品的需求还不足够大,所以导致生鲜食品经营者宁愿牺牲生鲜的品质,采用低水平的包装和不规范的运输来降低成本,但物流工作还是应在保证高质量与高效率的前提下再尽量降低成本。低成本可以通过其他方式获得,比如选择合适的配送方案、生鲜包装或者冷链设备的保养使用等。

三、农产品配送

(一)配送的含义

配送是指在经济合理区域范围内,根据用户要求,对物品进行拣选、加工、包装、分割、组配等作业,并按时送达指定地点的物流活动。配送是物流中一种特殊的、综合的活动形式,是既包含了商流活动和物流活动,又包含了物流中若干功能要素的一种形式。多品种、少批量、多批次、多用户的配送物品,能够最有效地通过配送实现终端的资源配置。

(二)配送的一般流程

配送一般包括订货、验收、储存、保管、装卸、分拣、包装、加工、运输、配送等。一般流程如图 7-4 所示。

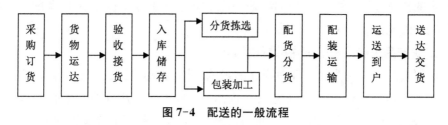

图 7-4 配送的一般流程

(三)农产品配送合理化

1. 农产品配送目标

农产品物流配送目标包含以下 3 个方面:

① 减少浪费,降低成本。当没有接到订单请求时,根据预测决策系统的预测值保持少量库存;当接到订单请求,开始备货,并根据库存状况迅速补货,减少农产品变质浪费的可能性。而且选取运输量最短路径,也降低了运输成本。

② 做到在准确的时间,按准确的数量送到准确的地点。该系统借助强大的网络功能,可以对客户的需求作出迅速的反应;另外自动化技术的运用,缩短了配送活动花费的时间,提高了准确度。

③ 真正实现以客户为中心的服务理念。由于此模式是第三方物流服务的一种,具有第三方物流规模化运输的特点,可以将各地的订单汇集起来,通过配载、拼箱,实现农产品的多频次、少批量配送服务,满足客户个性化需求。

2. 农产品配送合理化的方法

借鉴国外经验,农产品配送合理化的方法大致有以下几个方面:

① 推行一定综合程度的专业化配送。通过采用专业设备、设施及操作程序,取得较好的配送效果并降低配送过分综合化的复杂程度及难度,从而追求配送合理化。

② 推行加工配送。通过加工和配送结合,充分利用本来应有的中转,而不增加新的中转求得配送合理化。同时,加工借助于配送,加工目的更明确,和用户联系更紧密,更避免了盲目性。

③ 推行共同配送。通过共同配送,可以以最近的路程、最低的配送成本完成配送,从而追求配送合理化。

④ 实行送取结合。配送企业与用户建立稳定、密切的协作关系。配送企业不

仅成了用户的供应代理人,而且成为用户储存据点,甚至成为产品代销人,在配送时,将用户所需的物资送到,再将该用户生产的产品用同一车运回,这种产品也成了配送中心的配送产品之一,或者作为代存代储,免去了生产企业的库存包袱。这种送取结合,使运力得到充分利用,也使配送企业功能有更大的发挥,从而追求配送合理化。

⑤ 推行准时配送系统。准时配送是配送合理化的重要内容。配送做到了准时,用户才可以放心地实施低库存或零库存,可以有效地安排接货的人力、物力,以追求最高效率的工作。另外,保证供应能力,也取决于准时供应。从国外的经验看,准时供应配送系统是现在许多配送企业追求配送合理化的重要手段。

⑥ 推行即时配送。即时配送是最终解决用户企业担心断供之忧,大幅度提高供应保证能力的重要手段。即时配送是配送企业快速反应能力的具体化,是配送企业能力的体现。即时配送成本较高,但它是整个配送合理化的重要保证手段。此外,即时配送也是用户实行零库存的重要保证手段。

四、农产品供应链管理

(一)供应链的含义

所谓供应链(supply chain),是指围绕核心企业,通过对信息流、物流、资金流的控制,从采购原材料开始,制成中间产品及最终产品,最后由销售网络把产品送到消费者手中这一过程涉及的供应商、制造商、分销商、零售商直至最终用户组成的一个供需网络。

这是一个范围更广的虚拟企业结构模式,它包含所有加盟的节点企业,不仅是一条从供应商到用户的物料链、信息链、资金链,而且是一条给相关企业都带来收益的增值链。供应链的基本结构如图7-5所示。

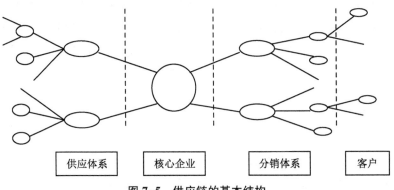

图 7-5　供应链的基本结构

（二）供应链的组成

1. 供应链的物理组成

供应链由所有加盟的节点企业组成。一般来说供应链有一个核心企业，核心企业可以是产品制造企业，也可以是大型零售企业，或者是运输公司和服务公司。供应链核心企业的需求驱动了其他节点企业的运作，节点企业之间需求满足的实现最终体现在核心企业满足了它的市场需求。

2. 供应链的逻辑"流"组成

供应链中有几种基本"流"在流动，即物流、信息流、资金流和商流。这些"流"相互联系，相互影响，形成了一个完整的运营管理系统。

① 物流。任何一个供应链上都存在物的流动，无论其核心企业是制造业还是服务业，或是其他行业。物料从供应方开始，沿着相关需求的各个环节向需方移动，包括包装、库存、运输、装卸、搬运等活动。比如核心企业是生产型企业，它根据客户或市场的需求，开发产品、购进原料、加工制造出成品出售给客户，同时提供售后服务。

② 信息流。信息流是指整个供应链上错综交叉的信息流动，它是虚拟形态，包括了供应链上的供需信息和管理信息。从广义的角度来看，信息流总是伴随着物流、资金流而以各种表现形式作出反应。从信息流的形式和传递方式来说，基于信息网络技术的企业管理信息系统起到了锦上添花的作用。

③ 资金流。供应链上各企业的每一项业务活动都会消耗或产生一定的资源，所以必然会导致企业资金发生变化。当节点企业消耗资源、生产产品时，节点企业资金发生流出；当节点企业提供产品或服务给客户后，资金会流回节点企业，并产生利润。因此，在供应链上存在资金的流动，并且资金流动的方向与商流相反，在大部分情况下也与物流方向相反。

④ 商流。商流是指物品在流通中发生形态变化的过程，即由货币形态转化为商品形态，以及由商品形态转化为货币形态的过程。随着买卖关系的发生，商品所有权发生转移，商流是考虑如何从终端向上拉动，引导经销商如何操作产品、协助经销商建立营销渠道，作为厂商的桥梁，便于两者间的沟通顺畅，控制经销商的操作行为。

【小思考 7.2】
  农产品配送的基本要素是什么？

（三）供应链管理的目标

供应链管理的目标归纳起来有 7 个方面：①持续不断地提高企业在市场上的

先行地位。②不断对供应链中的资源及各种活动进行集成。③根据市场需求的扩大,不断地满足客户需求。④根据市场的不断变化,缩短产品从生产到消费者手中的时间。⑤根据市场的不确定性,缩短供应与需求的距离。⑥根据物流在整个供应链中的重要性,企业要消除各种损耗,从而降低整个物流成本和物流费用,使物、货在供应链中的库存下降。⑦提高整个供应链中所有活动的运作效率,降低供应链的总成本,并赋予经营者更大的权力来适应市场的变化,作出及时反应,从而做到人尽其才、物尽其用、货畅其流。

【项目小结】

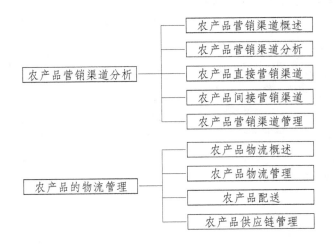

【重要概念】

营销渠道　直接营销渠道　人员直销　直复营销　观光采摘直销　网络直销　展销会　间接营销渠道　经销商　批发商　零售商　代理商　经纪商　连锁经营　农产品物流　存货控制　订单处理　农产品运输　农产品生鲜品冷链　农产品配送　供应链

【测试题】

（一）单选题

1. 下列不属于分销渠道主要职能的是（　　）。
   A. 促销　　　　　B. 谈判　　　　　C. 融资　　　　　D. 价格

2. 为使出售的农产品符合消费者需求,分类、分等、装配和包装等活动属于分销渠道职能中的（　　）。
   A. 促销职能　　　B. 组配职能　　　C. 接洽职能　　　D. 物流职能

3. 主要业务是将商品直接销售给最终消费者的商家称为（　　）。
   A. 零售商　　　　B. 直销商　　　　C. 批发商　　　　D. A 或 B

4. 生鲜水果蔬菜销售渠道更多的采用（　　）。

A. 长而宽 B. 长而窄 C. 短而宽 D. 短而窄

5. 由归属于同一资本系统的若干生产、分销机构组合而成的连锁经营称为（   ）。
   A. 直营连锁 B. 加盟连锁 C. 自由连锁 D. 经营连锁

6. 物品从供应地向接收地的实体流动过程,称为（   ）。
   A. 实体分配 B. 配送 C. 物流 D. 运输

7. 某水果店全年销售水果6 400箱,单位存储成本为2元,一次订货成本25元。该水果店一次进货量应选择（   ）。
   A. 300箱 B. 400箱 C. 500箱 D. 600箱

8. 园艺产品保鲜条件最好的运输方式是（   ）。
   A. 公路运输 B. 铁路运输 C. 水路运输 D. 管道运输

9. 为减少浪费,生鲜园艺产品运输最好采用（   ）。
   A. 公路运输 B. 航空运输 C. 管道运输 D. 冷链运输

10. 供应链中的核心企业一般是（   ）。
    A. 制造企业 B. 大型零售商 C. 运输企业 D. 均有可能

11. 营销渠道的每个层次使用同种类型中间商数目的多少,称为营销渠道的（   ）。
    A. 关联度 B. 宽度 C. 长度 D. 深度

12. 下列属于批发商的有（   ）。
    A. 经纪人 B. 便利店 C. 个人网店 D. 超市

13. 生产消费品中便利品的企业通常采取（   ）策略。
    A. 密集渠道 B. 独家渠道 C. 选择渠道 D. 直销渠道

14. 当目标消费者人数众多时,生产者倾向利用（   ）。
    A. 长而宽的渠道 B. 短渠道 C. 窄渠道 D. 直接渠道

15. 有些公司以视频信息系统作为一个小型终端,用对讲闭路电视订购屏幕显示商品,这种分销形式属于（   ）。
    A. 直接销售 B. 购货服务 C. 自动售货 D. 直复营销

16. （   ）宜采用最短的分销渠道。
    A. 单价低、体积小的日常用品 B. 处在成熟期的产品
    C. 技术高、价格贵的产品 D. 生产集中、消费分散的产品

17. 一般新鲜的水果蔬菜等产品选用的营销渠道是（   ）。
    A. 密集型营销渠道 B. 选择性营销渠道
    C. 独家营销渠道 D. 以上都不对

18. 一般高档的盆景采用的营销渠道是（   ）。
    A. 密集型营销渠道 B. 选择性营销渠道
    C. 独家营销渠道 D. 以上都不对

19. 不拥有商品所有权的中间商是（   ）。
    A. 经销商　　　　　B. 代理商　　　　　C. 批发商　　　　　D. 零售商
20. 下列商品中不能采用较长营销渠道的是（   ）。
    A. 花生　　　　　　B. 电脑　　　　　　C. 鲜鱼　　　　　　D. 冰箱
21. 直接向最终消费者提供商品的中间商是（   ）。
    A. 经销商　　　　　B. 代理商　　　　　C. 批发商　　　　　D. 零售商
22. 没有中间商介入的营销渠道，称为（   ）。
    A. 直接营销渠道　　B. 间接营销渠道　　C. 一级分销渠道　　D. 二级分销渠道
23. 分销渠道不包括（   ）。
    A. 中间商　　　　　B. 消费者　　　　　C. 供应商　　　　　D. 制造商
24. 规模小、实力弱的生产者无力销售自己的产品，一般采用的销售渠道是（   ）。
    A. 长渠道　　　　　B. 短渠道　　　　　C. 直接分销　　　　D. 短而窄的渠道
25. 分销渠道中帮助转移所有权的是（   ）。
    A. 经销商　　　　　B. 代理商　　　　　C. 辅助商　　　　　D. 供应商

（二）判断题
1. 农业订单内容一般包括农产品的品种、数量、质量和价格。（　　）
2. 参与零售活动的机构，都是零售商。（　　）
3. 营销渠道是产品从生产者到消费者的市场通道。（　　）
4. 如果消费者上门采购，这种情况不存在销售渠道。（　　）
5. 在直接销售渠道中，生产商能够比间接销售渠道获得更多的利润。（　　）
6. 选购品适合采用普遍分销渠道。（　　）
7. 分销渠道是由一系列的中间商所组成。（　　）
8. 随着科学技术的发展，几乎所有的商品都可以采用直接渠道销售。（　　）
9. 现代物流活动深入到整个企业管理的全过程中。（　　）
10. 农产品物流管理主要包括农产品的包装运输、库存控制和订单处理三个方面。（　　）
11. 农产品生鲜品冷链由冷冻加工、冷冻贮藏、冷藏运输及配送、冷冻销售构成。（　　）

（三）简答题
1. 营销渠道的作用是什么？
2. 简述农产品营销渠道的分类。
3. 简述影响农产品营销渠道构建的因素。
4. 农产品直接营销渠道有哪些？
5. 农产品间接营销渠道有哪些？
6. 简述农产品渠道管理的内容。
7. 农产品营销渠道调整的方式是什么？

8. 简述农产品物流的特点。

9. 简述农产品物流管理的内容。

10. 农产品生鲜品冷链配送的影响因素是什么?

11. 农产品生鲜品冷链配送的特点是什么?

12. 农产品配送合理化的内容是什么?

13. 农产品供应链的组成内容是什么?

【拓展实训】

(一) 项目名称:农产品营销渠道的优化及调整

1. 实训目标:实现农产品营销渠道的选择及构建。

2. 实训要求:以4~5人小组为单位,调查当地某一农产品专业合作社与农产品超市对接情况,分析其营销渠道情况,为其对接渠道进行优化,并提供实施方案。具体要求:(1)每组完成调研,形成农产品营销渠道优化分析报告;(2)每组完成交流汇报PPT,并进行交流发言;(3)每个学生完成实训报告。

(二) 项目名称:农产品配送运输方案的制订及优化

1. 实训目标:能够了解配送方案制订所需数据资料及收集方法,掌握农产品配送运输方案的制订及优化。

2. 实训要求:以4~5人小组为单位,对当地某一生鲜超市的农产品配送进行调查,了解其目前配送的路径、方式及要求,并对其进行评价,对该农产品配送方案进行优化,或重新制订新方案。具体要求:(1)每组完成调研,形成农产品配送运输优化分析报告;(2)每组完成交流汇报PPT,并进行交流发言;(3)每个学生完成实训报告。

【自我总结】

序号		内容
1	本章主要知识点	
2	本章主要技能	
3	完成本章学习后最大的收获	

第八章　农产品促销策略

【知识目标】

1. 掌握农产品促销、促销组合的含义；
2. 熟悉影响农产品促销组合选择的因素；
3. 掌握广告概念、特点及功能；
4. 熟悉农产品广告媒体的选择及依据；
5. 掌握人员推销的含义及特点；
6. 熟悉人员推销的影响因素；
7. 掌握营业推广的含义及特点；
8. 熟悉针对不同对象的营业推广目标；
9. 掌握公共关系的含义及公关方式；
10. 熟悉公共关系活动的过程。

【能力目标】

1. 能够运用促销策略对农产品开展有效的促销活动；
2. 能够运用公共关系对农产品开展营销。

【情景案例】

"背篓爹"是一个最近在微博上比较火的企业，它火的原因并不是因为它的产品，而是因为它发起了一场公益慈善助学活动。

"背篓爹"高山农业是一个集合农业种养殖的大型企业，起步于农业合作社组织，现已从湘西山区扩展至全国各高山农业地区。"背篓爹"高山农业主营高山无污染、绿色天然原生态的农产品，逐步发展至71个县市区。

为了打开知名度，"背篓爹"高山农业于2018年4月9日向湘西溆浦县的4名无依儿童发起了公益慈善助学活动，"背篓爹"带队深入溆浦山区，为期盼上学的孩子们送去了捐款与温暖。"背篓爹"还与一些社会爱心人士组建了"背篓爹助学会"，主要负责组织对贫困山区无依儿童的公益助学捐款活动。这样的助学活动赢得了社会各界的赞誉，同时也迎来了爱心人士的大量转发，甚至一度成为微博热搜，一时之间企业的知名度与美誉度大增。

【案例讨论】

"背篓爹"为了打响知名度主要采用了哪些促销手段？以"背篓爹"为切入点,农产品促销有什么作用？

第一节 农产品促销概述

一、农产品促销的含义

农产品促销是指农业生产经营者在合适的时间、合适的地点,用合适的方式与消费者沟通,传递农产品相关信息,引起消费者兴趣,促进购买,实现农产品销售的一系列活动。农产品促销的实质其实就是农产品买卖信息的沟通,促销的目的是引发、刺激消费者产生购买行为,最终增加农产品的销售量。

【随堂测试8.1】

农产品促销的实质是什么？

二、农产品促销的作用

(一)提供信息

如今农产品的种类繁多,品种各异,如何引发消费者的需求是促销活动的中心。只有通过促销将农产品的特点、价格、渠道等信息传递给消费者,引起消费者的注意,才能使消费者感兴趣并逐渐产生购买动机,产生购买行为。同时,通过促销还可以观察、询问得知消费者对农产品质量、价格、服务方式的反应等,据此改进工作,使农产品适销对路,扩大市场。

(二)增加农产品需求

由于消费者需求动机的多样性和复杂性,通过促销活动可以诱导和激发消费者对某一农产品产生兴趣,甚至可以创造需求,能够合理安排供货和调剂余缺,满足消费者对农产品的需求。

(三)树立农产品品牌形象

促销活动的一个重要内容就是向消费者传递农产品信息,建立农产品品牌形象,确立农产品品牌价值,引起消费者对农产品的偏爱。同时,通过促销树立公司形象,使购买者不仅决定了买什么,还决定了从何处买,从而使自己的农产品在市场中处于稳定的销售地位。

(四) 开发新市场

要想使农产品持续畅销,或进一步发展,就要不断发掘新顾客,而农产品促销可以让更多消费者认识和了解特定农产品,帮助农产品企业打开新市场。

(五) 实现产品差异化

当今市场商品供应充足,竞争者之间产品差异度较小,消费者在消费时往往是出于对产品的同质化的需求。农产品生产经营者通过促销活动,宣传、说明本企业的产品有别于其他企业同类产品,使产品间差异化显著,从而使得企业在价格变更等营销策略上掌握更大的主动权。

【随堂测试8.2】
地方特色农产品可以利用促销手段突出自身特点、进行诱导需求吗?

三、农产品促销基本形式

依据促销过程中使用的不同手段,促销又可分为广告、人员推销、营业推广和公共关系四种方式。在进行农产品促销时要灵活运用促销方式,与消费者建立长期关系,培养一批忠诚消费者。

(一) 广告

广告是指商品经营者或者服务提供者,通过付费,借助一定媒介直接地或者间接地介绍自己所推销的商品、服务或观念,属非人员促销方式。

广告促销的传播面广,传播信息及时,信息艺术化,可重复多次宣传,可根据产品特点及消费者的分布状况灵活选择广告媒体。但同时广告的费用较高,是单向传播,购买反馈滞后,效果难确定,可信度受到限制。

(二) 人员推销

人员推销是为了达成交易,通过用口头介绍的方式,向一个或多个潜在顾客进行面对面的宣传介绍活动。人员推销是一种最古老的促销沟通方式,也是农产品最重要的促销手段之一。

人员推销是面对面的双向交流,有利于沟通,建立长期关系,便于及时了解、回答消费者对产品的各种疑问,促进产品的及时成交。但人员推销也存在辐射面小、费用高,受推销人员队伍的规模及人员素质的限制等缺点。

(三) 营业推广

营业推广是指能够迅速刺激需求、鼓励购买的各种促销形式,如礼品、竞赛、代金券、有奖销售、附赠廉价品等,是一种短期适用的促销方式。

营业推广是一种刺激强烈、见效快、吸引力大、能改变消费者购买决策的一种促销方式,但它也存在着促销作用的时间短,对品牌有削弱作用的缺点。

(四) 公共关系

公共关系是指通过有计划的长期努力,促使消费者对产品及其经营者产生好感,对内协调各部门的关系,对外密切企业与公众的关系,扩大企业的知名度、信誉度、美誉度,为企业营造一个和谐、亲善、友好的营销环境,从而间接地促进产品销售。

公共关系是一种可信度高、费用低、有利于赢得公众信任、树立企业良好的公共形象的一种促销方式;但公共关系注重长期的效益,所以,公共关系有着见效慢、企业有时无主动权的缺点。

四、促销组合及促销策略

(一) 促销组合

农业企业在制订促销方案时,都是综合考虑、组合运用人员推销、广告、营业推广及公共关系四种促销方式,以期达到预定的营销目标。即农产品的促销组合是根据农产品的特点和营销目标,综合各种影响因素,有计划地把人员推销、广告、公共关系、营业推广等促销形式进行有机结合和综合运用的结果。

这四种促销方式有着各不相同的优势与劣势,这些方式产生的效果及对消费者的影响程度有多大,对不同的消费者和市场来说各不相同。一般消费品生产企业通常首先在广告上投入大笔的资金,其次是营业推广、人员推销,以及公共关系。而对应的工业品市场则不同,首先是在人员推销上投入大部分的资金,接着才是营业推广、广告以及公共关系。

在农产品营销中使用促销组合,主要是为了避免单一促销方式带来的劣势,使促销效果打了折扣。促销组合运用的好坏关系到农产品能否顺利地到达消费者手中,关系到生产经营者营销的成本和效率,而只有通过综合运用各种促销方式,使得各种促销方式相互协调,才能实现最佳的促销效果。

(二) 促销策略

不同的促销组合会形成不同的促销策略,促销策略是指企业如何通过人员推销、广告、公共关系和营销推广等促销手段,向消费者传递产品信息,引起他们的注意和兴趣,激发他们的购买欲望和购买行为,以达到扩大销售目的的活动。而在以某一种促销方式为主体的促销活动中,又因其农产品的特点、市场竞争、企业规模等诸多条件的限制,组合的因素也有轻重缓急之分,进而形成特点各异、样式丰富的促销策略。如果以促销活动运用的方向来区分,则促销策略可以分为推式策略(图8-1)和拉式策略(图8-2),以及推拉结合策略。

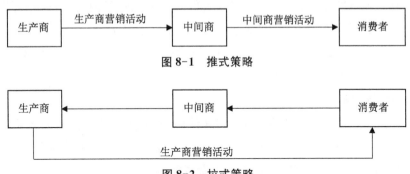

图 8-1 推式策略

图 8-2 拉式策略

1. 推式策略

推式策略是指以直接方式,运用人员推销手段,把产品推向销售渠道。其作用过程为,生产企业把产品推荐给中间商,再由中间商推荐给最终消费者。推式策略一般适用于:

① 规模小,或无足够资金用以执行完善广告计划的农产品生产企业。例如四川大凉山种植丑苹果的农户,规模小,无力承担广告费用,多依靠人员推销等手段吸引中间商,再由中间商大量采购分销。

② 市场较集中、分销渠道短、销售队伍大的情况。这时依靠庞大的销售队伍就可以实现农产品供求信息传播。

③ 具有很高的单位价值的农产品。例如一些价高的奇珍花卉就比较适合,需要推销人员及中间商对它的价值进行专业解说。

④ 使用、维修、保养方法需要进行示范的农产品。例如一些小型的园艺企业,他们就得利用推销人员及中间商在分销产品时传授产品使用及保养的方法。

2. 拉式策略

拉式策略是指采取间接方式,通过广告和公共宣传等措施吸引最终消费者,使消费者对企业产品产生兴趣,从而引起需求,主动去购买商品。其作用路线为,生产企业通过广告等方式将消费者引向中间商,反向拉动中间商向生产企业进货。拉式策略一般适用于:

① 质量、价格、渠道、供求等信息必须以最快速度告知广大消费者的农产品,其使用广告等方式的速度比较快、覆盖面较大。

② 初始需求已呈现出有利的趋势,市场需求日渐上升的农产品。例如,伴随着健康意识的觉醒,消费者对天然有机农产品的需求是逐步上升的,所以这种农产品可以采用拉式策略。

③ 具有独特性能的农产品,且其与其他产品的区别显而易见,这时可以通过广告宣传来吸引顾客。例如一些地理标志农产品就非常适合。

④ 有充分资金做广告的农产品。不同种类的农产品促销预算额度不同,要根据实际情况确定促销手段。

3. 推拉结合策略

大多数企业是把这两种策略结合起来使用,同时用推式和拉式的策略进行促销。例如广州黄埔的荔枝,既利用人员推销等直接手段吸引中间商大量收购分销,也在各种平台上做广告宣传,引起终端消费者的购买兴趣。

【随堂测试8.3】
名贵花草适用哪种促销策略?为什么?

五、影响促销组合选择的因素

广告、人员推销、营业推广和公共关系各有特点,适用于不同企业、不同产品、不同时机和不同场合的促销需要,所以选择促销组合时应该考虑以下一些影响因素:

(一)产品性质

对于不同性质的产品,促销方式应该有所不同。一般来讲,生活资料性质的农产品的技术要求比较简单,购买人数众多,分布分散,促销方式以广告为主,辅之以公共关系、人员推销以及营业推广;大宗生产资料性质的农产品购买者数量较少,对产品的技术性能要求不一,促销活动主要是向用户宣传产品的质量、技术性能以及能为用户增加利润的程度,因此宜采用人员推销为主,以便向客户作详细说明并解答疑问,辅之以广告等加强促销效果。

(二)产品的生命周期

对处于生命周期不同阶段的农产品,促销活动的目标与侧重点往往不同,促销方式的组合也不一样。一般来说,当农产品处于导入期时,企业的促销目标主要是提高产品的知名度,因而,促销方式以广告和营业推广为主;当农产品进入成长期和成熟期时,促销目标调整为增进消费者对产品的兴趣和偏爱,这就需要采用多种形式的广告突出产品的特点和效用,并用公共关系融洽企业内外关系,树立起消费者的品牌偏爱;当农产品处于衰退期时,促销目标是要维持市场销量,因而营业推广是企业促销活动的主要方式,广告促销作为辅助手段起到提醒消费者购买的作用。

(三)促销目标

不同企业在同一市场、同一企业在不同时期以及不同市场环境下所进行的促销活动都有其特定的促销目标,而促销目标是制约促销组合选择的重要因素,促销目标不同,促销组合必然有所差异。例如,快速扩大市场占有率与树立或强化企业形象是两种不同的促销目标,前者强调近期利益,属于短期目标,促销组合应该以广告和营业推广为主;后者更注重长期利益,促销组合应该以公共关系及广告为主。

(四)市场性质

如果农产品针对的是消费者市场,顾客多而分散,就主要靠广告、产品陈列及展销区吸引顾客;而针对的是生产者市场时,他们的专业性强,数量少,用人员推销可以向客户介绍农产品详细信息及解答疑惑,并能保持良好关系。

(五)促销费用

在选择促销方式时,预算也是一个比较重要的考虑因素,促销费用预算的多少,直接影响农产品销售促进方式的选择,因为有的方式费用较高,而有的则较低。一般来说,人员推销费用最高,广告次之,公共关系、营业推广因具体方式不同,其费用也有高有低。企业应在促销费用总额既定的情况下,选用适当的促销手段,用有限的财力发挥最佳的效果。

总之,人员推销、广告、营业推广、公关促销这4种促销形式各具特点,各有作用,相辅相成。农产品经营企业应有计划地将各种促销方式有机地结合起来,适当选配和运用,使之相互配合。

【小思考8.1】
综合运用促销方式与使用单一手段比较起来哪一种更有效,为什么?

第二节 农产品促销方式运用

一、广告

(一)广告的含义

广告(Advertising)一词源于拉丁语,含有"注意"和"诱导"的意思。广告有广义与狭义之分。广义的广告是指将某件事件广泛地告诉公众,使公众能够知晓所进行的信息传播活动。它的范围十分广泛,如政府发布的公文、布告,单位或个人发布的通知、启事等,以及公益性质的广告,均属于广义广告的范畴。而狭义的广告又称商业广告或经济广告,是一种有偿行为,它运用大众媒体来引起人们的注意,以达到说服大众的目的。

广告是由广告主以付费的方式,通过各种传播媒体,向消费者对商品、服务和观念等所作的任何形式的非人员介绍及推广沟通,以达到说服受众的目的。

可见,广告有3个要点:一是沟通是有偿的;二是沟通通过大众媒体传递给受众;三是沟通以说服受众为目的。没有说服的企图,沟通可能只是新闻,而不是广告了。广告是所有促销手段的鼻祖,影响最显著,被研究得也最彻底。在农产品的促销中,广告上的投入一般大于其他的促销方式。

(二)广告的特点

1. 广告促销具有信息性

通过广告告知消费者某类产品的信息,消费者在未购买之前可以对产品有一定的了解,这样会缩短打开市场的时间。例如我国猕猴桃种植原来只集中于陕西省等少数地区,为了打开消费市场,有关部门就通过广告向消费者介绍猕猴桃及其营养价值,还赋予其"中华之果""维C之王"等称号,所以猕猴桃很快被广大消费者接受而迅速打开了销路。

2. 广告促销还具有说服性

广告是人员推销的补充,在人员推销前先有广告做基础,可以强化顾客的信任感,坚定其购买决心。例如,知蜂堂的蜂胶广告,将蜂胶从蜜蜂采集到销售的全过程展示给消费者看,增加了消费者的信任感。

3. 广告具有信息传播的群体性

广告不是针对某一个人或某一个企业设计的,而是以某一个受众群体为接受对象的,所以受众广,覆盖面大。例如电视广告是日用类农产品主要的促销手段之一,就是因为其覆盖面非常广。

4. 广告促销具有效果显著性

随着电视机、手机移动端的普及,人们接触媒体的机会增多,速度加快,一则好的广告很快会被人们熟悉并迅速传播开来。例如,普康有机大米的广告语为"好的大米,先给孩子吃",广告一出,销量迅速打开。

【随堂测试8.4】

利用广告可以实现农产品信息快速、大范围地有效传播?

(三) 广告的作用

1. 具有促销功能

农产品广告可以把农产品特征、特色、渠道及供求等信息向消费者有效传递,并诱导及刺激消费者的购买行为,开发新顾客,增进农产品销售,提高市场占有率。例如,湖南的石门柑橘,在广告促销的作用下,每年通过果农网等卖出约70%的柑橘。

2. 具有品牌塑造功能

品牌是一种无形资产,它能增加产品的价值。广告可以宣传农产品形象,扩大企业或品牌的知名度和美誉度,成为开发市场、巩固市场的重要手段。例如,美国"绿巨人"牌青豌豆,在广告中设计了一个绿巨人在月光下日夜赶工采收最新鲜的青豌豆,塑造了"绿巨人"牌豌豆新鲜、高品质等形象,赢得了消费者的青睐,因此"绿巨人"牌青豌豆也比其他品牌卖得贵些。

3. 具有教育功能

广告广泛的题材和多种表现形式可以引导人们的消费观念和消费习惯。例如"金龙鱼"通过广告倡导"1∶1∶1"膳食脂肪酸平衡的健康理念,革新了中国人的食用油消费习惯,刺激了消费者的购买行为。

(四) 广告效果评估

广告效果是指广告信息经由媒体向大众传播之后对社会的各个方面以及个人的心理及行动所产生的即时或者长期的综合性影响。按照不同的划分标准,广告效果的评估指标有以下几种分类:

1. 按广告涵盖的内容和影响范围划分

按广告涵盖的内容和影响范围,广告效果可分为传播效果、经济效果和社会效果,这是最为常见的划分方法。

① 广告传播效果。又称广告的本身效果或心理效果。它是指广告刊播后,受众对广告的印象以及产生的各种心理效应,表现为广告对受众的知觉、记忆、理解、情感、态度和行为等方面的影响。广告的传播效果是广告效果的核心,它是一种内在的、能够产生长远影响的效果,主要是广告自身产生的效果,其大小取决于广告表现效果和媒体效果的综合作用。

② 广告经济效果。广告经济效果是指广告主通过广告活动所获得的经济收益或带来的损失,即由广告活动而引发的农产品销售以及企业利润的变化程度。

广告主运用各种传播媒体,把农产品信息传播出去,其根本目的就是刺激消费心理,促进购买,增加利润,因此,广告经济效果是广告主最关心的问题,是企业广告活动最基本、最重要的效果,也是测评广告效果的主要内容。

③ 广告社会效果。广告社会效果也称为广告的接受效果,是指广告对整个社会道德、文化教育及伦理等方面的影响和作用,广告所倡导的消费观念、道德规范、文化意识等都会产生一定的社会影响。

2. 按产生效果的时间关系划分

从广告活动的总体过程来看,广告效果可分为事前效果、事中效果与事后效果,与此相对应,广告效果评估可分为事前评估、事中评估、事后评估。

① 事前评估。除了市场调研中所包括的商品分析、市场分析、消费者分析之外,还可能需要探究消费者的心理与动机,以及设法测验信息在传播过程中可能发生些什么作用,以找出广告创作途径,选出最适当的信息。

② 事中评估。事中评估是广告进行中的效果评估,主要目的在于设法使广告策略与战术能够依预定计划执行,而不至于脱离轨道,并予以及时修正。

③ 事后评估。事后评估是广告活动进行后的效果评估,重点在于分析和评定效果,以供管理者下一步决策和计划参考。

3. 按对消费者的影响程度划分

广告信息经由媒体传播给消费者,会对消费者产生各种心理影响和行为反应。按其影响程度和表现形式,广告效果可划分为到达效果、认知效果、心理变化效果和行动效果。

(1) 到达效果

到达效果主要是指广告媒体与消费者的接触效果,通常以广告媒体的发行量、收视率和覆盖面等指标来测评。广告到达效果的测评,能够为广告媒体的选择指明方向,但这种效果只能表明消费者日常接触广告媒体的表层形态。

(2) 认知效果

认知效果是指消费者在接触广告媒体的基础上,对广告信息有所关注并能够记忆的程度。主要测定和分析广告实施后给予消费者的印象深浅、记忆程度等,一般通过事后调查获取有关结果。

(3) 心理变化效果

心理变化效果是指消费者通过对广告的接触和认知,受广告的影响所引起的对广告商品或服务产生的好感以及消费欲望的变化程度。广告心理变化的测评,主要是通过知晓率、理解率、喜爱度、购买欲望率等指标,对消费者在广告前后的态度变化进行比较和分析。这种态度变化是消费者采取购买行动的酝酿和准备。因此,心理变化的测评在广告效果测定中是一项极受关注的内容。

(4) 行动效果

行动效果是指消费者受广告的影响所采取的购买商品、接受服务或响应广告诉求的有关行为。这是一种外在的、可以把握的广告效果,一般可以采取事前、事后测定法得到有关的数据。但是一般来说,消费者采取购买行动可能是多种因素促成的,并非仅是广告宣传的效果,因此对这类效果的测评,也应考虑广告之外的其他因素的影响作用。

【随堂测试8.5】

主要评估消费者通过对广告的接触和认知,受广告的影响所引起的对广告商品或服务产生的好感以及消费欲望的变化程度的是哪一种广告效果评估?

(五) 广告目标的确定

广告者借助广告信息一般要实现3个主要目标:告知、劝说和提醒。这些目标可以单独使用,但通常都是配合使用。

1. 告知式广告

告知式广告常见于产品生命周期的引入阶段,旨在形成对某种商品或服务的需求,目的是为产品创造最初的需求。这一阶段的营销通常只需要宣布产品可以购买得到即可。

2. 劝说性广告

劝说性广告主要应用在产品成长期,旨在为特定的厂家确定选择性的需求。目前,大多数的广告属于这种类型。通过劝说性广告使消费者相信,广告中的产品与市场上的其他任何品牌的产品都不同,从而突出自己的产品优势。许多劝说性广告已变成了对比性广告。对比性广告广泛应用于那些竞争比较激励的产品,如快餐食品、果蔬食品等。

3. 提醒式广告

提醒式广告主要应用在产品生命周期的成长阶段后期和整个衰退期间,目的是保持消费者对产品的记忆,提醒消费者可能很快就会需要某种产品,并提醒消费者购买的地点。这种提醒可以促使消费者在淡季也能记住这些产品,使产品保持较高的知名度。

(六) 广告媒体

广告媒体形式现在越来越多样化,分别有:印刷品媒体,即报纸、杂志、书籍、传单等;电子媒体,如电视、广播、互联网等;邮政媒体,即通过邮寄方式送达消费者的产品目录、价目表、说明书等;销售现场媒体,如店头广告、实物演示、店内灯箱等;纪念品媒体,如年历、手册、小工艺品等。

现代广告媒体的种类繁多,选择余地越来越大,不同的媒体具有不同的优越性和局限性。对于农产品来说,需要根据农产品的特点选择合适的单一媒体或者多种媒体的组合形式进行宣传。本书仅对报纸、杂志、电视、广播以及互联网等常用的媒体形式进行介绍。

1. 报纸广告

报纸广告是应用最广泛,也是最早发布广告的媒体。它的优点包括:①传播面广、覆盖率高;②传播速度快、及时;③信息量大,读者不受时间限制;④制作方便,费用低廉,刊出日程选择自由度大;⑤在一定程度上可以借助报纸本身的威信。

但是报纸也具有它的局限性,主要体现在:①时效短;②印刷不够精美,表现力有限;③接触时间较短,需要多次刊登。

报纸广告适用于日用型、技术含量低的农产品,利用报纸广大的传播面可以有效提升广告效果。报纸是农产品广告的主要媒体选择之一,除了报纸本身具有的优势之外,也因为我国农产品广告投放者主要是个体经营户,规模小,实力较弱,因此在媒体选择上更青睐费用低廉的报纸。

2. 杂志广告

杂志广告是仅次于报纸而较早出现的广告媒体。它的优点主要有:①读者稳定,可以留存翻阅,反复接触机会多;②信息量大,印刷精美;③可利用专业刊物的声望。

但是杂志也具有它的局限性,主要体现在:①发行周期长,时效性差;②有限的发行范围和接触频率。

由于杂志广告的上述缺陷,对于生鲜农产品不太适合;但一些有声望的专业杂志,尤其是农业专业杂志,对于技术含量比较高、品牌化的农产品是比较适合的。

3. 电视广告

电视广告将视觉形象和听觉综合在一起,充分运用各种艺术手法,能最直观、最形象地传递产品信息。它的优点包括:①集声、形、色于一体,形象生动,有极强的吸引力;②能综合利用各种艺术形式,表现力强;③覆盖面广,接触率高。

但是电视也具有它的局限性,包括:①制作复杂,费用高;②信息量少,转瞬即逝。

由于电视广告价格昂贵,所以对于有品牌的农产品及农副产品比较适合,例如食用油、汤圆、水饺等。

4. 广播广告

在电视没有普及之前,广播是备受人们欢迎的。电视的兴起,将大批广播广告客户拉走,曾经有人担忧地说:"广播广告注定要消失。"然而,从多年的发展趋势上看,广播广告的影响力仍然很大,它有其他媒体无法替代的独特魅力。它的优点包括:①传播速度快;②听众广泛;③内容易变更;④制作简单,费用低廉。

它的缺点包括:①有声无形,只刺激听觉,遗忘率高;②无法保存,难以记忆;③收听率无法保障。

基于广播的优缺点,广播比较适合有品牌、需要进行品牌宣传的农产品。

5. 网络广告

网络广告就是通过网络平台在网络上投放广告,利用网站上的广告横幅、文本链接、多媒体等方法对产品进行宣传推广。在互联网刊登或发布广告,是将产品信息通过网络传递给互联网用户的一种高科技广告运作方式。它的优点包括:①覆盖面广;②费用低廉;③多媒体动感;④互动性;⑤及时性;⑥信息量大。

它的缺点包括:①效果评估困难;②监管滞后;③强迫性广告过多。

随着网购的兴起,农产品生产经营者应该充分挖掘互联网多媒体的优势,将文字、图像和声音有机地组合在一起,传递多感官信息,同时利用互联网交互优势,传递农产品价值。

6. 直接邮寄广告

直接邮寄广告也叫 DM 广告,其形式包括销售信、明信片、传单、折页广告、宣传册、产品目录和企业专刊等。直接邮寄广告具有选择性强、覆盖密集、速度快、形式灵活、信息完整以及个性化等特点。直接邮寄广告的缺点是单位成本高,对邮件地址有依赖和一些消费者的抵制。

7. 户外广告

户外广告包括广告牌、海报、霓虹灯、建筑物上的幕墙广告等形式。其优点是能够立即传达简单的概念,反复曝光广告信息,对在当地可购买的产品起到很强的广告作用。大部分户外广告针对的是本地商业客户群。受众接触户外广告的时间有限,很多行人只是匆忙的一瞥,因此户外广告往往都很显眼,简单明了,卖点突出。

8. 其他广告媒体

除了主要媒体外,企业可利用的其他广告媒体包括公共汽车、地铁站以及列车内外、出租车、座椅、娱乐和体育竞技场所、T恤衫、商店的地板、影剧院的节目单、购物袋等,在这些媒体上做广告宣传有时也能收到不错的效果。

(七)广告媒体的选择依据

一般来讲,选择广告媒体要从企业或商品的特点和促销目标出发,选择覆盖面广、传播速度快、直接接触目标市场、节省广告成本、能获得最佳促销效益的广告媒体。广告媒体选择时要考虑以下几点:

1. 目标市场

广告的目的就是对目标市场的潜在顾客发生影响,从而促进购买。因而,选择广告媒体要考虑消费者易于接触、并乐于接受的媒体,并且要根据目标市场范围,选择覆盖面与之适应的媒体。如,开拓区域市场,可选择地方报纸、电台、电视台;如要提高产品在全国的知名度,则宜选择全国性的媒体。

2. 广告商品的特性

由于商品的性质、性能、用途不同,宜选择不同的广告媒体。例如,对于一般的园艺产品,可用电视、广播或传单等;对于专业技术含量较高的种子种苗等,则宜利用专业性报纸杂志,或邮寄广告形式,以便更直接地接触广告对象。

3. 媒体性质

主要是考虑媒体本身的流通性、时间性、覆盖面和表现力等。

4. 广告预算

不同媒体费用不同,同一媒体不同时间、位置费用也会不同。企业在选择时要根据自身财力和对广告效果的预期选择适宜的媒体。即在选择广告媒体时不能超出广告预算的许可范围。

【小思考8.2】

农产品广告选用媒体的依据是什么?

二、人员推销

(一)人员推销的含义

人员推销是促销组合中一种最传统也是最不缺少的促销方式,它在现代企业市场营销和社会经济生活中占有重要地位。

人员推销是为了达成交易,通过口头介绍的方式,向一个或多个潜在顾客进行面对面的宣传介绍活动,以推销农产品,促进和扩大销售。销售人员、销售对象和产品是这一过程的3个基本要素,其中,销售人员和销售对象是销售活动的主体,产品是客体。

人员推销的形式多种多样,从事这一行业的人有许多的称呼,如推销员、销售代表、客户主管、销售顾问、销售工程师、代理人、区域经理、营销代表等。在许多企业中,人员推销是最大的一笔单项促销费用。

这种面对面通报和沟通的人员推销,适用于每一个商业经营层次,如生产企业的推销员拜访零售企业、批发企业以及个人消费者,批发企业的推销员拜访零售企业,零售企业的销售人员通过售货现场或上门推销商品给消费者等。

(二)农产品人员推销的特点

随着市场营销的日益发展,推销人员已经不再是单纯地从事推销工作,人员推销与非人员推销相比,具有其独特的优势与不足,其优点表现在以下几方面:

1. 人员推销灵活机动

推销人员可根据不同消费者的购买动机和行为,采取有针对性的解说推荐不同的商品。推销人员面对面地向顾客介绍农产品,在这一过程中,可以通过交流与顾客建立起良好的关系,为农产品销售建立良好的氛围。

2. 推销效率高

如企业已完成了市场细分,并确定了目标市场,人员推销工作的重点就可以放在有购买潜力的个人或企业客户身上,这样可让营销资源的浪费降到最低。与广告相比,在人员推销中,顾客明确,耗费无用劳动少。而且推销人员可以观察不同顾客的动机和特点,灵活调整推销方法。

3. 促成即时购买

广告的目标主要是吸引目标受众的注意力、提供信息和唤起需求,但很少刺激消费者作出购买行动或完成买卖。人员推销中的销售人员通过与顾客沟通,了解到顾客对农产品的态度、需求等信息,能及时调整推销方法,促成消费者及时购买。特别是对于以高质高价、安全营养为主要特点的有机、绿色农产品,仅仅有广告宣传,顾客也很难实现购买,而派出专业知识丰富的销售人员为顾客展示、讲解、解答疑惑,能够促进消费者的即时购买。

人员推销也有缺点,一是开支费用大,如果产品市场大而分散时,企业将难以承担;二是推销人员要熟悉产品的特点、功能、使用、保养和维护等知识与技术,对推销人员的要求较高。对技术含量高的产品,培养出胜任的推销人员比较困难,且耗费较大。所以一般遇见以下情况,应该由人员推销负责大部分的促销工作:一是市场区域集中在数个行业或数个大客户身上;二是产品价值对潜在消费者尚不明显;三是产品单价高,技术含量高,或需要展示产品;四是产品需要适应客户个性化需求;五是产品处于其生命周期的导入期。

(三)人员推销的基本形式

1. 上门推销

推销人员携带样品、说明书及订单等走访客户,进行一对一的销售活动。例如,在一些节日送上企业特色农产品及优惠券可以迅速与客户建立起感情,以此作为纽带,激发他们的购买欲望。

2. 柜台推销

企业在适当地点设置固定门市,由推销人员接待进入门市的顾客,推销农产品。由于门市里的农产品种类齐全,能满足顾客多方面的购买要求,并且可以保证产品完好无损,故顾客比较乐于接受这种方式。

3. 会议推销

会议推销是指利用各种会议宣传和介绍农产品。例如展销会,由一个或若干个单位举办,具有相应资格的若干经营者参加,在固定场所和一定期限内,用展销的方式销售农产品。类似的还包括订货会、交易会、物资交流会等。

(四)人员推销的过程

1. 收集和掌握相关资料

掌握相关的资料可以为后续计划的制订提供参考,所需的资料包括:

① 有关企业的资料,包括企业历史、在市场中的地位、营销战略、销售目标及策略、销售规章制度和优惠政策条款等;

② 有关农产品的资料,包括农产品的特点、价格、相对于其他农产品的优势等;

③ 有关竞争对手的资料,包括竞争对手的农产品种类、特征、价格等;

④ 有关市场的资料,包括目标销售者的范围、类型、需求等;

⑤ 有关销售技巧资料。

2. 确定推销计划

首先,在分析资料的基础上,将目标客户分为不同等级,以明确重点推销对象;其次,在正式接触前安排好与不同销售推销接触的时间先后顺序、用时长短等问题;最后,分析具体顾客的需要和兴趣点,确定谈话策略及谈话内容。

3. 实施推销活动

在推销的过程中要遵循引起注意、诱发兴趣、刺激欲望和促成购买这样的推销顺序,善于观察分析,及时提出交易要求,减少顾客的犹豫,促成他们迅速购买。

4. 做好售后工作

推销人员应建立顾客档案,如实记录顾客姓名、地址、购货品种、数量、意见反馈及心得经验等,以备查阅和使用。

【随堂测试8.6】

在进行农产品人员推销时,需提前收集哪些资料?

(五)选择人员推销的影响因素

1. 市场的集中程度

由于在人员推销活动中,销售人员要与顾客直接接触,期间存在寻找成本,因此,在目标市场明确、目标客户集中的地区,人员推销更容易开展。例如农产品的展销会就是应用人员推销的好时机,来参观的人绝大部分都对展示的农产品感兴趣。

2. 目标市场容量的大小

人员推销的目的之一就是卖出农产品,提高销量,那么目标市场容量的大小直接约束了人员推销的业绩,也决定了采取人员销售的经济可行性。

3. 亲身体验的必要性

有的农产品需要进行品尝或是亲身体验后,顾客才能了解农产品的性能及特点,这时,采用人员推销就很有必要。

4. 服务的必要性

部分农产品需要在售前、售中、售后提供相应的服务,此类农产品就适合人员推销。例如,一般消费者很少了解海参的保存和食用方法,需要在销售前做好宣传和指导工作,这就适合人员推销。

(六)推销人员基本素质

人员推销成功的关键因素就是推销人员,所以推销人员的基本素质将影响整个推销过程及结果。为了做好推销工作,推销人员一般要具备以下基本的素质能力:

1. 关系处理能力

主要包括正确处理与企业关系的能力、正确处理与促销对象关系的能力、正确处理与竞争对手关系的能力。

2. 良好的个人修养

营销人员须忠于职守,诚实守信,还应该注意培养自己仪表端庄、举止文雅、作风正派、谦虚礼貌、平易近人等良好的气质和外表风度,给消费者一种亲切、愉快和满意的直观感觉,以赢得他们的信任,为销售工作的顺利开展奠定基础。

3. 宽领域的知识结构

包括宏观经济知识、企业知识、产品知识、用户知识、法律知识。

4. 全面的销售能力

例如市场开拓能力、成功谈判能力、吃苦耐劳精神、敏锐的洞察力、业务组织能力、业务控制能力、应变创新能力。

三、营业推广

(一)营业推广的含义及特点

营业推广也称销售促进,它是指企业运用各种短期诱因鼓励消费者或中间商购买、经销或代理农产品或服务的促销活动。

营业推广通过鼓励试用、批量购买和再购买以扩大销售,具有刺激购买见效快的特点。只要选择的营业推广方式合理,企业就会很快地收到明显的增销效果,不像广告和公共关系那样需要较长时间才能见效。营业推广通常由生产厂家和中间商主导,瞄准的目标可能是终极客户、商业客户、零售商和批发商以及销售队伍成员。由于营业推广是通过特殊活动为顾客提供了一个特殊的购买机会,使购买者感到此时是购买产品的最佳良机,此时的购买决策就最为果断。例如,天猫超市为了推广生鲜,大量地给消费者发放优惠券,消费者受到这样的优惠刺激,抛开迟疑和怀疑,快速采取购买行为。

营业推广是一种辅助性的推销方式,也是一种短期促销方式,不能长期使用,且要与其他促销方式配合使用才能发挥更好的效果。如营业推广对广告形成了补充作用。广告的目的是在一个较长的时间内建立品牌的知名度、形象和偏好,培育长期的专一和再购买消费者;而营业推广则是引诱消费者马上购买消费。营销者将两者结合起来使用往往可以获得最佳效果。

但运用营业推广时有贬低商品之意,因为使用这种方法会使消费者认为商家有急于抛售的意图。若频繁使用或使用不当,往往会引起顾客对产品的质量、价格产生怀疑。特别是在农产品的使用上,尤其要注意选择恰当的营业推广方式和时机。

(二)营业推广的基本形式

1. 折价、差价销售

可以根据购买数量、购买时间、是否现金结算、运费承担等在商品原价格基础上打一个折扣。例如,蔬菜、花卉在上午新鲜时按正常定价销售,下午由于损失一部分水分而使质量下降,这时可在原价格基础上打折销售。

2. 附赠品销售

以较低的代价或免费向购买者提供某一物品,以刺激购买者购买某一特定产品。例如,某一消费者购买一盆花卉,可以附赠一定数量的花肥进行促销。再如销售水果,可以附赠精美包装盒进行促销。

3. 展室陈列

有人把展室陈列比喻为"无声的推销员",通过陈列展示的方式,使消费者了解产品,增加销售的机会。例如通过现场陈列园艺产品,可看、可闻、可触,使购买者确切地了解产品的特性。

4. 赠品印花

赠品印花是指当消费者购买某一农产品时,经销商赠送消费者交易印花,当购买者的印花累计到一定数量时,可以兑换现金或者农产品。这种方式可以激发消费者的忠诚度以及大量购买。

(三)营业推广设计

1. 确定推广目标

也就是要明确推广的对象是谁、要达到的目的是什么,只有知道了这些,才能有针对性地制订具体的推广方案。营业推广的目标通常包括:(1)鼓励大量购买;(2)诱导未使用者使用;(3)打击、排挤竞争对手;(4)增强其他推广方式的效力;(5)建立品牌忠诚。

2. 选择推广工具

营业推广的方式很多,但如果使用不当,则适得其反。企业一般要根据目标对象的接受习惯、农产品的特点、目标市场状况等来选择推广工具。

3. 协调与其他促销方式的整合

营业推广要与其他方式,如广告、人员销售等整合起来,相互配合,从而取得单项推广活动达不到的效果。例如"盒马鲜生"开业时,发送了大量的优惠券,也是通过广告让消费者知晓活动才能实现促销效果。

4. 确定推广时机

推广时机选择恰当与否直接影响推广活动的开展效果。选择推广时机可以利用季节性、农产品导入期、成熟期的转折点,并以品牌成熟度来决定。例如季节性产品、节日产品,必须在季前和节前做营业推广,否则就会错过时机。

5. 确定推广期限

也就是营业推广活动持续时间的长短。推广期限要恰当,过长,消费者丧失新鲜感,产生不信任感,也会影响企业的利润;过短,一些消费者还来不及接受营业推广的实惠。

(四)营业推广目标

营业推广必须有明确的目标,企业应当根据目标市场和整体策略来确定营业推广目标。

1. 针对消费者的营业推广目标

针对消费者的营业推广目标一般有以下几类:

① 鼓励尝试性购买。当一家企业想吸引新的购买者时,或企业有新品牌面市时,营业推广活动能够降低消费者的试用风险,营造一个能积极参与的氛围,引起关注和鼓励试用。

② 鼓励再次购买和批量购买。企业可以利用营业推广引发消费者的冲动购买和情绪购买。比如,在售出的产品中附送下次购买可使用的赠券、对再次购买进行记点奖励都有助于消费者专一于特定的品牌;降价或买一送一还可以刺激消费者增加购买量。

③ 抗衡或瓦解竞争对手营销策略。在竞争对手一种新品牌面市或推出一个新的广告活动时,企业可以通过大幅度降价或即买即送以瓦解其策略。在降价的基础上再附送用于下次购买的赠券,这样企业便可以使竞争对手的营业推广效果大打折扣。

需要注意的是,商品的营业推广活动应该成为一种建立与消费者关系的手段,并建立与消费者的长期关系,而不能仅仅是创造短期销售量或是暂时改变品牌。营销人员应注意避免只顾价格的快速成交式促销,而偏向于对保证品牌价值有利的促销。

2. 针对中间商的营业推广目标

营业推广针对中间商与针对消费者市场并无二致,依然是刺激短期需求,缩短产品流通时间,并使企业购买者对品牌产生及时、积极的反应。

(1) 获得初始分销

由于消费品市场上品牌众多,厂家对商店货架的竞争也十分剧烈。营业推广可以帮助厂家获得初始分销和商店货架。同消费者选择商品一样,中间商也要筛选其货架商品。一项好的营业推广活动可以改变中间商的决策。

(2) 扩大采购批量

商品流通的一个焦点问题是库存。厂家希望中间商能够多采购,以便减少自己的存货成本;而中间商则喜欢多批次、少批量采购。营业推广可以鼓励批发商和零售商扩大采购批量,以转嫁存货成本。

(3) 配合消费者市场的营业推广

没有中间商的配合,厂家在消费者市场的营业推广活动将事倍功半,因为营业推广期间需要批发商增加库存,也需要零售商提供特殊的展示或管理。为了获得协同效应,厂家经常双管齐下,同时开展消费者营业推广和中间商营业推广。

(4) 增加商店光顾人数

进门抽奖、展示性摆台设计等能引起目标消费者光顾,广泛兴趣的营业推广活动会增加逛商店的人数。零售商、厂家都可以通过营业推广活动增加商店的消费者流量。

3. 针对推销人员的营业推广目标

企业为了提高产品销售额,也应对本企业推销人员展开营业推广,具体的目标有调动销售积极性、鼓励推销新产品、不断开拓新客户、淡季销售产品、稳定销售人员队伍等。

(五) 选择营业推广方式

1. 向消费者推广的方式

营业推广的刺激手段是降低价格、提供奖励或鼓励惠顾。具体有以下几种方式:

(1) 赠券

赠券是刺激再购买的绝好方法。赠券是一种凭证,让消费者在购买某种特定商品时享受优惠折扣,它是最古老、最广泛使用的一种营业推广方式。一旦消费者喜欢上一种品牌,随商品分发的赠券就能够刺激再次购买。

(2) 降价

降价是一种便捷的销售推广手段,一般可以降低 $10\%\sim25\%$ 的价格。消费者喜欢降价,因为它直截了当地增加了品牌的价值,更有甚者,还会在降价时储存一些商品。

(3) 样品

样品是提供给顾客试用的商品。让消费者尝试一种品牌,会对他们未来的决策产生显著影响。样品可以是挨家挨户派送的,也可以通过邮寄的方式或在商店里分发。送样品是最有效但同时又是最昂贵的营业推广方式。

(4) 奖品

奖品是消费者在购买一件商品时得到的另一件免费或降价的商品。许多商家奖励的是一件免费的相关商品。奖励销售推广有两种形式，一种是免费奖励，常见的方式如"买一送一"，可随送一件相关商品，有的公司也随送不相关商品，如杯子、调羹等；二是广告特制品，广告特制品是赠送给消费者的礼物，上面通常印有厂家的商号，典型的广告特制品包括台历、茶杯、扇子、钥匙扣等。

（5）会员制

商家可以使用会员制的方法来吸引老顾客，巩固顾客群，当消费者购买了一定数量的产品后，可以成为这一商家的会员，优先享受各种优惠。很多大型超市、专卖店都运用了会员制的方法，以吸引回头客。

（6）展销会

参展是难得的营业推广机会和有效的促销方式。展销会可以集中消费者的注意力和购买力。在展销会期间，质量精良、价格优惠、提供周到服务的商品备受青睐。

2. 向中间商推广的方式

（1）让利优惠

让利优惠是最常见的中间商营业推广方式。厂家向零售商和批发商提供各种折扣，以换取他们对自己产品或品牌的重视。比如，以低于标价的价格销售，对零售商的宣传活动作出补偿，提供免费商品或提供免费的特别广告实物（上印有厂家名称）等。

（2）售点展示

售点展示是在实际购买地附近设计特别的展览与展示方式或其他促销活动。购物者的很多购物决定是在店内作出的，销售点的产品展示和产品手册是接近消费者、增加消费者的注意力和销售额的一种方法。售点展示能够帮助促销厂家获得充分的商品货架和陈列。

（3）新品展示

企业在推出新产品时，针对中间商进行展览和展示，如展览会、博览会、演示会等。目的是促进中间商对新产品的了解，从而促进购买。

（4）服务支持

企业可以为中间商提供各种服务支持来调动中间商的积极性，包括业务会议、发行企业刊物、培训销售人员、采购支持、退货保证等措施。

3. 向推销人员推广的方式

以推销人员为目的的营业推广活动的促销目的是鼓励其开拓新市场，包括鼓励推销人员推销某种新产品、促使他们扩大销售量等。针对推销人员的营业推广形式主要有销售红利、推销竞赛、特别推销奖或补助等。

【小思考 8.3】
农产品在使用营业推广时一般选用哪几种推广方式,为什么?

四、公共关系

(一)公共关系的含义

公共关系简称公关,它是指企业利用各种传播手段,向企业内部、外部展开一系列有计划、有组织、有目的的活动,来应对或消除对企业不利的谣言、传闻或事件,以使社会公众对本企业及产品建立起好感,树立企业或品牌的良好形象。

公共关系促销并不是推销某个具体的产品,而是利用公共关系,把企业的经营目标、经营理念、策略措施等传递给社会公众,使公众对企业有充分的了解,以树立企业的知名度及美誉度。公共关系以远低于广告的代价对公众心理产生较强的影响,企业不需要为新闻媒体中的广告篇幅和时间付钱,这与花费巨资做广告带来的效果相同,并且可信度要比广告高得多。例如,"背篓爹"高山农业有限公司做慈善助学活动,它并没有宣传自己的某个产品,而是利用公益活动吸引大家的注意力,同时传达了自身的经营理念,塑造了良好的品牌形象,为企业营造了一个和谐、亲善、友好的营销环境,从而间接地促进了企业农产品销售。

(二)公共关系的内容

1. 处理好与内部公众的关系

① 企业与员工的关系。它是指企业内部的人际关系。员工关系是农产品经营企业内部公共关系中最基本、最重要的关系。创造和谐的员工关系,必须要做到:满足员工物质和精神需求;实行民主管理,调动员工积极性;加强信息沟通,减少矛盾与摩擦;培育企业文化,增强企业凝聚力。

② 企业与管理者的关系。它是指企业经营管理者之间的人际关系。农产品经营企业领导者内部关系如何,对企业各方面的影响重大。要形成良好的领导层内部的关系应做到:明确职责范围,分工合作;互相尊重,互相信任;沟通情况,增进理解。

③ 企业与部门的关系。企业内部各部门是联系企业与员工的中介,又是企

业运营的关键环节。加强农产品经营企业各部门之间的关系协调,关键在于信息的沟通,可以采取职工大会、文件传达与情况通报、个别谈话、内部刊物、座谈会、茶话会等诸多形式实现充分的信息交流,以达到相互理解、信任与合作的目的。

④ 企业与股东的关系。股东关系是股份制企业内部关系的一种形式,这种关系处理得当与否,对农产品经营企业的发展有直接的影响和制约作用。处理好股东关系必须:尊重股东权益,让股东充分了解企业的客观经营情况,才能增进股东的信任与支持;开展良好的股东关系活动,通过各种形式的活动保持企业和股东密切的信息沟通和情感联系,使股东关心和支持企业发展。

2. 处理好与外部公众的关系

① 企业与顾客的关系。它是企业外部公共关系中最重要的关系,这是由企业的经营性质所决定的。企业与顾客不仅仅是商品交换上的经济利益关系,同时还广泛存在信息交流、情感沟通等多方面的社会关系,换而言之,良好的顾客关系是建立和维系稳定的经济利益关系的基础。农产品经营企业与顾客保持良好关系的方法主要有:提供优质农产品与服务;创新经营,指导消费;妥善处理顾客投诉;强化信息交流与情感沟通。

② 企业与政府的关系。政府是宏观经济的调控者,也对企业各项经营管理活动进行监督,所以农产品经营企业必须协调好与政府的关系,及时掌握国家大政方针政策,主动与相关政府机构沟通信息,争取政府的政策支持、项目支持。

③ 企业与新闻媒体的关系。新闻媒体通过广播、电视、杂志、报纸和网络等向社会传播信息,覆盖面广、影响大,能引起社会舆论,引导公众意向。与新闻界协调关系的主要方法有:主动提供新闻、适时召开新闻发布会、利用新闻媒体做广告、保持长期联系。

④ 企业与社区的关系。它是指企业与所在地居民及其他社会组织的关系。社区对企业而言,既是农产品经营企业的生存空间,又是其服务对象,因而具有公共关系上的重要性。协调社区关系的主要方法有:增进相互了解、维护社区环境、支持社区公益活动、促进社区繁荣。

⑤ 企业与竞争者的关系。它是指企业与同行企业的关系。农产品经营企业必须树立公平竞争的观念,用公平竞争的方式参与竞争,决不采取不正当竞争手段去排斥对手。

（三）公共关系的方式

1. 内部刊物

内部刊物是企业信息的载体,是沟通信息、凝聚人心的重要工具。例如中粮集团创办了《大地方格》内刊,传播企业品牌文化,凝聚员工。

2. 发布新闻

由公关人员将企业的重大活动、重要的政策等编写成新闻稿,借助媒体或其他手段传播出去,帮助企业树立形象。

3. 举办记者招待会

主动联系和邀请记者,传播企业重要的政策、产品信息,利用媒体的公信力及传播力引起公众的注意,进而带动农产品销售。

4. 设计公众活动

公众活动包括各类捐助、赞助活动等,举办公众活动可以树立企业形象。例如,"良品铺子"的"年货节"活动上线,同时上线的还有公益义卖活动,电商平台每卖出一单,"良品铺子"就将捐助1块钱给山区小学维修校舍,这项活动瞬间吸引了消费者的注意,同时塑造了企业的良好形象。

5. 举办企业庆典活动

企业庆典活动可以营造热烈、祥和的气氛,展现企业蒸蒸日上的风貌,以树立公众对企业的信心和偏爱。例如中粮集团在黑龙江举办了首届"大地方格"企业文化月活动,深入宣传自己的企业品牌文化,展现了企业欣欣向荣的气象。

6. 制造新闻事件

制造新闻事件能起到轰动的效应,常常引起社会公众强烈反响,如海尔张瑞敏刚入主海尔时的"砸冰箱"事件,至今人们谈及,还记忆犹新。

7. 散发宣传材料

公关部门可以为农产品设计精美的宣传册或资料等,在适当的时机向相关公众发放,可以增进公众对农产品的认知和了解,从而扩大影响。

【小思考8.4】

农产品营销一般在哪些方面需运用到公共关系,为什么?

（四）公共关系活动程序

1. 明确目标

作为促销策略中的公共关系首先要有清晰的目标。

① 建立商誉。这是公共关系的公众形象职能,它强调积极参与那些对企业有利的行业事件和社区活动。

② 推介产品或服务。通过公共关系,可以以新闻公告或活动的方式来提高企业品牌的知名度。

③ 内部沟通。在企业内部传播真实信息和纠正错误信息能够减少谣言影响和提高员工支持。在诸如裁员和合并之类的事件中,内部沟通可以大大减少谣言在员工中的传播。

④ 反击负面报道。反击负面报道是公共关系的损失控制职能。适当控制和纠正对企业不利的公众舆论,及时将改进措施公布于众,避免不良影响扩大,化消极为积极,尽快恢复企业声誉,避免消极报道对企业或品牌形象的损害。

⑤ 建议和咨询。利用公共关系的信息进行综合分析,考察企业的决策和行为在公众中产生的影响,预测企业决策和行为与公众可能意向之间的吻合程度,有助于管理层预测公众的反应,确定有关公众问题的立场。

2. 调查

公共关系调查是指农产品生产经营企业通过运用科学方法,搜集公众对组织主体的评价资料,进而对主体公共关系状态进行客观分析的一种公共关系实务活动。公关调查作为公关工作程序的基础步骤和首要环节,对组织的整个公关活动具有重要意义。

3. 策划

在完成了调查研究以后,公关活动就进入了计划制订阶段,这是公共关系工作中最富有创意的部分。公共关系策划可以分成战略策划和战术策划两个部分。战略策划指对组织整体形象的规划和设计,因为整体形象将会在相当长一段时间内连续使用,关系到组织的长远利益。而战术策划则是指对具体公共关系活动的策划与安排,是实现组织战略目标的一个个具体战役。

4. 实施

计划制订好之后,就进入实施阶段。公关实施是将公关策划变为实际行动的过程,主要是对计划的检验和修正的过程。公共关系策划是公共关系工作过程的先导,而公共关系实施乃是整个公共关系活动的中心和关键环节。因为,策划是对未来行动的一种预见和设想,只有经过努力将它转变为现实,才有实际意义,否则,只是一纸空文,因此,公关实施就显得更为重要。它包括三个阶段:第一,计划的传播阶段;第二,计划的反馈阶段;第三,计划的修正阶段。

5. 评估

公共关系作为现代社会的一项管理方法,应当设计周密,有头有尾。因此,公共关系工作程序的第四步就是对公共关系活动效果的总结评估。所谓总结评估,就是有关专家或机构依据科学的标准和方法,对公共关系的整体策划、准备过程、实施过程以及实施效果进行测量、检查、评价和判断的一种活动。

【项目小结】

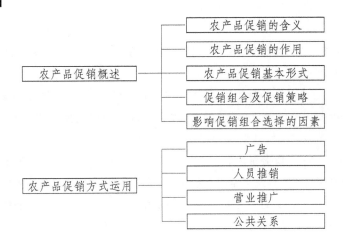

【重要概念】

促销组合　促销策略　广告　人员推销　营业推广　公共关系

【测试题】

(一)选择题

1. 能在短时间内产生立竿见影的促销效果,且只能短期内使用的促销方式是(　　)。

　　A. 广告　　　　　　B. 营业推广　　　　C. 公共关系　　　　D. 人员推销

2. 不直接推销商品,而是通过对内协调各部门的关系,对外密切企业与公众的关系,扩大企业的知名度,为企业营造一个和谐、亲善的营销环境,从而间接地促进了产品销售的促销方式是(　　)。

　　A. 广告　　　　　　B. 营业推广　　　　C. 公共关系　　　　D. 人员推销

3. 单位价值比较低、市场范围比较广大的日用农产品适用的促销策略是(　　)。

　　A. 推式策略　　　　B. 拉式策略　　　　C. 上升策略　　　　D. 下降策略

4. 一些价值较高,且其栽种方法需要专业培训的奇珍花卉,适用的促销策略是(　　)。

　　A. 推式策略　　　　B. 拉式策略　　　　C. 激励策略　　　　D. 惩罚策略

5. 富有地方特色的地理标志农产品比较适用的促销策略是(　　)。

　　A. 拉式策略　　　　B. 推式策略　　　　C. 攻击策略　　　　D. 引导销售策略

6. 小型种子种苗类企业及园艺企业比较适合采用的促销策略是（　　）。
   A. 拉式策略　　　　B. 推式策略　　　　C. 攻击策略　　　　D. 引导销售策略

7. 当农产品处于衰退期，企业的促销目标是维持市场销量，继续巩固老用户坚持购买，这时候主要采用的促销方式是（　　）。
   A. 人员推销　　　　B. 广告　　　　　　C. 营业推广　　　　D. 公共关系

8. 广告不是针对某一个人或某一个企业而设计，而是以某一个受众群体为接受对象，所以受众广，覆盖面大。这体现了广告的（　　）特点。
   A. 信息性　　　　　B. 说服性　　　　　C. 群体性　　　　　D. 显著性

9. 广告效果评估按广告涵盖的内容和影响范围划分，分别包括广告传播效果评估、经济效果评估和（　　）评估。
   A. 持续效果　　　　B. 到达效果　　　　C. 社会效果　　　　D. 影响效果

10. 广告效果评估指标中，主要测量广告对受众的知觉、记忆、理解、情感、态度和行为等方面影响的指标是（　　）。
    A. 传播效果　　　　B. 经济效果　　　　C. 社会效果　　　　D. 到达效果

11. 按对消费者的影响程度划分，广告可以分为到达效果、认知效果、心理变化效果和（　　）。
    A. 行动效果　　　　B. 经济效果　　　　C. 社会效果　　　　D. 传播效果

12. （　　）主要评估消费者在接触广告媒体的基础上，对广告信息有所关注并能够记忆的程度。
    A. 到达效果　　　　B. 认知效果　　　　C. 心理变化效果　　D. 行为效果

13. 传播范围广、费用低廉、制作方便的广告媒体是（　　）。
    A. 报纸　　　　　　B. 电视　　　　　　C. 书籍　　　　　　D. 橱窗

14. 读者稳定、可以留存翻阅、反复接触机会多、信息量大的广告媒体是（　　）。
    A. 杂志　　　　　　B. 报纸　　　　　　C. 互联网　　　　　D. 电视

15. 覆盖面广、费用低廉、多媒体动感、互动性强的广告媒体是（　　）。
    A. 杂志　　　　　　B. 报纸　　　　　　C. 互联网　　　　　D. 电视

16. 人员推销的基本形式包括上门推销、柜台推销和（　　）。
    A. 体验式推销　　　B. 面对面推销　　　C. 会议推销　　　　D. 电话推销

17. 对于以高质高价、安全营养为主要特点的农产品而言，更容易实现交易成功的促销方式是（　　）。
    A. 广告　　　　　　B. 人员推销　　　　C. 公告关系　　　　D. 营业推广

18. 对农产品促销可以实现立竿见影促销效果的是（　　）。
    A. 广告　　　　　　B. 人员推销　　　　C. 公告关系　　　　D. 营业推广

19. 以下关于推式策略和拉式策略的说法正确的是（　　）。
    A. 拉式策略是指企业以促销组合中的人员销售的方式进行促销活动
    B. 推式策略是指企业以促销组合中的非人员销售的方式进行促销活动

C. 二者信息流动的方向不同

D. 二者信息流动的方向大致相同

20. 以下关于营业推广的理解正确的是( )。

    A. 营业推广对在短时间内争取顾客扩大购买具有特殊的作用,因此营业推广占促销预算的比例越来越高

    B. 为引起消费者的兴趣,应长期使用营业推广

    C. 营业推广在实施过程中不需要和其他营销沟通工具结合在一起也能起到较好的作用

    D. 有奖销售利用人们的侥幸心理,对购买者刺激性较大,因此奖励应尽可能大

21. 公共关系是一项( )的促销方式。

    A. 一次性   B. 偶然   C. 短期   D. 长期

22. 人员推销的缺点主要表现为( )。

    A. 成本低,顾客量大   B. 成本高,顾客量大

    C. 成本低,顾客有限   D. 成本高,顾客有限

23. 在农产品生命周期的投入期,促销目标主要是宣传介绍该产品,刺激购买欲望的产生,因此应该主要采用( )促销方式。

    A. 广告   B. 人员推销   C. 公告关系   D. 营业推广

24. 公共关系的直接目标是( )。

    A. 出售商品   B. 盈利   C. 融洽内外关系   D. 占领市场

25. 一般日常生活用品,适合选择( )媒介做广告。

    A. 人员   B. 专业杂志   C. 电视   D. 公共关系

26. 广告效果评估指标中侧重测量销售效果的指标是( )。

    A. 传播效果   B. 经济效果   C. 社会效果   D. 认知效果

(二)判断题

1. 大多农产品的需求弹性较小,不宜采取大幅降低价格的手段进行促销,因此农产品促销应该向顾客传递产品的差异之处来影响顾客的购买行为。( )

2. 规模较小而且分散的农户由于受到资金、利润、收益的限制往往不能也不愿投入产品促销活动,而一般只参加与自己利益相关的、规模较小的营业推广活动,但这类促销活动并不是农产品促销的全部内容。( )

3. 对于刚投放市场的新型农产品适合采用广告的方式宣传其特色。( )

4. 对于生活资料性质的日用农产品,在预算比较充足的情况下,可以采用广告为主的促销方式。( )

5. 当农产品处于介绍期时,企业的促销目标主要是让更多消费者了解该产品,这时主要采用广告及营业推广等促销方式。( )

6. 当农产品处于成熟期,企业的促销目标是树立起消费者的品牌偏爱,这时候主要采用人员推

销的方式。（ ）
7. 如果农产品针对的是消费者市场，顾客多而分散，就主要靠广告、产品陈列及展销区吸引顾客。（ ）
8. 广告可以引导人们消费观念和消费习惯的革新。（ ）
9. 按产生效果的时间关系划分，广告可以分为事前效果、事中效果和事后效果。（ ）
10. 企业不仅要处理好内部公众的关系，也要处理好外部公众的关系。（ ）

（三）简答题

1. 简述影响农产品促销方式选择的因素有哪些。
2. 简述广告媒体的形式及其特点。
3. 简述人员推销的基本形式。
4. 简述营业推广的基本形式。
5. 简述公共关系的基本形式。

【拓展实训】

（一）项目名称：农产品促销方案制订

1. 实训目标：能够运用各种促销方式对农产品开展促销活动。
2. 实训要求：以4~5人小组为单位，选择一个农产品品牌，根据实际调研情况，为其设计一个促销方案。具体要求：①每组形成某农产品促销方案分析报告；②每组完成交流汇报PPT，并进行交流发言；③每个学生完成实训报告。

（二）农产品公共关系营销

1. 实训目标：能够运用公共关系对农产品开展营销。
2. 实训要求：以4~5人小组为单位，选择一个农产品品牌，根据实际情况，为树立其良好形象，对其开展公共关系活动营销。具体要求：①每组设计完成公关策划方案；②每组完成交流汇报PPT，并进行交流发言；③每个学生完成实训报告。

【自我总结】

序号	内容	
1	本章主要知识点	
2	本章主要技能	
3	完成本章学习后最大的收获	

第九章　农产品网络营销

【知识目标】

1. 了解农产品网络营销的概念；
2. 掌握农产品网络营销的特点；
3. 熟悉农产品网络营销的功能；
4. 掌握网络营销与传统营销的关系；
5. 熟悉农产品网络营销的内容；
6. 掌握农产品网络营销的方法。

【能力目标】

能够针对农产品开展网络营销活动。

【情景案例】

网络营销浪潮没来之前，遂昌县偏安浙西一隅，整个县城的支柱产业有竹炭、造纸、冶金等工业，以及特色农产品和旅游业。有人说遂昌大米好，因为是高山上原生态，没有施化肥；有人说遂昌猪肉、牛肉、鸡肉香，因为都是吃农家谷物长大的；还有人从"舌尖上的中国"了解到遂昌的嫩笋……总之，浙西南山区的遂昌县物产丰富，丽水人都知道。

后来，古老的农耕文明邂逅了激情的网络营销，一些热爱农业的人自发来到遂昌，推动当地农产品网络营销的线上发展和圈子交流，阿里研究中心、社科院、省里领导隔三差五来县里调研。遂昌县不大，5万人口的县城却聚集了几千家网店，大量的农产品被搬上了网络平台。2013年1月8号，淘宝网全国首个县级馆"特色中国——遂昌馆"正式上线。2013年10月，阿里研究中心、社科院发布"遂昌模式"，被认为是中国首个以服务平台为驱动的农产品网络营销模式。

2013年阿里平台上经营农产品的卖家数量为39.40万个，其中淘宝网（含天猫）卖家为37.79万个，B2B平台上商户约为1.6万个。2013年阿里平台上的农产品销售继续保持快速增长，同比增长112.15%，生鲜相关类目保持了最快的增长率，同比增长194.58%。2013年农产品的包裹数量达到1.26亿件，增长106.16%。一切数据都指向：农产品网络营销已呈燎原之势，更上一个台阶。

【案例讨论】
1. 遂昌网络营销模式主要利用的渠道是什么？
2. 相较于传统营销方式，网络营销为遂昌农产品带来了哪些改变？

第一节　农产品网络营销概述

网络营销是指以互联网络为基础，利用电脑通信和数字交互式媒体进行的营销活动。对于顾客、营销者，网络营销的优势显而易见。对于消费者而言，可以享受随时、随地的购物体验；对经营者而言可以减少一些中间环节并直接与消费者连接。

目前互联网已迅速渗透到各个领域，它不仅是一种重要的网络技术手段，也是连接传统经济和知识经济的纽带和桥梁。互联网改变了人类社会信息交流的方式和商业运作的模式，网络能传达文字、图片、声音信号以及视频信号。营销从传统的市场实体店的营销模式到现在的网络营销模式，大大地缩短了供应链的距离，企业可以不经中间商就直接与消费者联系，反之，消费者需求也通过网络通信渠道反馈给企业，这种双向的沟通方式加强了企业与消费者间的联系。

一、农产品网络营销概念

所谓网络营销就是以国际互联网络为基础，利用数字化的信息和网络媒体的交互性来辅助营销目标实现的一种新型的市场营销方式。农产品的网络营销主要是利用互联网开展农产品的营销活动，它是农产品生产销售与现代化信息手段应用的结合体，所以农产品网络营销又被形象地称为"鼠标＋大白菜"式营销，它可以利用多种手段，如 E-mail 营销、博客与微博营销、网络广告营销、视频营销等，主要包括网上农产品信息发布、市场调查、促销、交易洽谈、付款结算等。

二、农产品网络营销的特点

电子商务的出现，使得农产品可以通过互联网进行销售，生产者与购买者可以直接接触，减少了中间层，可以提高价格透明度，降低交易费用。网络营销作为一种新型的营销手段，区别于传统营销方式，具有自己独特的特点。

（一）环节少

农产品网络营销使农产品的买卖双方越过层层的中间环节直接接触，相互交换信息,进行在线直接交易;或者说互联网取代了农产品交易的中间商,成为农产品买卖的新中介。这个新中介具有独立性,不受买方和卖方中任何一方的控制,它处于生产商和购买者之间,减少了中间环节,削弱了批发商、零售商等传统中介作为市场信息来源的作用,给生产者提供了寻找新合作伙伴的机会和创造新收入的新途径。如图9-1所示。

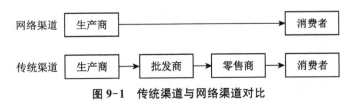

图9-1 传统渠道与网络渠道对比

(二) 价透明

农产品通过网络营销,在网上销售或者拍卖时,市场价格、交易过程和数量信息对每一个参与者都是公开、透明的,一般不存在有一个卖家或者买家知道产品价格,而其他的卖家或买家不知道商品价格的现象,每个参与者都可以随时随地地出示和查看价格,然后迅速理智地作出自己的决策。而传统的购销中介经常利用生产者对价格的不了解,支付给生产者的价格远远低于中介现行销售的价格,从中获取不合理的利润。经过中介的环节越多,价格形成越复杂,农民作为生产者就越可能受到挤压,而消费者为了得到农产品也可能需要付出更高的价格。如传统购销渠道里,果农生产出的苹果每斤2元,批发商在市场上批发价为每斤3元,零售商的市场零售价为每斤5元。最终达到消费者手中的苹果价格是5元一斤。如果果农通过网络营销,在网络上进行直接销售,加上网络营销的低成本,最多每斤苹果3元左右,这样消费者得到的苹果是每斤3元,比传统的渠道每斤便宜了2元。

(三) 费用低

网络交易与其他交易相比较而言总体费用偏低,主要体现在两个方面。

1. 降低寻找信息的费用

传统的农产品销售渠道,从生产者到购买者之间存在着大量的中介,买家要花大量的时间、精力和金钱才能获得有关农产品生产和价格的信息。而通过网络营销,农产品的电子集市可以提供各种相关信息,购买者可以直接通过互联网免费获取,降低了信息查找的费用。买家可以通过互联网更方便、更快捷地查找到所需的农产品相关信息,而卖家也可以通过互联网直接与买家进行互动,获取相关的反馈信息以及买家需求信息,用来指导生产。如中国农业信息网,就是一个农产品交易信息共享的平台。

2. 降低处理交易的费用

农产品电子交易市场在线交易从开始下订单、付款、发货到自动化操作和实施都可以直接在网络上进行,省去了传统交易过程中的电话、传真及纸张的支出,显得效率更高、费用更低。网络营销还可以通过专门的质量认定和信用评定,使买家极易了解和明白农产品的质量和档次,从而极大地降低了交易成本。

(四)时域性

农产品的生产和销售具有明显的季节性、区域性。当主要产区的农产品供过于求,出现地区性产品过剩时,应该突破时间和空间的限制进行销售,否则丰收的农产品就会大量囤积,当地生产者为了争夺有限的消费者和市场必然产生剧烈的竞争,竞相压价成常态,"丰产不丰收"也就成了必然。而网络营销,利用互联网,生产者提前发布不同季节、不同地区的农产品种类、价格、生产方面的信息,可以打破销售的时空限制,使产品的供求信息随着互联网在全世界每天 24 小时即时传播、交换,使产品的供给和需求达到最好的匹配,使得购买者快速实现购买,生产者及时根据订单生产,实现大量的异地交易,购买者和生产者都得到最大的便利与效益。

(五)交互式

网络营销作为以互联网为载体的营销方式,可以很好地进行双向互动,既可以给卖方提供需求信息,也可以给买方提供商品信息资料。互联网通过展示商品图像,并由商品信息资料库提供有关的查询,来实现供需双方的即时互动沟通。

(六)便捷性

网络营销能满足消费者对购物方便性的需求。通过网络,消费者可以在购物前了解到相关信息,购物时可在家"逛商店",大大节省了时间。此外,顾客不仅可以获得形式最简单的 AFQ(常见问题解答)、邮件列表以及 BBS、聊天室等各种即时信息服务,还可以获取在线收听、收视、订购、交款等选择性服务,无假日的紧急需要服务和信息跟踪、信息定制到智能化的信息转移、手机接听服务,及网上选购、送货到家的上门服务等等。网络营销提供给消费者的方便、快捷是传统营销无法比拟的。

(七)超前性

作为新型的营销手段,由于其营销方式的灵活性,决定了网络营销的超前性。它还兼具渠道、促销、电子交易、互动顾客服务以及市场信息分析与提供的多种功能。它所具备的一对一营销能力,正符合定制营销与直复营销的未来趋势。

(八)技术性

网络营销大部分是通过网上工作者来完成的,通过他们的一系列宣传、推广活动,不需要太高的技术水平,对于客户来说是小成本大产出的经营活动。网络营销是建立在互联网基础上的,互联网是一种高科技手段,企业实施网络营销必须有一定的技术投入和技术支持,只有引进懂营销和精通电脑技术的复合型人才,企业才能具备市场竞争优势。

【随堂测试9.1】

农产品网络营销比传统线下营销有优势吗?为什么?

三、农产品网络营销的功能

认识和理解农产品网络营销的功能和作用,是实际应用的基础和前提。农产品的网络营销功能很多。主要功能如下。

(一)信息搜索功能

信息搜索功能是网络营销能力的一种反映。在网络营销中,利用多种搜索方法,主动地、积极地获取有用的信息和商机;并主动地进行价格比较、了解对手的竞争态势、通过搜索获取商业情报,以进行决策研究。搜索功能已经成为营销主体能动性的一种表现,一种提升网络经营能力的进击手段和竞争手段。随着信息搜索功能由单一向集群化、智能化的发展,以及向定向邮件搜索技术的延伸,网络搜索的商业价值得到了进一步的扩展和发挥,寻找网上营销目标将成为一件易事。

(二)信息发布功能

发布信息是网络营销的主要方法之一,也是网络营销的又一种基本职能。无论哪种营销方式,都要将一定的信息传递给目标人群。但是网络营销所具有的强大的信息发布功能,是古往今来任何一种营销方式所无法比拟的。网络营销可以把信息发布到全球任何一个地点,既可以实现信息的广覆盖,又可以形成地毯式的信息发布链;既可以创造信息的轰动效应,又可以发布隐含信息;信息的扩散范围、停留时间、表现形式、延伸效果、公关能力、穿透能力,都是最佳的。更加值得提出的是,在网络营销中,网上信息发布以后,可以能动地进行跟踪,获得回复,还可以进行回复后的再交流和再沟通。因此,信息发布的效果明显。

(三)商情调查功能

网络营销中的商情调查具有重要的商业价值。对市场和商情的准确把握,是网络营销中一种不可或缺的方法和手段,是现代商战中对市场态势和竞争对手情况的一种电子侦察。在竞争激烈的市场条件下,主动地了解商情、研究趋势、分析顾客心理、窥探竞争对手动态是确定竞争战略的基础和前提。通过在线调查或者电子询问调查等方式,不仅可以省去大量的人力、物力,而且可以在线生成网上市场调研的分析报告、趋势分析图表和综合调查报告。其效率之高、成本之低、节奏之快、范围之大,都是以往其他任何调查形式所达不到的。这就为广大商家提供了一种市场的快速反应能力,为企业的科学决策奠定了坚实的基础。

(四)销售渠道开拓功能

网络具有极强的进击力和穿透力。传统经济时代的经济壁垒,如地区封锁、人为屏障、交通阻隔、资金限制、语言障碍、信息封闭等,都阻挡不住网络营销信息的传播和扩散。新型技术的诱惑力,新产品的展示力,图文并茂、声像俱显的昭示力,网上路演的亲和力,地毯式发布和爆炸式增长的覆盖力,整合为一种综合的信息进击能力,能够快速打通封闭的坚冰,疏通种种渠道,打开进击的路线,实现和完成市场的开拓使命。这种快速、这种坚定、这种神奇、这种态势、这种生动是任何媒体、任何其他手段无法比拟的。

(五)品牌价值扩展和延伸功能

美国广告专家莱利·莱特预言:未来的营销是品牌的战争。拥有市场比拥有工厂更重要。拥有市场的唯一办法,就是拥有占据市场主导地位的品牌。互联网的出现,不仅给品牌带来了新的生机和活力,而且推动和促进了品牌的拓展和扩散。实践证明,互联网不仅具有品牌、承认品牌而且对于重塑品牌形象、提升品牌的核心竞争力、打造品牌资产,拥有其他媒体不可替代的效果和作用。

(六)实现个性化营销

营销的本质就是引导商品或服务从生产者转移到消费者。网络营销是一种以消费者为主、强调个性化的营销方式,它比传统市场营销中的任何一个阶段或方式更能体现消费者的"中心"地位。传统的营销模式基本上是一个卖家多个买家,因此很难满足每一个顾客的需求。网络营销可以克服这个缺点,采取一对一的营销模式,解决顾客的个体需求,并通过信息提供与交互式交谈,与消费者建立长期良好的关系。

(七)顾客关系管理功能

客户关系管理,源于以客户为中心的管理思想,是一种旨在改善企业与客户之间关系的新型管理模式,是网络营销取得成效的必要条件,是企业重要的战略资源。在传统的经济模式下,由于认识不足或自身条件的局限,企业在管理客户资源方面存在着较为严重的缺陷。针对上述情况,在网络营销中,通过客户关系管理,将客户资源管理、销售管理、市场管理、服务管理、决策管理集于一体,将原本疏于管理、各自为战的销售、市场、售前和售后服务与业务统筹协调起来,既可跟踪订单,帮助企业有序监控订单的执行过程,规范销售行为,了解新、老客户的需求,提高客户资源的整体价值,又可以避免销售隔阂,帮助企业调整营销策略,收集、整理、分析客户反馈信息,全面提升企业的核心竞争能力。客户关系管理系统还具有强大的统计分析功能,可以为企业提供"决策建议书",以避免决策的失误,为企业带来客观的经济效益。

(八)经济效益增值功能

网络营销能够极大提高营销者的获利能力,使营销主体提高或获取增值效益。这种增值效益的获得,不仅由于网络营销效率的提高、营销成本的下降、商业机会的增多,更由于在网络营销中,新信息量的累加,会使原有信息量的价值实现增值,或提升其价值。这种无形资产促成价值增值的观念和效果,既是前瞻的,又是明显的,是多数人尚未认识、不理解、没想到的一种增值效应。网络营销明显的资源整合能力,为这种信息的累加提供了现实可能性。这是传统营销根本不具备又无法想象的一种战略资源能力。

【小思考9.1】
农产品网络营销带给消费者的感受是什么?

四、网络营销与电子商务的关系

电子商务、网络营销是当代信息社会中数据处理技术、电子技术及网络技术综合应用于商贸领域中的产物,是当代高新信息手段与商贸实务和营销策略相互融合的结果。我们经常听到电子商务与网络营销的概念,那么这两者间的关系是怎样的呢?实际上电子商务与网络营销既有联系,也有区别。

(一)两者间的联系

1. 借助的工具一样

网络营销是以互联网为营销环境,传递营销信息;而电子商务是在因特网等网络上进行的,通过网络完成核心业务,改善售后服务,缩短周期,利用有限的资源获得更大的收益。二者均需借助互联网,产生的网络基础都是互联网络的崛起。

2. 都具有无形化特点

一是书写电子化,传递数据化。营销双方无论身在何处,都可在世界各地进行交流、订货、交易,实现快速准确、双向式数据的信息交流。二是经营规模不受场地限制。网络可使经营者在"网络店铺"中摆放任意多的商品,而且可以方便地在全世界范围内采购、销售形形色色的商品。三是支付手段高度电子化。现已使用的形式主要有信用卡、电子现金、智能卡等等。

3. 都能实现低成本

一是距离越远,在网络上进行信息传递的成本相对于信件、电话、传真而言就越低。此外,时间的缩短与减少重复的数据录入也降低了信息成本。二是没有库存压力。互联网使买卖双方及时沟通供需信息,使无库存生产和无库存销售成为可能,从而使库存成本接近或降为零。三是较低的作业成本。网络具有极好的促销能力,其"货架上"的商品同时又有广告宣传的作用,经营者不需要再负担促销广告费用,而且,可以利用服务器将多媒体化的商品信息动态存储起来,既可以主动散发,又可以随时接受需求者查询。

4. 都能改观企业内部的运作方式

由于 Internet 大大缩小了时间和空间的距离,企业内部部门和员工之间的沟通模式将有很大变化。在内部工作和业务流程的控制方面,企业将会主动地大量采用网络营销或电子商务模式进行交流。无论该项业务涉及的员工或经理是否在同一物理位置或网络上,业务的处理都将会同样顺利进行。

5. 二者的交易效率都很高

由于互联网将贸易中的商业报文标准化,使商业报文能在世界各地瞬间完成传递与计算机自动处理,使原料采购、产品生产、需求与销售、银行汇兑、保险、货物托运及申报等过程无须人员干预而在最短的时间内完成。

(二)两者间的区别

1. 概念不同

网络营销,是指借助联机网络、电脑通信和数字交互式媒体来实现营销目标的一种市场营销方式,可有效地促成个人和组织交易活动的实现。而电子商务是指系统化地利用电子工具,高效率、低成本地从事以商品交换为中心的各种活动的全过程。

2. 实现的目的有所不同

网络营销是企业为实现其营销目标的一种市场营销方式;而电子商务实现的是企业与企业之间、企业与消费者之间的各类商贸活动。网络营销的目的除了商贸活动,还在于加强与客户的关系,形成良好的口碑,拥有稳固的顾客资源。

3. 是否有交易行为发生是网络营销与电子商务的主要分界线

网络营销是企业整体营销战略的一个组成部分,无论传统企业还是互联网企业都需要网络营销,但网络营销本身并不是一个完整的商业交易过程。IBM公司认为电子商务是采用数字化电子方式进行商务数据交换和开展商务业务活动,比较强调交易的基础。尽管IBM等公司对电子商务的定义侧重各有千秋,但最基础的一点就是交易方式的电子化或称为电子交易。可见,为最终产生网上交易所进行的推广活动属于网络营销的范畴;而仅当一个企业的网上经营活动发展到可以实现电子化交易时,就认为是进入了电子商务阶段。

4. 发展的环境有所不同

互联网的市场营销环境与企业的现实环境共同构成了企业网络营销活动的二元环境。而电子商务发展的环境则要苛刻得多,包括安定的社会政治环境、法律环境、市场经济环境、安全认证体系、协同作业体系、网络运行环境、人文环境和国际环境。

5. 两者的范围不同

电子商务的应用可分为两个层次:第一个层次是以市场交易为中心的活动,它包括两方面,一是促成交易实现的各种商务活动和网上展示、网上公关、网上洽谈等活动,网络营销是其中最主要的网上商务活动;二是实现交易的电子贸易活动,它主要实现交易前的信息沟通、交易中的网上支付和交易后的售后服务等。第二个层次是利用 EDI 来重组企业内部经营管理,保持与企业开展的电子商贸活动协调一致。如供应链管理是从市场需求角度出发,利用网络将企业的销、产、供、研等活动串在一起,实现企业网络化、数字化管理。可见,网络营销只是电子商务的一个部分,只局限在营销部门的互联网控制方面的挑战;电子商务则是从企业全局出发,根据市场需求来对企业业务进行系统的重新设计和构造,以适应网络经济时代数字化管理和数字化经营的需要。

五、网络营销与传统营销的联系

网络营销并非独立的,而是企业整体营销策略中的组成部分,网络线上营销与线下营销相结合形成一个相辅相成、互相促进的新型营销体系。虽然网络营销是对传统营销进行的大幅度调整转型,但不管怎么样,营销的基本原则,如一切营销活动以消费者的需求和欲望为起点的原则、行业与竞争者分析、确定细分市场和目标市场等依然没有改变;传统营销的战略如新产品开发战略、竞争战略,也依然具有指导意义。总之,网络营销不可能脱离一般营销而独立存在,二者应相互促进、相互补充。

(一)网络营销与传统营销的相同点

1. 营销理论相同

网络营销不过是"老树新枝",它与传统营销之间并没有严格的界限,其理论也未能脱离传统营销理论基础。网络营销只不过是企业利用网络媒体来开展各类市场营销活动,是传统营销在网络时代的延伸和发展,是网络媒体和传统媒体相结合的市场模式。网络营销仍然属于市场营销理论的范畴,营销的一些核心概念与主要内容并未改变,如客户、需求、产品和市场,以及如何细分市场、如何选择目标市场、如何进行产品定位、如何开展市场调查与预测等等。

2. 营销目标相同

网络营销与传统营销都是企业的营销活动,都为同企业的品牌、产品营销服务,都围绕企业的既定目标,通过营销提升企业形象,提高产品品牌知名度,让更多的消费者了解所营销的品牌与产品,实现企业的最大收益。

3. 营销对象相同

不管是网络营销还是传统营销,其营销的对象都是对企业的产品或服务有需求的客户,包括现实需求与潜在需求的客户。如水果生产与经销企业的营销对象就是想要购买水果的客户,猪肉生产与经销企业的营销对象就是想要购买猪肉的客户。

(二)网络营销与传统营销的不同点

1. 营销管理决策不同

网络营销的决策内容更多、响应速度更快,通过网络传播可以实时地把决策公布出去。比如,在网站上发布需要进行销售的产品、价格、配套服务项目等信息,然后可以直接在网站上修改,实时地展现在网站浏览者眼前。这是传统营销所不能做到的。

2. 营销策略有差异

传统营销的策略是从卖方的角度考虑问题,以产品为中心,主要强调产品、价格、渠道、促销等营销"4P策略"理论;而网络营销更多的是从买方的角度出发,以消费者为中心,强调顾客、成本、便利、沟通,即营销理论中的"4C策略"。

3. 营销方式不同

传统的营销方式通常需要通过层层中间商(包括批发商、分销商、零售商)才能把产品最终卖给消费者,营销过程通常伴随着产品,中间会产生运营库存、在途库存、安全库存等库存现象;网络营销具有可突破时间和空间限制的优势,改变了传统的迂回模式,直接通过网络进行营业推广,营销过程只需要产品的图片和说明,而不需要携带产品,可以实现零库存、无分销商的便捷高效运作。

4. 营销方法不同

传统营销借助实体营销渠道和实体广告,主要是通过传统广告和降价或者赠送礼品的促销方式进行营销;网络营销则通过网络图片广告、视频广告等进行营销,具有更丰富的内涵和实现方式。比如网络营销可以通过减免邮寄费、送网站积分等形式进行促销;还可以通过特殊的网络技术功能进行促销活动,如现在比较流行的拍卖、秒杀(指网络卖家发布一些超低价格的商品,众多购买者在网络上同一时间购买同一种商品的销售方式,由于商品价格低廉,往往一上架就被抢购一空)等。

5. 消费者群体不同

网络顾客与传统顾客有很大的差别,结构发生了变化。传统营销的顾客群体是我们线下渠道区域周围的,具有很强的地域性,男女老少都可能是企业的营销对象;而网络顾客主要是有上网习惯的年轻人,企业营销对象主要是这些会上网购物的年轻人,但这些顾客可以遍布全国甚至全世界,顾客群体具有全球性。

6. 市场环境不同

在网络环境下,市场形态会发生很大变化。其中最典型的例证就是虚拟的信息市场形成,它突破了许多传统市场的限制。传统的市场都是实物市场,要在市场陈列商品,就必然会有资金的占用和货物的积压。在网络环境下,由于虚拟市场只需要提供商品信息就可以供消费者进行挑选和购买,几乎不需要货物的积压,也不需要资金的大量占用,全国的市场或许只需要一个货物总供应点即可。虚拟市场最大的竞争优势还在于能够在"无限"扩大产品组合的同时,不会对经营者造成库存负担与资金负担。

7. 竞争形势不同

传统营销是在现实空间中厂商之间进行的面对面的竞争,其游戏规则是"大鱼吃小鱼";网络营销则是通过网络虚拟空间进入企业、家庭等现实空间,其游戏规则是"快鱼吃慢鱼"。从实物市场到虚拟市场的转变,使得具有雄厚资金实力的大规模企业既不再是唯一的优胜者,也不再是唯一的威胁者。在网络营销条件下,所有的企业都站在同一条起跑线上,这就使小公司实现全球营销成为可能。传统营销的竞争优势主要在于安全、技术、政府的统一组织和协调、费用、法律制度、消费者的观念、人才、隐私权、基础设施、标准化等方面;网络营销的竞争优势主要在跨时空、多媒体、交互式、拟人化、成长性、超前性、整合性、经济性、高效性等方面。在竞争形式上,传统企业主要借助资金及众多的企业员工为客户服务;而网上企业借助知识和智能,主要靠少数脑力劳动者提供服务。在竞争形态上,由于网络的自由开放性、网络时代市场竞争的透明性,人人都能掌握竞争对手的产品信息与营销作为,因此胜负的关键在于如何适时获取、分析、运用这些来自网络的信息以制订极具优势的竞争策略。

网络营销与传统营销相互促进、相辅相成。传统营销做得好,有助于网络营销做得更好。因为传统营销伴随着产品实物的展示,可以让消费者亲眼看到、闻到或者品尝到,增强了营销推广的产品和内容的可信度,减弱了消费者对营销推广内容的怀疑,这使消费者更容易接收产品的网络营销,使网络营销达到更好的效果。反过来,如果网络营销做到位了,让消费者首先从网络上了解到企业和企业的产品,则消费者在通过传统营销接触了解企业产品时也会有深刻的印象与更深入的认识,自然也会促进传统营销的效果。

所以企业在进行网络营销与传统营销的时候,要充分考虑两者的关系,在进行网络营销时考虑传统营销,在进行传统营销时考虑网络营销,使两种营销得到最完美的结合,以获得最好的营销效果。

六、网络营销的工作内容

(一)上网宣传

这是网络营销最基本的应用方式。它是在把互联网作为一种新的信息传播媒体的认识基础上开展的营销活动。建立企业网站是企业上网宣传的前提。互联网让企业能够拥有一个属于自己而又面向广大上网者受众的媒体,而且这一媒体的形成是高效率、低成本的,这是其超越传统媒体的一个优势。企业网站由企业制作,没有传统媒体的时间、版面等限制,也可伴随企业的进步发展不断实时更新;企业网站可应用虚拟现实等多媒体手段吸引受众并与访问者双向交流,及时有效地传递并获取有关信息。这些都是吸引企业上网宣传、使其由内部或区域宣传转向外部和国际信息交流的重要因素。

媒体宣传的关键在于是否被受众注意并留下印象。与传统媒体相比,互联网上浩如烟海的信息很可能使企业网站成为浪花一朵,企业网站如何让人知晓并让上网者留步就成为上网宣传的难题。尽管企业可以通过在ISP或网址搜索工具中留下链接网址以帮助上网者进入,或者以新颖的媒体形式引人注意,但要真正获得长期宣传效果,仍必须回到现实经济世界,在现实世界形成特色,创立让消费者接受的声誉,这样才可能充分发挥网络的威力,实现借助网络宣传扩大市场影响力的目标。

企业上网宣传是网络营销的起步和基础,也是目前大部分中国企业网站的基本目标。然而,上网并非一上了事,建立网站并不断更新、增添信息,网站才会有生命力;否则,像在传统媒体宣传广告中那样一张陈年老面孔,只会成为被上网者遗忘的角落。

(二) 网上市场调研

一般企业开展网上市场调研活动有两种方式。

1. 借助 ISP 或专业网络市场研究公司的网站进行调研

这对于那些在市场上名气不大、网站不太引人注意的企业是一种有效的选择。企业制订调研内容及调研方式,将调研信息放入选定的网站,就可以在委托商的网站获取调研数据及进展信息,而不仅仅是获得最终调研报告,这与传统委托市场调研方式截然不同。这些网站上网者众多,扩大了调查面,专业市场研究公司所具备的市场调研能力也将提高调研效果。但它同时也存在不利的地方,主要是由于这些网站内容繁多,企业市场调研对上网者的吸引力可能会降低;同时,上网者如果想与企业交流,必须重新链接进入企业网站,从而增加了操作,这可能是上网者不情愿的。

2. 企业在自己的网站进行市场调研

就知名企业而言,其网站的常客多是一些对该企业有兴趣或与企业业务有一定关系的上网者,他们对企业有一定了解(也便于直接在网站上了解),这将有利于访问者提供更准确有效的信息,也为调研过程的及时双向交流提供了便利。网上市场调研作为一种新的市场调查方式已经受到一些国内企业的重视,一些网络服务企业开展了一系列网上调研,但如何在大量信息的包围中吸引上网者参加调研并积极配合,仍需作出更多的探索。

(三) 网络分销联系

企业通过互联网络构筑虚拟专用网络,将分销渠道的内部网融入其中,可以及时了解分销过程的商品流程和最终销售状况,这将为企业及时调整产品结构、补充脱销商品,以至分析市场特征,实时调整市场策略等提供帮助,从而为企业降低库存、采用实时生产方式创造了条件。而对于商业分销渠道而言,网络分销也开辟了及时获取畅销商品信息、处理滞销商品的巨大空间,从而加速销售周转。从某种意义上看,通过互联网络加强制造企业与分销渠道的紧密联系,使分销成为企业活动的自然延伸,是加强双方市场竞争力的一股重要力量。

(四) 网上直接销售

数量众多的无形商场已经在互联网络上开张营业,这就是从事网上直接销售的网站,如 Amazon、CDnow 等。网上直接销售不仅是面向上网者个体的消费方式,也包含企业间的网上直接交易,它是一种高效率、低成本的市场交易方式,代表了一种新的经营模式。国外有人称这类公司为"漩涡式公司":一旦某个网站通过提供有用的产品信息吸引到大批买主,卖主们便会蜂拥而上,他们的产品就会以一种快速循环的方式吸引更多的顾客。

（五）网络营销集成

互联网络是一种新的市场环境,这一环境不只是对企业的某一环节和过程,还将对企业组织、运作及管理观念产生重大影响。一些企业已经迅速融入这一环境,依靠网络与原料商、制造商、消费者建立密切联系,并通过网络收集、传递信息,从而根据消费需求,充分利用网络伙伴的生产能力,实现产品设计、制造及销售服务的全过程,这种模式可称为网络营销集成。应用这一模式的代表有 Cisco、Dell 等公司。网络营销集成是对互联网络的综合应用,是互联网络对传统商业关系的整合,它使企业真正确立了市场营销的核心地位。企业的使命不是制造产品,而是根据消费者的需求,组合现有的外部资源,高效地输出一种满足这种需求的品牌产品,并提供服务保障。在这种模式下,各种类型的企业通过网络紧密联系,相互融合,并充分发挥各自优势,形成共同进行市场竞争的伙伴关系。

这里关于网络营销的步骤划分反映了一种从初级到高级、从简单到复杂的渐进应用过程。根据中国目前互联网络应用状况,农产品企业可先期在前 3 个步骤上开展工作,尤其是第 3 个步骤——网络分销联系,它将为企业间加强商业联系、改造传统商务模式、建立网络伙伴关系进而深化 Internet 应用、开展网络营销奠定基础。

【随堂测试 9.2】

农产品的网络营销是否包含了农产品电子商务?

第二节　农产品网络营销方法

一、农产品网络营销的类型

在网络营销中,根据有无网络站点可将网络营销分为无站点农产品网络营销和基于网站的农产品网络营销。

(一) 无站点农产品网络营销

无站点网络营销在农产品网络营销中的应用主要包括:通过互联网调查市场情况、免费发布农产品市场信息、加入专业经贸信息网和行业信息网、网上拍卖、发布网络广告等等。

1. 通过互联网调查市场情况

在农产品营销过程中,了解农产品的价格和需求等市场信息是重要环节。在传统方式下,了解市场信息工作量大、时间长,而利用互联网,这个过程就方便得多。

① 登录农业信息网站。如登录中国农业信息网站来获取国内外的农产品价格信息和需求信息。

② 网上搜索。目前国内主要的搜索引擎有百度、搜狐、新浪、360等,国际的搜索引擎主要有雅虎、谷歌等。

2. 免费发布农产品信息

在互联网上,有许多网站为农户和企业提供供求信息平台,一般可以免费发布信息,且可以根据产品特性发布在相关类别栏目中。如阿里巴巴的全球贸易网、中国农业信息网的《供求热线》栏目上都可以发布信息。

3. 加入专业经贸信息网和行业信息网

行业信息网是一个行业的门户网站,由于汇集了整个行业的资源,为供应商和客户了解行业信息提供了极大的方便,形成了一个网上虚拟专业市场。行业信息网是网络营销的必要手段,就算农户和企业的行业已经建立了专业信息网,也仍有必要加入行业信息网。加入专业信息网和行业信息网有时需要交纳一定的费用,但只要可以带来潜在收益,这些投入也是值得的。

4. 网上拍卖

网上拍卖是电子商务领域比较成功的一种商业模式。这种方式较简单,只要在网站进行注册,然后按照提示要求,很容易发布商品买卖信息。如淘宝网的网上拍卖。

5. 发布网络广告

企业发展到一定程度需要打响品牌的时候,就要在网络上投放一些广告,进行广告宣传。整个流程包括:确立网络广告目标、确定网络广告预算、广告信息决策、网络广告媒体选择、网络效果监测和评价。企业可以在各个农业信息网站、农产品批发网站选择适当的时间段和适合的页面进行广泛的投放。

(二) 基于网站的农产品网络营销

无站点营销毕竟功能有限,有一定的资金实力的企业、农民合作组织及乡镇社区组织可以根据自身的需要建立网站,进行农产品营销。网站可以实现的功能主要有8个方面:品牌形象、产品展示、信息发布、顾客服务、顾客关系、网上调查、网上联盟、网上销售。每个企业网站规模不同,表现各有特色,一般分为信息发布型、产品销售型、电子商务型3种形式。

1. 信息发布型企业网站

信息发布型属于初级形态的企业网站,不需要太复杂的技术,只是将网站作为一种信息载体,主要功能定位于企业信息发布,包括公司新闻、产品信息、采购信息这些用户、销售商和供应商所关心的内容,多用于品牌推广及沟通,网站本身并不具备完善的网上订单跟踪处理功能。

2. 产品销售型企业网站

在发布企业产品信息的基础上,增加网上接受订单支付的功能,就具备了网上销售的条件。网上销售型企业网站的价值在于农产品生产企业通过网站直接面向购买者提供产品销售,改变传统的分销渠道,减少中间流通环节,从而降低总成本,增强竞争力。网站的内容结构应包括农业产品企业信息、农产品信息、顾客服务信息、促销信息、销售和售后服务信息、联络资料、线上采购页面、顾客交流平台等。

3. 电子商务型综合网站

这是企业网站的高级形态,不仅仅将企业信息发布到互联网上,也不仅仅是用来销售公司产品,而是集成了包括生产过程在内的整个企业流程一体化的信息处理系统。这种类型的网站在农业行业中应用较少,而在电子行业、制造业中用得较多。

二、农产品网络营销方法

在网络营销的过程中,消费者的地位提高了,能真正参与到整个营销过程中来。网络增强了消费者选择的主动性,以满足消费者需求为出发点,加强与消费者的互动,让消费者参与产品的开发与设计,企业则按消费者的独特需求来生产品。目前,从农产品的产品属性来看,企业运用网络营销的方法主要有以下几种。

1. 搜索引擎营销

搜索引擎营销是通过搜索引擎优化、搜索引擎排名以及研究关键词的流行程度和相关性在搜索引擎的结果页面取得较高排名的营销手段。搜索引擎优化对网站的排名至关重要,因为搜索引擎在通过 Crawler(或者 Spider)程序收集网页资料后,会根据复杂的算法(各个搜索引擎的算法和排名方法是不尽相同的)来决定网页针对某一个搜索词的相关度并决定其排名的。当客户在搜索引擎中查找相关产品或者服务的时候,通过专业的搜索引擎优化的页面通常可以取得较高的排名。搜索引擎推广的方法又可以分为多种不同的形式,常见的有登录免费分类目录、登录付费分类目录、搜索引擎优化、关键词广告、关键词竞价排名、网页内容定位广告等。百度是全球最大中文搜索引擎,是最有影响力的中文站点之一。

2. 电子邮件营销

以电子邮件为主要的网络营销手段,常用的方法包括电子刊物、会员通讯、专业服务商的电子邮件广告等。基于用户许可的 E-mail 营销与滥发邮件(Spam)不同,许可营销比传统的推广方式或未经许可的 E-mail 营销具有明显的优势,比如可以减少广告对用户的滋扰、增加潜在客户定位的准确度、增强与客户的关系、提高品牌忠诚度等。根据许可 E-mail 营销所应用的用户电子邮件地址资源的所有形式,可以分为内部列表 E-mail 营销和外部列表 E-mail 营销,或简称内部列表和外部列表。内部列表也就是通常所说的邮件列表,是利用网站的注册用户资料开展 E-mail 营销的方式,常见的形式如新闻邮件、会员通讯、电子刊物等。外部列表 E-mail 营销则是利用专业服务商的用户电子邮件地址来开展 E-mail 营销,也就是以电子邮件广告的形式向服务商的用户发送信息。许可 E-mail 营销是网络营销方法体系中相对独立的一种,既可以与其他网络营销方法相结合,也可以独立应用。

3. 资源合作营销

每个企业网站都拥有自己的资源,这种资源可以表现为一定的访问量、注册用户信息、有价值的内容和功能、网络广告空间等,利用网站的资源与合作伙伴开展合作,实现资源共享,能够达到共同扩大收益的目的。在这些资源合作形式中,交换链接是最简单的一种合作方式,调查表明其也是新网站推广的有效方式之一。交换链接或称互惠链接,是分别在自己的网站上放置合作网站的 LOGO 或网站名称并设置合作网站的超级链接,使得用户可以从合作网站中发现自己的网站,达到互相推广营销的目的。交换链接的作用主要表现在可以获得访问量、增加用户浏览时的印象、在搜索引擎排名中增加优势、通过合作网站的推荐增加访问者的可信度等。一般来说,每个网站都倾向于链接价值高的其他网站,因此获得其他网站的链接也就意味着获得了合作伙伴和一个领域内同类网站的认可。

4. 信息发布营销

将有关的网站推广信息发布在其他潜在用户可能访问的网站上,利用用户在这些网站获取信息的机会实现网站推广的目的,适用于这些信息发布的网站包括在线黄页、分类广告、论坛、博客网站、供求信息平台、行业网站等。信息发布是免费网站推广的常用方法之一，尤其在互联网发展早期，网上信息量相对较少时，往往通过信息发布的方式即可取得满意的效果。不过随着网上信息量爆炸式的增长，这种依靠免费信息发布的方式所能发挥的作用日益降低，同时由于更多更加有效的网站推广方法的出现，信息发布在网站推广的常用方法中的重要程度也有明显的下降，因此依靠大量发送免费信息的推广方式已经没有太大价值，不过一些针对性、专业性的信息仍然可以引起人们极大的关注，尤其当这些信息发布在相关性比较高的网站上时。

5. 病毒性营销

病毒性营销方法并非传播病毒，而是利用用户之间的主动传播，让信息像病毒那样扩散，从而达到推广的目的。病毒性营销方法实质上是在为用户提供有价值的免费服务的同时，附加上一定的推广信息，常用的工具包括免费电子书、免费软件、免费 FLASH 作品、免费贺卡、免费邮箱、免费即时聊天工具等可以为用户获取信息、使用网络服务、娱乐等带来方便的工具和内容。如果应用得当，这种病毒性营销手段往往可以以极低的代价取得非常显著的效果。

6. 快捷网址营销

即合理利用网络实名、通用网址以及其他类似的关键词网站快捷访问方式来实现网站推广的方法。快捷网址使用自然语言和网站 URL 建立其对应关系，这对于习惯使用中文的用户来说，提供了极大的方便，用户只需输入比英文网址更加容易记忆的快捷网址就可以访问网站，用自己的母语或者其他简单的词汇为网站"更换"一个更好记忆、更容易体现品牌形象的网址，例如选择企业名称或者商标、主要产品名称等作为中文网址，这样可以大大弥补英文网址不便于宣传的缺陷，因此在网址推广方面有一定的价值。随着企业注册快捷网址数量的增加，这些快捷网址用户数据也相当于一个搜索引擎，这样，当用户利用某个关键词检索时，即使与某网站注册的中文网址并不一致，也同样存在被用户发现的机会。

7. 网络广告营销

网络广告是常用的网络营销策略之一，在网络品牌、产品促销、网站推广等方面均有明显作用。网络广告的常见形式有横幅广告、关键词广告、分类广告、赞助式广告、E-mail 广告等。横幅广告所依托的媒体是网页，关键词广告属于搜索引擎营销的一种形式，E-mail 广告则是许可 E-mail 营销的一种，可见网络广告本身并不能独立存在，需要与各种网络工具相结合才能实现信息传递的功能，因此也可以认为，网络广告存在于各种网络营销工具中，只是具体的表现形式不同。将网络广告用于网站推广,具有可选择网络媒体范围广、形式多样、适用性强、投放及时等优点,适用于网站发布初期及运营期的任何阶段。

8. 综合网站营销

除了前面介绍的常用网站推广方法之外,还有许多专用性、临时性的网站推广方法,如有奖竞猜、在线优惠卷、有奖调查、针对在线购物网站推广的比较购物和购物搜索引擎等,甚至还可以建立一个辅助网站进行推广。有些网站推广方法可能别出心裁,有些网站则可能采用有一定强迫性的方式来达到推广的目的,例如修改用户浏览器默认首页设置、自动加入收藏夹,甚至在用户电脑上安装病毒程序等。真正值得推广的是合理的、文明的网站推广方法,应拒绝和反对带有强制性、破坏性的网站推广手段。

9. 即时通讯营销

又称为 IM 营销,它是指利用互联网即时聊天工具进行推广宣传的营销方式,是企业通过即时工具 IM 帮助企业推广产品和品牌的一种手段,常用的又分为以下两种情况:一是网络在线交流,一般的企业或商家在客户浏览时会有即时通讯在线的联系,潜在客户浏览时如对产品或者服务感兴趣自然会主动和在线的商家进行联系;二是通过即时的聊天工具及时发布产品信息、促销信息,或者可以通过图片发布一些网友喜闻乐见的表情,同时加上企业要宣传的标志,以取得营销的宣传效果。

10. BBS 营销

又称为论坛营销,其应用已经很普遍了,尤其是对于个人站长,大部分到门户站论坛灌水同时留下自己网站的链接,每天都能带来几百 IP。论坛作为一种网络交流的平台,可以通过文字、图片、视频等方式在论坛里发布企业的产品和服务的信息,让目标客户更加深刻地了解企业的产品和服务,最终达到宣传企业的品牌、加深市场认知度的目的,论坛营销会越来越焕发出它巨大的活力。

11. 博客营销

博客营销是一种基于个人知识资源(包括思想、体验等表现形式)的网络信息传递形式。它是指通过建立企业博客或个人博客,利用博客作者个人的专业知识、兴趣和生活体验等,一般以诸如行业评论、工作感想、心情随笔和专业技术等作为博客内容,培养一批忠实的读者,在读者群中建立信任度、权威度,形成个人品牌,使用户更加信赖企业,深化品牌影响力,进而影响读者的思维和购买决定。成功的博客营销要求博主必须对某个领域的知识有自己独到的见解与洞察力。

12. 微博营销

微博营销是指商家或个人通过微博平台发现并满足用户的各类需求的商业行为方式。它以微博作为营销平台,每一个听众(粉丝)都是潜在的营销对象,企业利用更新自己的微博向网友传播企业信息、产品信息,树立良好的企业形象和产品形象。每天更新内容就可以跟大家交流互动,或者发布大家感兴趣的话题,以此来达到营销的目的。该营销方式注重价值的传递、内容的互动、系统的布局、准确的定位。微博营销涉及的范围包括认证、有效粉丝、朋友、话题、名博、开放平台、整体运营等。

13. 软文营销

软文广告顾名思义,它是相对于硬性广告而言,由企业的市场策划人员或广告公司的文案人员来负责撰写的"文字广告"。与硬广告相比,精妙之处就在于一个"软"字,好似绵里藏针,收而不露,克敌于无形。等到你发现这是一篇软文的时候,你已经在不知不觉中掉入了被精心设计过的"软文广告"陷阱。它追求的是一种春风化雨、润物无声的传播效果。如果说硬广告是外家的少林功夫,那么,软文则是绵里藏针、以柔克刚的武当拳法,软硬兼施、内外兼修,才是最有力的营销手段。

【随堂测试 9.3】
网络营销就是一种渠道营销,对吗?为什么?

三、农产品网络营销的步骤

在新媒体时代,网络营销早已不是什么新鲜事了。包括农资企业在内的众多企业都想借助网络这个平台来抢占市场的份额,拓展自己的事业。要利用网络来推广自己的产品或品牌,需要明白以下几点。

1. 让客户发现你

实现网络营销的方式有多种,现在市场中运用最多的是搜索引擎优化,很多企业都在用这个方法来让更多的客户发现自己。邮件营销、博客营销、论坛营销早已不存在技术上的问题,这些都是推广自己的方式。而且现在不单是百度实行了付费推广的方式,更多的付费推广平台也在慢慢成长。但是我们到底该如何利用这些推广平台,让我们的投资回报率达到自己预期的效果?这个问题必须事先搞清楚。

2. 让客户了解你

如前文所述,网络营销的前提是让客户发现你,但是怎么让客户更了解你呢?

我们做的那些所谓的推广,主要目的无非就是想让更多的目标客户以及潜在客户进入我们的网站,来了解我们的公司和产品。所以说一个企业想要做网络营销必须重视网站的建设。我们常常点开一个企业的网站,却发现上面都是过时的信息,让客户了解你也就无从谈起了。只有网站上的内容能留住客户,才能让他们慢慢去寻找想要的东西。

3. 让客户看中你

客户进入你的网站之后为什么要留下来,并且选择你的产品呢?这又关系到我们企业在互联网上的定位:我们到底利用网络来为我们企业做什么?网站风格自然是见仁见智,有人喜欢华丽的,有人喜欢简洁的,但一定要搞清楚自己的定位,目标客户有哪些,拳头产品有哪些等。只有目标明确、重点突出,才能留住客户,并让客户作出倾向自己的选择。

4. 让客户选择你

当前面工作都已做到位,而且也有客户到来的时候,我们就必须抓住这些客户,锁定这些客户。不要因为出现了差错而影响了客户的体验度和信赖度,最终导致客户的流失。

【小思考 9.2】

如何才能做好农产品的网络营销呢?

【项目小结】

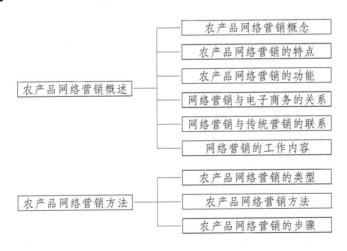

【重要概念】

农产品网络营销　电子商务　搜索引擎营销　病毒性营销　软文营销

【测试题】

（一）选择题

1. 农产品网络营销的特点包括跨越时空限制、网络互动、降低运营成本和（　　）。
   A. 缩短营销管理周期　　　　　　　　B. 提高产品价格
   C. 鼓励重复购买　　　　　　　　　　D. 建立顾客忠诚

2. 网络营销整合了如农产品促销与推广、市场调研、互动式消费者服务、网络交易、物流追踪以及提供市场信息分析等丰富多样的功能。体现了农产品网络营销具有（　　）的特点。
   A. 缩短营销管理周期　　　　　　　　B. 激发购买欲望
   C. 鼓励重复购买　　　　　　　　　　D. 多渠道分销

3. 农产品网络营销的渠道包括网站营销、第三方平台营销和（　　）。
   A. 自主营销　　B. 自媒体营销　　C. 平台营销　　D. 多渠道营销

4. 对资金及实力比较弱的中小农产品企业来说比较有优势的网络营销模式是（　　）。
   A. 产品目录模式　　B. 多渠道模式　　C. 企业站点模式　　D. B2B模式

5. 农产品目录模式的特点包括信息传播速度快、宣传方式灵活和（　　）。
   A. 额外创收　　B. 成本低　　C. 在线调研　　D. 维护顾客关系

6. 农产品网店模式的特点包括方便性、成本低和（　　）。
   A. 直观性　　B. 及时性　　C. 额外创收　　D. 维护顾客关系

7. 可以实现精准化营销推广的农产品网络营销模式是（　　）。
   A. 目录模式　　B. 网店模式　　C. 社会化营销模式　　D. 社区模式

8. 以下农产品中更适合网上销售的是（　　）。
   A. 品牌化农产品　　B. 易腐烂农产品　　C. 天价农产品　　D. 体积庞大的农产品

9. 对于既是生产资料，又是生活资料的农产品，比较适合的网络营销渠道是（　　）。
   A. 网络直销　　B. 网络间接分销　　C. 复合分销　　D. 垂直分销

10. 网络营销就是（　　）。
    A. 营销的网络化
    B. 利用Internet等电子手段进行的营销活动
    C. 在网上销售产品
    D. 在网上宣传本企业的产品

11. Internet对企业营销影响最大的是对（　　）的影响。
    A. 企业采购渠道　　　　　　　　　　B. 企业营销渠道
    C. 企业管理　　　　　　　　　　　　D. 企业运输渠道

12. 由于网络信息更新及时、传递速度快，只要信息收集者及时发现信息，就可以保证信息的（　　）。
    A. 准确性高　　B. 时效性强　　C. 便于储存　　D. 方便性

13. 关于网络营销和电子商务的相同点,以下说法不正确的是( )。
    A. 借助的工具一样   B. 都具有无形化的特点
    C. 都能实现低成本   D. 交易的效率都不高

14. 企业在调查研究的基础上,依据网络消费者的需求、购买动机和习惯爱好的差异性,把网上市场划分为不同类型的消费者群体的过程被称为( )。
    A. 网上市场细分   B. 网上市场分工
    C. 网上市场定位   D. 网上市场选择

15. 所谓网络直销,是生产者自己在网上直接面向终端客户进行产品销售,而不是经过( )这一环节,客户自己在网上订购、下单。
    A. 经销商   B. 中间商   C. 供应商   D. 批发商

16. 企业站点网络营销,是指企业通过自己的( )开展网络营销活动。
    A. 电子邮件   B. 网站   C. 电子公告牌   D. 博客

17. 一个完善的网络营销渠道应具有三大功能,下面不是它的功能的是( )。
    A. 网络查询   B. 网络结算   C. 网络订货   D. 网络配送

18. 网络营销首先要( )。
    A. 进行市场调研   B. 制订营销计划   C. 做好宣传   D. 建立营销系统

19. 网络信息采集的经济性就是要求采集的信息( )。
    A. 精准   B. 价格低廉
    C. 能发挥最大效用   D. 时效性强

20. 网络市场调研与传统市场调研相比其费用( )。
    A. 高   B. 低   C. 相同   D. 不确定

(二)判断题

1. 农产品网络营销等同于线上销售。 ( )

2. 网络营销理论是将传统营销理论应用于网络环境中,所以农产品网络营销不能脱离好的产品、大型农贸市场以及优质的农产品供应产地与供应商而独立存在。 ( )

3. 农产品网络营销也俗称为农产品电子商务。 ( )

4. 农产品网络营销可以实现没有时间、空间、地域、国别的限制,通过网络全天候的直接为全球消费者提供营销服务。 ( )

5. 农产品网络营销依托互联网超越时空限制的特性,没有时间、空间、地域、国别的限制,减少了市场壁垒和市场扩展的障碍。 ( )

6. 自媒体营销具有区别于其他渠道的特有优势,朋友关系转化为高度信任的客户关系使交易风险降低。 ( )

7. 农产品社会化营销模式依托社交平台可以实现企业与消费者的双向沟通。 ( )

8. 一般而言,只有便于包装、仓储、加工、运输的农产品才适合网络营销。 ( )

9. 网络促销的形式之一是在网上给消费者提供咨询、培训和解决方案等服务。 ( )

（三）简答题

1. 简述农产品网络营销的特点。
2. 简述网络营销与传统营销的关系。
3. 简述网络营销与电子商务的关系。
4. 农产品网络营销的工作内容是什么？
5. 简述农产品网络营销类型。

【拓展实训】

项目名称：农产品网络营销

1. 实训目标：能够运用网络进行农产品营销。
2. 实训要求：以 4~5 人小组为单位，选择一种熟悉的农产品，在应用网络平台上对其开展营销。
   具体要求：(1)每组完成网络平台网络营销主体搭建方案；(2)每组完成交流汇报 PPT，并进行交流发言；(3)每个学生完成实训报告。

【自我总结】

序号	内容	
1	本章主要知识点	
2	本章主要技能	
3	完成本章学习后最大的收获	